教育教学思考与探索

张云钢　杨红卫　主编

云南大学出版社

图书在版编目（CIP）数据

教育教学思考与探索 / 张云钢，杨红卫主编．--昆明：云南大学出版社，2011
ISBN 978 - 7 - 5482 - 0570 - 8

Ⅰ．①教…　Ⅱ．①张…　②杨…　Ⅲ．①高等教育—中国—文集　Ⅳ．①G649.2 - 53

中国版本图书馆 CIP 数据核字（2011）第 183022 号

教育教学思考与探索

张云钢　杨红卫　**主编**

策划编辑： 徐　曼
责任编辑： 徐　曼　段义珍
封面设计： 夏雪梅
出版发行： 云南大学出版社
印　　装： 云南科技印刷厂
开　　本： 850mm × 1168mm　1/32
印　　张： 11
字　　数： 284 千
版　　次： 2011 年 9 月第 1 版
印　　次： 2011 年 9 月第 1 次印刷
书　　号： ISBN 978 - 7 - 5482 - 0570 - 8
定　　价： 25.00 元

地　　址：昆明市翠湖北路 2 号云南大学英华园内
邮　　编：650091
发行电话：0871 - 5031071　5033244
网　　址：http：//www.ynup.com
E - mail：market@ynup.com

目　录

管理探索

教学心得

直抒己见

管理探索

民办职业院校发展的三个关键

杨红卫*

（云南经济管理职业学院　云南　昆明 650106）

摘　要：民办高职是民办教育和职业教育的结合体。民办高职院校不但是我国民办高校的主体，而且是我国高职教育的重要组成部分，对我国高等教育的发展发挥着重要作用。民办高职院校的发展离不开三个方面的因素：政策导向、内部管理、市场需求。这三个方面是决定一所民办高职院校生死存亡、壮大发展的关键因素，抓住这三个关键的因素，也就抓住了推动民办高职教育发展的命脉。

关键词：民办高职教育；政策导向；内部管理；市场需求；发展命脉

自《中华人民共和国民办教育促进法》颁布以来，我国民办教育，特别是民办职业教育如雨后春笋，蓬勃发展。民办院校经历了恢复阶段、发展阶段，现在已进入规范阶段和更高的发展阶段。在近年来的办学实践中，民办院校的创办者和管理者感受了甘苦，体验到了辛酸，成功的喜悦与发展的困惑并存。目前，民办高校正处于持续、规范、健康发展的关键时刻，如何才能更好更快发展，已成为民办职业院校管理者不能回避的问题。

---

* 杨红卫（1965—　），女，云南丽江人，硕士，云南经济管理职业学院董事长，研究方向为教育管理。

根据多年来在民办高职院校的办学和实践，本文认为民办高职院校办学需要用“三只眼睛”，即一只着眼于政策的导向，一只着眼于学校的内部建设和管理，一只着眼于市场变化和需求。

一、在良好的政策环境下抓住机遇

《国家中长期教育改革与发展规划纲要（2010—2020年）》（以下简称《规划纲要》）“大力支持民办教育”的内容充分肯定了民办教育的地位和作用，保障了民办学校的平等权利，健全了公共财政对民办教育的扶持政策，提出要办好一批高水平民办学校的目标要求，为民办教育描绘了广阔的发展前景，也提出了更高的发展要求和目标。在《规划纲要》实施背景下，民办高职院校将呈现出新一轮又好又快健康发展的势头。

近年来，云南民办教育的发展较快，但是与公办院校相比，数量相对较少，与发达地区相比，云南民办教育的发展较为滞后。同时，民办高等教育也承担着“重要增长点”的任务和使命，民办高等教育将持续增长。近年来，云南省已经出台了大力发展民办教育的政策和措施，为民办教育营造了一个良好的政策环境，在未来的发展中，民办高校的作用和优势将进一步发挥，云南省的民办高职教育必须抓住良好的发展机遇，乘势而上，继续完善、深化，探索创新，谋求自身的壮大发展。

二、着眼于内部建设和发展，规模和质量并重

民办高职院校如何在公办高职院校和民办本科院校的市场夹缝中求得自身生存的空间？唯有通过加强内涵建设以形成核心竞争力。北京华夏龙脉教育研究院院长、中国民办院校就业力研究中心主任冯俭发载于《中国工商报》的论文指出：民办高校发展的基础是规模，核心是质量。没有数量的扩张就谈不上发展，而没有质量保证的发展是无法实现可持续发展的。因此，在内涵

发展理念中，规模和质量是并举的关系。规模和质量并举是民办高等教育质量观的重要内容。

（一）以规模求发展

在《规划纲要》“大力支持民办教育”思想的指导下，云南省更加坚定了发展民办高等教育的认识，将加大政策力度，鼓励和支持民办高等教育的发展。《规划纲要》指出：“民办教育是教育事业发展的重要增长点和促进教育改革的重要力量。”民办高等教育则责无旁贷地承担着“重要增长点”的任务和使命。虽然全国参加高考人数在逐年下降，但是国家经济社会发展对人才的需求在增加，人民群众生活水平提高后对求学的愿望越来越强烈，民办高等教育规模的增长具有良好的政策和社会环境。

从民办高职院校自身发展的前景来看，必须适当扩大规模。民办高职院校没有政府的资金支持，绝大多数依靠学费运行，规模是民办高职院校取得效益、谋求发展的主要途径。为求得较高的办学效益，民办高职院校必须在条件允许的情况下，适当扩大办学规模。

（二）以质量求生存

质量是教育的生命线。《规划纲要》提出“要把提高质量作为教育改革发展的核心任务”，要求“全面提高高等教育质量”、“提高人才培养质量”。随着高教资源的富裕，老百姓求学的需求也在发生变化，从简单地接受高等教育到自主选择适合自身发展要求的高质量的教育。质量意味着社会认同，意味着生源的数量，意味着学校的品牌。民办高职院校的办学实践也证明，要想获得良好的社会声誉和更多的生源优势，就必须注重办学质量，走质量立校的道路。

1. 教学质量是立校之本，提高教学质量是提高人才培养质量的根本保证。

人才培养是大学的价值所在，无论大学怎么分类，并随着经济社会发展会有新的功能与定位，但人才培养是其最基本的任务。一所大学能否成功，能否在激烈的竞争中立于不败之地，最根本的就是其培养的人才的质量。这包括两个方面：一是学生掌握的知识技能是否为社会经济发展所需要，这就涉及学院的学科专业设置、结构、发展思路是否符合经济社会发展的需要；二是每个学生对于所学专业的基础知识和基本理论的掌握是否扎实，本专业所需要技能是否精湛和娴熟，综合素质能否适应就业单位和岗位的要求。要从高度重视教学工作出发，建立健全教学管理和质量监控的各项规章制度，严格管理，促进教学质量稳中有升。要强化全面发展的育人目标，既要强化高等院校的育人功能，又要突出职业教育的实践特色，全面落实“以学生为本”的教育理念，强化职业教育、终身教育和个性化教育的观念。

2. 稳定优化的教师队伍是教学质量的根本保证。

师资是办学质量的保证，教师是学校最宝贵的财富，教师队伍建设是高职院校质量核心竞争力建设的主要载体和重要切入点。

师资队伍重在建设，民办高职院校要广开门路、广纳良师，采用内培外引、专兼职结合的方式，积极开放地引进人才。

（1）外引名师。民办高职院校要提高知名度，必须聘名师，要充分开发名师资源。要让更多的名师走进课堂，参与教学，切实提高教学水平，增强吸引力和社会影响力；要让他们对学生进行指导和培训，传授经验，用“新理念”武装教师，增强教学实效。

（2）培养良师。学校要把教师的个人成长与学校的全局发展相融合，形成相互促进、相互推动的良好氛围。要鼓励教师提升学历，提供交流、培训的机会和平台。对于民办高职院校来说，要注重“双师型”师资队伍建设。通过开展师资培训，提高教师业务能力；安排教师到现场参加实践锻炼，丰富实践知识和实践技能，努力建设一支具备“双师”素质的教师队伍。

(3) 引进人才。民办高职院校要引进一批相对优秀的毕业生，注入新的血液，培养后备力量。同时，民办高职院校要从企业行业、技术岗位引进具有从业经验和技术能力的人员充实“双师型”教师队伍。

(4) 确保稳定。教师流动性大，是民办院校普遍存在的问题。学校要留住人才，就必须从人文关怀入手，创造条件，使教师安居乐业。生活上，关爱教师，提高工资福利待遇，帮助解决住房问题；政治上，关怀教师，做好宣传引导工作；业务上，关心教师，鼓励和帮助青年教师成长。

3. 采取有力措施提高管理水平，有效落实管理机制。

要加强管理人员的学习培训，提高学校管理的规范化，提高常规管理的人文内涵，切实提高管理水平和管理效率。

三、瞄准市场变化需求，突出职业教育特色

对学校来说，特色具有品牌价值和标志性意义；对社会来说，特色代表学校的形象与声誉。特色是民办高职院校持续发展的原动力和竞争力的支柱。没有质量不能立校，没有特色不能强校。作为民办高职院校，只有紧贴市场办学，突出职业教育特色，以特色求发展，以特色创品牌，才能获得持续发展和长盛不衰的生命力。

民办高职院校的办学特色体现在两个层面。一是作为职业院校，必须高举职业教育旗帜，突出职业教育的特色；二是在众多职业院校中，发挥自身在培养某一类职业技术人才方面的优势，形成自身发展独有的特色。

(一) 更新的教育理念和明确的培养目标

民办高职院校要解放思想、更新观念，摈弃“高等教育是精英教育的象牙塔”的观念，树立为广大人民群众办高等职业

教育的思想。根据自身发展的优势和教育与资源，高举职业教育旗帜，确定培养目标和培养规格的特色，走职业化教育道路，提升民办教育办学质量，逐步形成自身的特色化发展思路，是提高民办高职院校竞争力的必由之路。

（二）专业设置与培养模式紧贴市场

要根据技术进步和社会需求变化与职业岗位变化的要求，及时调整专业设置并对已开设专业进行持续改造，以形成特色鲜明、优势突出、适应地方经济社会发展需要的学科专业框架。

在人才培养模式上，强调“工学结合、工学交替、任务驱动、模拟仿真、校企合作”。要整合教育资源，突出专业特色，与企业实现深度合作，让企业参与学校人才培养方案的制订，部分课程由企业承担，实行订单式培养，以提升专业核心能力。

（三）注重实践型的能力教育

实践教学的好坏是衡量高职教育质量高低的重要指标，也是高职教育区别于普通高等教育的重要标志。高职院校要长久生存下去，就必须不遗余力地加强实践教学，就要努力建设一批技术先进、设备完善的实验实训基地。民办高职院校课程结构要突出应用性和实践性，在提高学生理论知识的同时，把锻炼实践能力、培养高素质的实践型人才作为教育的特色和目标。

高职院校的实践教学，应抓住课程体系改革这一核心，突出应用性，体现高职的职业性；要打破传统的学科界限，使高职的课程内容积极服务于所要解决的职业领域的问题；要增强课程模式的实践性，服务于实践教学。

教育部已把教学基地建设作为发展高职教育的重点，实践教学基地应提倡多模式、多元化建设。一是增加政府对高职教育的投入；二是有效整合利用资源，与其他职业院校共享实训条件；三是依托专业人才的优势，与企业合作，建立产学紧密结合的校外实训基地。

（四）教育内容力求国际化

民办高校的教育一定要有前瞻性，要用国际化的视野来办学。一方面，增强学生对不同国家、地区、民族、文化的了解和认识的能力。同时，要吸收各国先进的教育理念，在教育内容上要和国际接轨。另一方面，开展国际化交流，当今世界对人才的需求是巨大的，民办高职院校要有信心来发展国际化教育，培养实用型、世界通用的人才。

（五）提供优质的教育服务

随着时代的进步和我国高等教育的充分发展，民办高职院校要求得更好的生存和发展，保证在教育市场竞争中取得明显优势，关键是要靠民办学校的优质教育服务。这种优质教育服务的重要标志，是看培养学生实践能力的质量，能否真正实现“专业与职业对接，教学与一线对接，专业能力与岗位要求对接，人才培养与社会需求对接”；是看学校是否注重人性化教育、促进学生全面发展，是否具备开展丰富健康的校园文化活动的管理能力；是看学校是否将用心办教育、全心全意培养人才体现在教学和管理的各个环节，以赢得学生和家长的认可和信赖。

民办高职院校的发展不会是一帆风顺的，在前进的道路上，必须不断探索、大胆创新、开拓进取。民办高职院校必须同时着眼于政策的导向、着眼于内部建设和管理、着眼于市场变化和需求，用“三只眼”来办学，用“三只手”来管理，才能在激烈的竞争中立于不败之地，才能积聚自身发展的能力，获得长盛不衰的生命力。

参考文献：

[1] 中华人民共和国民办教育促进法.

[2] 国家中长期教育改革和发展规划纲要（2010—2020年）.

[3] 徐绪卿．我国民办高校发展趋势分析——《国家中长期教育改革规划纲要（2010—2020年)》颁布后的思考[J]．教育发展研究，2010（08）.

[5] 李维民．中国民办教育再回首　民办教育蓄势待发[J]．教育与职业，2006（34）.

[4] 杨树兵．民办高校发展战略和政策需求研究——基于核心竞争力理论之视角[M]．镇江：江苏大学出版社.

高职院校教学质量监控体系的建设与实施

温荣坤*

（云南经济管理职业学院　云南　昆明 650106）

摘　要：云南高等职业教育发展迅速，但规模发展的同时，教学质量参差不齐，缺乏有效的监控和评价机制，严重影响到人才培养质量。而建立一套符合云南省高职教育发展现状的教学质量监控体系，将有利于提高高职教学质量，提升内涵建设。本文主要论述高职院校建设教学质量监控体系的原则和具体实施方案。

关键词：高职院校；教学质量监控；质量评价

近年来，云南省高职教育发展迅猛，竞争异常激烈。但各高职院校发展水平参差不齐，优胜劣汰已成必然趋势。面对经济社会发展对人才需求的不断变化和国家高职教育改革的不断深入，如何从日趋激烈的竞争中胜出，建立一套完善的、行之有效的教学质量监控体系，提高教学质量是关键。

一、建设教学质量监控体系的必要性

云南省近年来高职教育发展势头迅猛。但在招生规模急剧扩

---

* 温荣坤（1983—　），男，云南曲靖人，理学学士，云南经济管理职业学院助教，研究方向为保险精算。

张的同时，有限的教育资源对教育的制约日益明显。高职院校从规模发展到内涵建设的转变已迫在眉睫。此外，高职教育作为一种类型，传统的教学质量评价体系和监控体系已不能很好地适应高职人才培养的需求。因此，建立一套适合云南省高职院校自己的教学质量监控体系，对提高云南省高职教育教学质量，培养适合社会需求的高素质人才，促进高职院校健康发展是非常必要的。建立高职院校教学质量监控体系的重要意义主要体现在以下几个方面：第一，建立科学的质量监控体系有利于各项教学管理措施有序、有效开展。第二，科学的质量监控体系可以让学校决策层适时掌控教学中各个要素、环节存在的问题并及时更正，保证学校的健康发展。第三，可以将教学质量监控和绩效考核有机结合，有效地约束和激励教学工作中的不同成员，使教学质量的持续提高进入良性循环的轨道。

二、建设教学质量监控体系的原则

1. 全程、全员性原则。建立教学质量监控体系必须将教学活动的全过程、参与教学工作的全部人员纳入监控。

2. 监控力度适度原则。监控的实施必须充分考虑教学人员的心理承受能力，监控的目的是促进各教学环节的教学工作人员认真完成自己的工作，从而提高教学质量。但如果监控过度，反而会伤害到教学工作人员的积极性，干扰到教学活动的正常开展，这就得不偿失了，因此在建立教学质量监控体系时，一定要把握适度的原则。

3. 体现高职自身特色，符合高职教育规律。高职教育在自身管理、人才培养、师资队伍等方面与本科教育有着显著区别，因此在构建教学质量监控体系时必须依据高职教育自身规律，构建适合自己的教学质量监控体系。例如，高职院校的实习实训在教学过程中占有重要地位，因此质量监控必须考虑实习实训环节的监控。

4. 专家监控为主，民主决策的原则。

三、教学质量监控体系的内容

1. 教学质量监控评价标准。按照社会对人才的需求而设计的人才培养目标是教学工作要实现的最终目的。因此，设计各教学环节质量监控评价指标时应以达成人才培养目标为标准。

2. 教学质量监控管理系统。职能部门中，教务处统筹质量监控，负责组织、协调工作。学生处、评估中心、后勤处等积极协助。各教学单位是质量监控工作的具体实施单位，包括院(系)、基础教学单位、实验中心等。成立学校教学工作指导委员会，参与教学工作各项决策和指导。另外，根据学校实际情况，可以设立专职督导部门，负责整个教学环节的监督、指导和意见反馈工作。

3. 教学质量的评价、反馈与调控系统。建立一条能够适时采集基层教学信息并向上呈报，决策层正确评估后及时向下反馈并加以调控的“闭合回路系统”。

四、教学质量监控的具体实施

1. 对人才培养方案的监控。人才培养方案是教学组织实施的纲领，是教学质量监控的出发点，因此首先必须保证人才培养方案的质量。专业人才培养方案的制定主要由各系部完成，但学校领导、教务处必须高度重视并加以监控。主要包括制定学校层面的人才培养目标和人才培养方案的指导意见；利用学校资源聘请校外行业专家指导系部制订人才培养方案，保证学校培养的学生是适合社会行业要求的；最终由学校教学工作指导委员会审核后批准执行。

2. 教学过程监控。主要以监控教师教学常规为主。形成并坚持以下制度：（1）期初、期中、期末教学常规检查制度。重点监控教师的日常教学规范，如教案的编写、教学秩序等。（2）学生代表座谈会制度。每学期中期以系部为单位召开学生代表座谈会，对学生反映的问题加以落实解决。（3）班科会制度。以班级为单位召开学生、任课教师座谈会，学生和任课教师当面交流沟通，共同解决问题。（4）学生教学信息员制度。每个行政班设一名教学信息员，由教务处直接管理。每周信息员收集班级教学存在的问题反馈给教务处，教务处再按照工作职责归属将问题分类提交给相应部门并督促解决。（5）期末学生网上评教制度。学期末学生在网上对任课教师进行全面评价，评价分数可纳入教师的绩效考核中。（6）专职督导制度。聘请校内外专家为专职督导，负责整个教学环节的监督和指导工作。（7）实训教学监控。重点从“软”和“硬”两个方面监控，即校内外实训基地的建设以及实训课程体系和教学内容的监控。包括实训教学设施、仪器设备的配置；实训教师队伍的建设；实训教学管理机构和规章制度的建设；实训教学计划、教学大纲的编制和实施等内容的监控。

3. 对学生的监控。高职学生的特点是理论知识基础薄弱，自我管理能力较差。因此应加强学生管理工作，严格执行学生管理规章制度。要求任课教师认真作好课堂考勤记录，如实填写教室日志。班主任或辅导员应严格监控学生课堂出勤和学习状况。通过职业生涯规划等方式将学生引导到课堂上来。

4. 社会评价。社会将最终检验学校培养的学生是否是“合格产品”。对学生的评价就是对学校的评价，从而形成学校的社会声誉。这些都直接影响到学校的招生、就业等工作。因此，并不意味着学生毕业离开学校就与学校无关了，学校应建立毕业生跟踪回访制度。掌握毕业生的就业单位和就业岗位，与用人单位建立协作关系，将企业引入学校专业人才培养方案的制订甚至培养过程中来。使学校培养的学生就是社会所需要的人才。

参考文献：

[1] 陈明忠. 试论高职教学质量监控体系的构建 [J]. 工业技术与职业教育, 2010 (04).

[2] 郭红. 关于合理构建民办高校教学质量监控与保障体系若干问题的思考 [J]. 陕西教育, 2008 (12).

[3] 方锦明. 独立学院教学质量监控与保障体系探究 [J]. 教育与职业, 2005 (12).

马克思主义发展中党的建设问题

徐　爽*

（昆明理工大学党委宣传部　云南　昆明 650091）

摘　要： 坚持马克思主义的指导地位，用马克思主义最新成果来武装全党，是我们党始终保持先进性、不断推进事业发展、胜利完成历史使命的一个决定性因素。坚持和发展马克思主义，是新时期加强党的建设之本。

关键词： 马克思主义发展；先进性；党的建设

马克思主义政党的先进性首先表现在思想理论上的先进性。党只有以先进的思想理论为指南，才能引领时代发展的潮流，党员只有用先进的思想理论武装自己，才能发挥先锋战士的作用。我们党在长期执政实践中，围绕“建设什么样的党、怎样建设党”这个重大课题，不断总结和运用自身建设正反两方面经验，借鉴世界上一些执政党兴衰成败的经验教训，探索形成了我们党作为马克思主义执政党加强自身建设的基本经验。

一、树立科学的马克思主义观，正确理解和运用马克思主义

马克思主义作为科学的世界观和方法论是指导马克思主义政党认识世界和改造世界、完成工人阶级和全人类解放的历史使命

---

* 徐爽（1981—　），女，云南普洱人，昆明理工大学助理研究员，研究方向为马克思主义哲学。

的强大思想武器。马克思、恩格斯在建立无产阶级政党的过程中，就提出包括辩证的历史的唯物主义、工人阶级的政治经济学和科学社会主义在内的新理论体系是党的指导思想，并强调“有一个新的科学的世界观作为理论的基础”是无产阶级政党“很大的优点”。中国共产党从诞生之日起，就把马克思主义确立为立党、立国的根本指导思想，并注重通过我们党内的马克思主义思想理论教育，改造和克服各种非无产阶级思想，把广大农民和小资产阶级出身的党员培养和锻炼成坚定的共产主义战士。正如毛泽东同志在党的七大的政治报告中所说：“我们党从一开始，就是一个以马克思列宁主义的理论为基础的党。”“因为这个主义是全世界无产阶级的最正确最革命的科学思想的结晶。”在艰苦卓绝的奋斗历程中，我们党之所以能够保持先进性，领导全国各族人民夺取革命、建设和改革事业的伟大胜利，根本原因就在于始终坚持以马克思主义武装全党，并使之成为全国人民团结奋斗的共同思想基础。

二、马克思主义指引下党的建设和发展历程

在马克思主义发展史上，第一个提出研究马克思主义发展规律问题的是毛泽东。他在领导中国革命和建设的过程中，进行了不懈探索，曾取得了指导革命和建设事业成功的宝贵经验，中共七大以后，党在毛泽东思想的指引下前进，先后取得了民主革命和社会主义革命的胜利。虽然在社会主义建设期间发生了一些重大的失误，经历了探索中的曲折，但毛泽东思想在引领中国发展进步中的旗帜价值永远不容否定。

党的十五大确立了邓小平理论的指导地位，1978 年十一届三中全会之后，中国改革开放迈出了新的步伐。邓小平围绕“什么是社会主义，怎样建设社会主义”这个主题，第一次比较系统地初步回答了在中国这样一个经济文化比较落后的国家，如

何建设、巩固和发展社会主义的一系列基本问题，用新的思想、观点，继承和发展了马克思列宁主义、毛泽东思想。党的十五大从指导思想定位上正式形成“邓小平理论”的概念，并从党章上加以明确，这是党的指导思想与时俱进的生动体现。

党的十六大确立了“三个代表”重要思想的指导地位。以江泽民为核心的党的第三代中央领导集体在继续坚持以经济建设为中心的前提下，围绕“建设什么样的党、怎样建设党”这个课题上进行了深入的思考，以丰富的理论观点形成了系统的执政党建设思想。这些思想在邓小平理论内涵的党建思想基础上突出了执政党建设的鲜明主题，对马克思主义建党思想作出了原创性的贡献。党的十六大一致同意在党章中明确规定：“‘三个代表’重要思想是党必须长期坚持的指导思想。”

从十六大到十七大，以胡锦涛为总书记的党中央提出了科学发展观的重大战略思想。围绕“实现什么样的发展，怎样发展”这个课题，社会建设也因此与经济建设、政治建设、文化建设一起，构成“四位一体”的中国特色社会主义建设新布局。而坚持以人为本，全面协调可持续的科学发展观，则成为与“四位一体”建设布局相吻合的指导思想。党的十七大以及修改的党章关于科学发展观重大战略意义的阐述表明，党对指导思想的认识又与时俱进地迈出了新的一步。

从毛泽东思想、邓小平理论、“三个代表”重要思想到科学发展观，表现了党坚持理论创新的历史实践，它们既一脉相承，又创造推新，展示了党的指导思想不断与时俱进的发展线索。实践表明，社会实践每深入一步，理论创新就前进一步，理论创新对应社会实践的需求，党的指导思想就以新的亮点而得到丰富和发展。

三、新形势下党的建设发展中存在的问题和不足

党的建设是党领导的伟大事业不断取得胜利的重要法宝。新中国成立以来特别是改革开放以来，我们党根据自身历史方位和中心任务的变化，不断提高领导水平和执政水平以及拒腐防变和抵御风险的能力，取得巨大成就。当前，党的领导水平和执政水平、党的建设状况、党员队伍素质总体上同党肩负的历史使命是适应的。同时，党内也存在不少不适应新形势新任务要求、不符合党的性质和宗旨的问题，主要是：一些党员、干部忽视理论学习，理想信念动摇，对马克思主义信仰不坚定，对中国特色社会主义缺乏信心；一些党组织贯彻民主集中制不力，有的对中央决策部署执行不认真，干部法治意识、纪律观念淡薄；一些领导班子整体作用发挥不够，处理复杂问题能力不够，一些地方和部门选人用人公信度不高；一些基层党组织战斗堡垒作用不强，部分党员的党性意识淡化；有些领导干部宗旨意识淡薄，脱离群众、不讲原则、言行不一、铺张浪费、官僚主义严重；一些领导干部特别是高级干部中发生的腐败案件影响恶劣。这些问题严重削弱党的创造力、凝聚力、战斗力，严重损害党同人民群众的血肉联系，严重影响党的执政地位巩固和执政使命实现，必须引起全党警醒，抓紧加以解决。

四、针对存在问题，加强党的建设，完善党内制度

世界在变化，形势在发展，中国特色社会主义实践在深入，不断学习、善于学习，努力掌握和运用一切科学的新思想、新知识、新经验，是党始终走在时代前列引领中国发展进步的决定性因素。

1. 建设马克思主义学习型政党，提高全党思想政治水平。坚持和完善党的领导制度，坚持党总揽全局、协调各方的领导核

心作用，坚持党的领导、人民当家做主、依法治国有机统一。以落实党员知情权、参与权、选举权、监督权为重点，进一步提高党员对党内事务的参与度。完善党的代表大会制度和党内选举制度；改善党的代表大会的代表结构，增强代表广泛性。完善党内民主决策机制，党的各级委员会按照集体领导、民主集中、个别酝酿、会议决定的原则决定重大事项。维护党的集中统一，坚持党员个人服从党的组织、少数服从多数、下级组织服从上级组织，其中最重要的是坚持全党服从中央。

2. 深化干部人事制度改革，建设善于推动科学发展、促进社会和谐的高素质干部队伍。坚持德才兼备、以德为先的用人标准，把干部的德放在首要位置。扩大选人用人民主，建立健全主体清晰、程序科学、责任明确的干部选拔任用提名制度。提高领导班子和领导干部推动科学发展、促进社会和谐的能力。加强领导班子的思想政治建设，提高运用科学发展观干事创业的水平。健全干部管理机制，深化干部分类管理改革，完善公务员制度，推进企事业单位人事制度改革，制定符合企事业单位特点的人事管理办法。

3. 做好抓基层、打基础工作，夯实党执政的组织基础，扩大基层党组织覆盖面。全面推进各领域党的基层组织建设，推进基层党组织工作创新，党的基层组织要适应新形势、新任务要求，创新活动内容方式，增强创造力、凝聚力、战斗力。把发展现代农业、培养新型农民、带领群众致富、维护农村稳定贯穿农村基层党组织活动始终，发挥党组织在建设社会主义新农村中的领导核心作用。增强党员队伍生机活力，以提高素质为重点，抓紧抓好党员队伍建设这一基础工程。建立健全教育、管理、服务党员的长效机制，保持先进性内在动力。加强基层党组织书记队伍建设，统筹城乡基层党建工作，促进以城带乡、资源共享、优势互补、协调发展。

4. 弘扬党的优良作风，保持党同人民群众的血肉联系。认真贯彻党的群众路线，坚定不移地依靠群众，适应群众工作新特点、新要求。大兴求真务实之风，把求真务实贯彻到治党治国各个方面各个环节。建立健全工作责任制，努力在推动科学发展、促进社会和谐等方面不断取得实效。大兴艰苦奋斗之风，始终与人民群众同甘共苦、为人民利益不懈奋斗，永葆共产党人政治本色。大兴批评和自我批评之风，增强党内生活的原则性和实效性，坚决反对党内生活庸俗化，以加强党性、保证党的作风建设。

5. 加快推进惩治和预防腐败体系建设，深入开展反腐败斗争。加强廉洁从政教育和领导干部廉洁自律。在全党深入开展党性党风党纪教育，有针对性地开展示范教育、警示教育、岗位廉政教育，改进教育方式，提高教育实效。加大查办违纪违法案件工作力度，以加强领导干部，特别是主要领导干部监督为重点，建立健全决策权、执行权、监督权既相互制约又相互协调的权力结构和运行机制。推进反腐倡廉制度创新，坚持用制度管权、管事、管人，深化重要领域和关键环节改革，完善防治腐败体制机制，提高反腐倡廉制度化、法制化水平。

党的十七大提出了要把我们党建设成为立党为公、执政为民，求真务实、改革创新，艰苦奋斗、清正廉洁，富有活力、团结和谐的马克思主义政党。这就要求我们在构建社会主义和谐社会中必须加强党的先进性建设，保持和发展党的先进性，提高执政能力、巩固执政地位、完成执政使命，把党的建设这一新的伟大工程和中国特色社会主义伟大事业继续推向前进。

参考文献：

［1］中共中央关于加强和改进新形势下党的建设若干重大问题的决定［R］. 人民日报，2009.

[2] 马克思恩格斯选集：第4卷 [M]. 北京：人民出版社，1995.

[3] 齐卫平. 党的指导思想与中国特色社会主义理论体系的定位 [J]. 中国浦东干部学院学报，2009 (02).

[4] 柳建辉. 马克思主义中国化的本质要求——新时期党的思想理论与时俱进的历程与启示 [J]. 新视野，2008 (05).

[5] 曾长秋，李昱论. 党的先进性建设——兼谈构建社会主义和谐社会 [J]. 思想理论教育导刊，2008 (10).

常见计算机主板故障及其排除方法

赵志芹　杨丽娟*

（云南经济管理职业学院　云南　昆明 650106）

摘　要：计算机主板是计算机最基本、最重要的部件之一。它担负着 CPU、内存、硬盘、显卡等各种设备的连接，其性能直接关系到整台计算机的稳定运行。计算机主板维护与保养已成为人们非常关心的问题，同样也是经常面临的问题。计算机主板的维护方法很多，需要在实际过程中不断学习，文中从几个方面给出了一些主板的故障事例，分析了故障发生的原因，并介绍了常用的排除方法。

关键词：故障分析；计算机主板；主板维护

伴随着科学技术的快速发展，计算机主板的技术含量要求越来越高，更新换代的步伐不断加快，种类也越来越多，其维护也越来越重要。计算机主板是最基本的也是最重要的部件之一，它是计算机稳定可靠运行的平台，其负责电脑中各硬件的连接以及给各部件提供工作电源。主板一旦出现问题，可造成系统工作不稳定、死机，甚至整个系统崩溃、无法开机。目前，随着主板的集成度越来越高，维修主板的难度也越来越大，这时往往需要维修人员具有丰富的专业知识并借助专门的数字检测工具才能解决

---

* 赵志芹，（1983—　），女，云南昌宁人，助理实验师，研究方向为计算机应用；杨丽娟（1986—　），女，云南腾冲人，助理实验师，研究方向为计算机应用。

问题。“主板损坏就换主板”是一般电脑使用者解决主板故障的常用方法。现在，一块主板价格并不便宜，如果出现一点小问题就弃之不用，实在可惜。本文给出了一些主板的故障事例，分析了故障发生的原因，并介绍了常用的维修方法。

主板故障的确定，一般通过逐步拔除或替换主板所连接的板卡（内存、显卡等），先排除这些配件可能出现的问题后就可以把目标锁定在主板上。另外，主板故障往往表现为系统死机、系统启动失败、屏幕无显示、功能运行不正常等难以直观判断的故障现象。下面根据自己平常所遇到的一些常见的、易操作的故障排除积累的一些经验谈几点维护方法。

一、电脑黑屏

计算机运行中突然黑屏，重新启动时发现无法启动，也没有听到任何自检报警声音。根据故障现象查看主板说明书，检测CPU 和 BIOS 之后未发现问题，检测显卡等硬件均没有发现故障。由此将故障范围缩小至主板上，用万用表检测主板上的电源信号，结果证明电源输出无误。检查主板上的电路元件，发现集成块很热。仔细测量其信号，发现该集成块被烧坏。原因是电脑上连接的硬件太多，从而造成主板电流过大，使该集成块在超标状态下工作时间过长而被烧毁。确定故障产生原因后，更换主板上的集成块。这是一个双列直插型芯片，需要使用堆焊技术将其从主板上拆下，在堆焊过程中一定注意时间不要太长，以免对主板其他部分造成损坏。更换完毕后，重新启动电脑，故障排除。

二、电脑频繁死机

如果一台电脑频繁死机，即使进入 BIOS 设置时仍然还存在死机现象，那么初步判断为 CPU 缓存有问题，将 CACHE 禁止，看是否可以解决问题，如果禁止后问题仍然存在，则考虑主板散热方面，在死机后触摸CPU周围的主板元件，如果发现温度较高，则说明由主板散热不良引起，确定故障原因后，更换更大功率的风扇来排除死机故障。

三、主板蜂鸣报错故障

辨别蜂鸣报错类型：主板蜂鸣报错声音主要由BIOS决定，常见的BIOS版本有AMI BIOS、Award BIOS和Phoenix BIOS。不同类型的BIOS，其自检响铃次数所定义的自检错误是不一致的，因此一定要分清楚。

一般情况下，由蜂鸣器报警能够准确地判断出发生故障的部件，从而找到解决的办法。如屏幕无反应，且主板没有报警声，应观察可能伴随出现的两种现象：

1. 电源指示灯不亮，风扇不转动，可以肯定计算机没有供电，应检查外接电源是否接好；若接好，则检查主机电源。

2. 电源指示灯亮，风扇转动，应检查主板和CPU，因为这时系统是由CPU控制的。在关键部件自检结束前，主板不会发出报警声，屏幕也不会有任何错误信息提示。具体要从这几个方面检查：（1）检查主板的Flash ROM芯片，断开电源后重新进行安装，保证接触良好；（2）检查BIOS芯片；（3）用替换法检查CPU和内存；（4）检查电源是否正常供电；（5）检查硬盘。

四、接触不良、短路等

主板的面积较大，是聚集灰尘较多的地方。灰尘很可能会引发插槽与板卡接触不良的现象，这时我们可以用鼓风机对插槽进行清扫，去除灰尘。如果是由于插槽因氧化而引起接触不良的，可以将有硬度的白纸折好，插入槽内来回擦拭。另外，CPU插槽内用于检测CPU温度或主板上用于监控机箱内温度的热敏电阻上附上了灰尘的话，很可能会造成主板对温度的识别错误，从而引发主板保护性故障，在清洁时也需要注意该问题。

拆装机箱时，不小心掉入的诸如小螺丝之类的导电物可能会卡在主板的元器件之间从而引发短路现象，会引发“保护性故障”。另外，检查主板与机箱底板间是否因少装了用于支撑主板的小铜柱、主板安装不当或机箱变形而使主板与机箱直接接触，使具有短路保护功能的电源自动切断电源供应。

五、主板电池问题

当遇到计算机开机时不能正确找到硬盘、开机后系统时间不正确、CMOS 设置不能保存等现象时，可先检查主板 CMOS 跳线是否设为清除“CLEAR”选项，如果是这样的话，请将跳线改为“NORMAL”选项，然后重新设置。如果不是 CMOS 跳线错误，就很可能是因为主板电池损坏或电池电压不足造成的，请换个主板电池试试。

六、兼容性问题

遇到由于主板设计上的 BUG 或升级配件时出现的新旧事物兼容性问题的情况，先试着排除，在排除 BIOS 设置的问题后可以下载主板的最新 BIOS 进行刷新。另外，若遇到升级操作系统而引起的兼容性问题，可以确定和主板 BIOS 陈旧有关。

1. 清除 CMOS 设置，也可以解决一些莫名其妙的故障，比如系统时间修改、开机出现按“F1”才能进入系统等问题。

2. 当安装的硬件不能被操作系统识别时，可以试试将 CMOS 设置的“PNP OS INSTALLED”（即插即用）项目设成“YES”或“NO”。

七、主板电容失效引起的问题

主板上的铝电解电容内部采用了电解液，由于时间、温度、质量等方面的原因，会使它发生“老化”现象，这会导致主板抗干扰指标下降影响电脑正常工作。我们可以购买与“老化”电容容量相同的电容，准备好电烙铁、焊锡丝、松香后，将“老化”的电容替换即可。另外，拆装计算机时工具不小心掉落也有可能将电容砸坏，也应检查排除。

八、BIOS 受损

由于 BIOS 刷新失败或 CIH 病毒造成的 BIOS 受损的问题，如果引导块（Award BIOS 中称为 BIOS Boot Block、Phoenix BIOS 中称为 Flash Recover boot Block）未被破坏，可用自制的启动盘进行重新刷新 BIOS。假如引导块也被损坏的话，可利用编程器进行安全的修复。

九、主板 COM 口或并行口、IDE 口损坏

出现此类故障一般是由于用户带电插拔相关硬件造成，此时用户可以用多功能卡代替，但在代替之前必须先禁止主板上自带的 COM 口与并行口（有的主板需要把 IDE 口都禁止才能正常使用）。

十、与主板驱动程序有关的问题

主板驱动丢失、破损、重复安装会引起操作系统引导失败、操作系统工作不稳定或无法正常进入系统的。

1. 可依次打开“控制面板——系统——设备管理器”检查一下“系统设备”中的项目是否有黄色惊叹号或问号。将打黄色惊叹号或问号的项目全部删除（可在“安全模式”下进行操作），重新安装主板自带的驱动后重启即可。

2. 找到最新的主板驱动重新安装，如果还不行，就重新安装系统。

总之，计算机的主板安全维护是一项比较复杂的工作，并且维护方法也很多，涉及主板多方面的知识，随着计算机的迅速发展和广泛应用，计算机主板的新问题和新情况不断出现，需要采用科学的工作方法，在工作中不断学习、探索，及时总结经验，不断学习主板新知识，接触主板新故障，提高技术与操作水平，这样才能保证计算机的稳定运行及延长其使用寿命。

参考文献：

［1］包海山，卜范玉．计算机系统维护［M］．北京：机械工业出版社，2009.

［2］邓凯，李演虎．计算机组装与维护［M］．北京：中国计划出版社，2007.

［3］冯君华．浅谈计算机硬件维护［J］．计算机工程应用技术，2010（02）．

［4］王帆．计算机硬件系统常见故障的分析处理［J］．电脑知识与技术，2009（36）．

电脑内存性能指标分析及故障的排除

周红波　锁配春*

（云南经济管理职业学院　云南　昆明 650106）

摘　要： 内存是计算机能否充分发挥其工作性能、能否稳定工作的核心，主要性能指标有容量、内存电压、ECC、内存速度、时钟周期、存取时间、内存数据宽度和带宽、内存的“线”数、SPD、奇偶校验、非奇偶校验等，对整个计算机的性能起着至关重要的作用。在计算机的使用中常见的内存故障、计算机感染病毒使内存性能大幅度下降，偶伴随死机等现象，所以我们要逐步掌握内存主要性能与故障的排除技巧，达到充分使用的效果。

关键词： 内存；性能指标；高速缓冲存储；显示器黑屏；故障排除

一、计算机内存的主要性能指标

内存性能的重要参数有容量、内存电压、ECC、数据宽度和带宽、内存的“线”数、奇偶校验、内存速度等，在计算机的使用中内存的故障排除也是一个难点，有待我们认真地研究，以加

---

* 周红波（1976—　），男，云南石林人，助理实验师，研究方向为计算机组装与维护；锁配春（1987—　），男，云南昭通人，软件设计师，研究方向为软件工程。

深对内存的了解，逐步掌握内存常见故障的排除方法与技巧，加快内存的处理速度，在使用中达到充分使用效果。

1. 内存容量：表示内存可以存放数据的空间大小，其单位有 B、KB、MB 和 GB 等，在 286、386 和 486 时代的内存都以 KB 为单位，通常只有几 KB 或者几十 KB。目前内存大多以 MB 为单位，市面上常见的内存容量规格为单条 128MB、256MB 和 512MB，也有 1GB 或 2GB 的内存。

2. 内存电压：内存工作时，必须不间断地进行供电，否则将不能保存数据。内存能稳定工作时的电压叫做内存工作电压。SDRAM 内存的工作电压为 3. 3V，DDR SDRAM 内存的工作电压为 2. 5V。

3. ECC：ECC 校验是一种内存校验技术，目前已被广泛应用于各种服务器和工作站上。ECC 校验采用与传统奇偶校验（Parity）类似的检测错误的方法，与传统的奇偶校验又有区别：传统的奇偶校验只能检测出错误的所在，却不能纠正，而 ECC 校验不但可以检测出错误，还可以纠正错误。ECC 校验的纠错功能为服务器和工作站的稳定运行提供了有利条件，这样，系统在不中断和不破坏数据传输的情况下可继续运行，可以让系统“感觉”不到错误。

4. 内存数据宽度和带宽：数据宽度是指内存在一个时钟周期内可以传送的数据的长度，单位为 bit；带宽则是指内存的数据传输速率，如 DDR 333 内存的数据传输速率为 2 100MB/s。

5. 内存的线数：内存的线数是指内存条与主板插接时有多少个接触点，这些接触点就是所谓的“金手指”，有 30 线、72 线和 168 线的分别。30 线的内存条为每条 8bit 的规格，72 线的内存条是每条 32bit 的规格，168 线的内存条是每条 64bit 的规格。如今的电脑因为使用 64bit 数据存取方式，若使用 168 线的内存条一条就可以满足要求，所以目前的主板上都配有（甚至是只配有）168 线内存条插槽。168 线内存条的容量有 16MB、32MB、64MB、128MB 甚至 256MB 等。如今 30 线内存条已难觅踪影，72 线内存条也渐渐被淘汰，而 168 线内存条已经成为时下的主流。

6. 内存奇偶校验：为检验存取数据是否准确无误，内存条中每 8 位容量能配备 1 位为奇偶校验位，并配合主板的奇偶校验电路对存取的数据进行正确校验。在实际使用中有无奇偶校验位，对系统性能并没有什么影响，所以目前大多数内存条上已不再加装校验芯片。

7. 内存速度：内存速度一般用于存取一次数据所需的时间（单位一般都 ns）来作为性能指标，时间越短，速度就越快。只有当内存与主板速度、CPU 速度相匹配时，才能发挥电脑的最大效率，否则会影响 CPU 高速性能的充分发挥。FPM 内存速度只能达到 70～80ns，EDO 内存速度可达到 60ns，而 SDRAM 内存速度最高已达到 7ns。

二、计算机使用中内存常见故障的排除

1. 常见故障一：开机无显示。内存条原因出现此类故障一般是因为内存条与主板内存插槽接触不良造成，只要用橡皮擦来回擦拭其“金手指”部位即可解决问题（不要用酒精等清洗），还有就是内存损坏或主板内存槽有问题也会造成此类故障。

2. 常见故障二：Windows 注册表经常无故损坏，提示要求用户恢复。此类故障一般都是因为内存条质量不佳引起，很难予以修复，唯有更换一途。

3. 常见故障三：Windows 经常自动进入安全模式。此类故障一般是由于主板与内存条不兼容或内存条质量不佳引起，常见于高频率的内存用于某些不支持此频率内存条的主板上，可以尝试在 CMOS 设置内降低内存读取速度，看能否解决问题，如若不

行，那就只有更换内存条了。

4. 常见故障四：随机性死机。此类故障一般是由于采用了几种不同芯片的内存条，由于各内存条速度不同产生一个时间差从而导致死机，对此可以在 CMOS 设置内降低内存速度予以解决，否则，唯有使用同型号内存。还有一种可能就是内存条与主板不兼容，此类现象一般少见，另外也有可能是内存条与主板接触不良引起电脑随机性死机。

5. 常见故障五：内存加大后系统资源反而降低。此类现象一般是由于主板与内存不兼容引起，常见于高频率的内存条用于某些不支持此频率的内存条的主板上。当出现这样的故障后你可以试着在 COMS 中将内存的速度设置得低一点。

6. 常见故障六：运行某些软件时经常出现内存不足的提示。此现象一般是由于系统盘剩余空间不足造成，可以删除一些无用文件，多留一些空间即可，一般保持在 300M 左右为宜。

7. 常见故障七：从硬盘引导安装 Windows 进行到检测磁盘空间时，系统提示内存不足。此类故障一般是由于用户在 config. sys 文件中加入了 emm386. exe 文件，只要将其屏蔽掉即可解决问题。

8. 计算机感染病毒，内存性能大幅度下降，偶伴随死机现象。

（1）该故障原因可能是感染了病毒、磁盘碎片过多或机箱内灰尘太多。解决方法是首先可以使用杀毒软件查杀病毒，然后使用 Windows 附带的“磁盘碎片整理”程序进行整理。如果还不能解决问题，则打开机箱，查看机箱内是否灰尘太多，如果多，清理灰尘即可。

（2）病毒发作使内存被大量占用。故障现象：开机使用一段时间后硬盘指示灯不停地闪，同时系统运行速度变得非常慢，“任务管理器”窗口中显示内存占用率 100%。只有重新启动才能继续使用。但过一段时间后又是如此。从故障描述可知，计算机系统感染了某种病毒。在正常情况下，在不运行大型的程序时，内存在瞬间的占用率不可能为100%。这时，用户可以在“任务管理器”窗口中查看哪个程序占用的内存资源最多，如果是一个陌生的程序，建议用户使用杀毒软件（最好使用最新的杀毒库）对系统进行彻底的检查。如果还无法解决该问题，最好重新安装操作系统，并且安装病毒防火墙。这样，能彻底解决问题。

由于各种原因计算机总会出现一些故障。当遇到内存常见故障时，我们应该对内存的主要性能指标有充分的了解，分析故障原因，掌握常用的排除方法与技巧，避免内存故障造成计算机黑屏、死机等麻烦。

参考文献：

[1] 刘瑞新．计算机组装与维护［M］．北京：机械工业出版社，2009.

[2] 王茂凌，胡民，孙小东．计算机组装、维护［M］．北京：清华大学出版社，2009.

[3] 桑磊，胡海燕，辛钢，李力．计算机组装与维护［M］．北京：清华大学出版社，2009.

[4] 褚建立，张小志．计算机组装与维修［M］．北京：清华大学出版社，2009.

民办高校学生工作的几点思考

靳　来*

（云南经济管理职业学院　云南　昆明 650106）

摘　要： 民办高校学生工作是一项长远而艰巨的任务，本文结合民办高校学生工作的经验及学生的个性特点，针对民办高校学生工作中遇到的困难，对今后民办高校的学生工作进行几点思考。

关键词： 民办高校；学生工作；思考

随着民办高校逐步成为我国高等教育的重要组成部分，民办高校学生工作的重要性逐步凸现出来。由于民办高校的办学时间较短，体制和机制与公办高校有所不同，因此民办高校的学生工作多处在探索阶段。

一、民办高校学生工作遇到的困难

（一）客观原因带来的困难

1. 信息化技术给传统学生工作提供新手段的同时，也带来了挑战。网络是一把双刃剑，一方面为民办高校学生管理工作带来了新的机遇，另一方面也给传统学生管理带来了极大的冲击。首先，网络信息的快捷性、丰富性和开放性特点使得从学校获取知识的权威性受到怀疑。其次，网络的虚拟性、隐蔽性使得网络成为有害信息的滋生地和传播地。有些不良信息使得学生难以判

* 靳来（1980—　），吉林长春人，学士，助教，研究方向为学生工作管理。

别和抵御，带来比较大的负面影响。

2. 社会环境的复杂和不良风气的影响使学生工作难度增大。现阶段大部分学生都是独生子女，很多学生由于家庭教育等方面的原因形成了以自我为中心的心理，甚至有很多学生存在逆反心理；同时，随着改革开放的深入，部分学生的价值取向发生偏移，理想观念淡薄，讲实惠、追求金钱、贪图享乐思想迅速滋长，加上在人际交往中功利性因素增多，原则性逐步淡化，容易产生不服管的问题。

3. 全球化的迅猛发展给民办高校学生工作提出了更高的要求。在全球化趋势中，民办高校在与发达国家高等学校的交流与竞争中，教育体制、教育思想、教育方式都面临新的机遇与挑战。在这种情况下，民办高校学生工作必然与世界先进高校学生管理工作接轨，带来管理理念和管理方式的变革。

4. 民办高校学生工作者的素质有待提高。目前，在民办高校中，专职辅导员自身政治觉悟不够高，许多辅导员都是本科院校的应届毕业生，缺乏相关的经验。因此，辅导员普遍想转岗或成为专业课教师，流动性较大。因此，建立学生教育与管理专业学科，培养学生工作的专业人才是当务之急。

(二) 学生个性特点带来的困难

除了上述客观原因外，高校学生的个性特点是影响学生工作的最根本因素。相对公办高校而言，民办高校生源的功底较差，生源的养成习惯和学习基础远远落后于公办院校。

1. 心理方面。这个阶段的学生思想上要求独立，但行为上未能独立，在生活与感情上又对家人有过多的依赖。处于这个年龄段的学生，自我中心主义思想比较强，总是认为自己什么都会，不用任何人管理。大多数学生的自尊心很强，倾向于与家长或老师对抗。但实质上他们还没有具备完全约束自己行为的能力。一旦遇到问题就想逃避，把责任都推到父母或者学校身上，甚至用一些比较极端的方法来解决。

2. 思想政治方面。学生思想活跃与政治道德意识模糊并存。当代高校学生关心国内外大事，但多数浮于表面，政治学习的兴趣无法持久，缺乏政治敏锐性和鉴别力。他们能够积极接受新鲜事物，但抵御外界的干扰能力不强，道德是非标准模糊，特别是不少学生对网络中的虚幻世界认识不清，沉溺于网络而不能自拔。

3. 学习方面。没有良好的学习习惯，基础较差，综合素质发展不平衡。很多学生，在上大学的几年时间内，没有明确的学习目标和方向，什么都想学，又什么都学不好。虽然他们的抽象思维欠缺，但形象思维和动手能力并不差，不少人在文学、艺术和动手能力上都有自己的爱好与特长，有的学生电脑知识、技能特别好，有的学生文学水平比较高……对这些人要扬其所长，引导他们充实技能的同时，努力学习基础知识，全面提高综合素质，才能让其成为有用之才。

二、学生工作必须与时俱进、以人为本

针对民办高校学生工作遇到的困难与学生的特点，可以从以下几个方面开展学生工作：

1. 重视“两课”建设，充分发挥课堂教学在民办高校学生思想政治教育中的主导作用。根据学校的性质、特点，制订政治理论课学科建设、教学管理、实践教学、教学评估、教师队伍建设等计划，切实保证课程和课时；结合学校的实际情况，采取与其他高校合作的办法，加强“两课”教学管理工作，定期邀请名牌高校教师到学校开展报告会，与公办高校建立“两课”教学网络；开设“形势与政策”课，建立形势与政策报告制度，针对各时期国内外时政热点和重大突发事件，请有关领导和专家到学校给师生作形势报告；在重视提高政治理论课教学吸引力、感染力、说服力的同时，积极创新教学方式方法，重点加大实践

教学力度。

2. 加强学生党员发展和学生干部培训工作。充分发挥学生干部作用，并在学生中积极发展党员，这是加强和改进民办高校思想政治教育最为有效的一个途径。一方面，学生干部是学生中的一员，对学生的问题比较了解，对学生的心态比较容易掌握。另一方面，对于学生而言，成为学生干部让他们有更多的责任感和自豪感。学生干部是学生与教师的桥梁和纽带，应充分发挥上情下达和下情上传的作用；要严格对学生干部进行考核，健全学生干部组织，规范工作制度，做到奖罚分明，促使每位学生党员和干部带动全体同学提高“自我管理、自我服务、自我教育”的能力。

3. 加强网络的引导教育。民办高校的思想政治工作要主动占领网络阵地，在建设思政网络站的基础上，积极拓宽沟通渠道，充分重视学生 BBS 论坛、校友录、电子信箱、QQ 群等各类网络交流工具的运用，建立思政网络课堂，开通辅导员网上工作室等，主动营造良好的思想舆论环境和社会氛围，以正确的舆论引导学生，以高尚的情操陶冶学生。

4. 建立一支强有力的学生管理工作队伍。民办高校应努力建立一支年龄结构合理、心理健康成熟、责任感和使命感强、具有坚定理想信念的学生管理工作队伍。首先，学生管理工作者应避免空洞的说教型的思想灌输，应更加注重在实践活动、校园文化、师德情操等方面对学生的陶冶，积极引入交流机制，让学生能充分地各抒己见，最终统一认识。其次，要把关心学生学业和关心学生生活统一起来，从而形成教育者与受教育者良好互动的模式。第三，由于教师们普遍存在着做学生管理或思政工作者没有出路的思想，认为做专业课教师前景更好，为稳定思政工作队伍，应考虑让专职政工干部在编制、职称评定、职务晋升、工资住房等方面的待遇都有比较稳定的保证，给他们一个良好的提升平台，从而专心工作。

三、民办高校开展学生工作时要注意的几个问题

1. 要注意处理好学校教育与社会现实的关系，保证学生毕业后不与社会脱节。学生工作的目的不仅要使学生在校内有良好的表现，更重要的是要使学生毕业后在社会上有良好的表现。很多时候，学生在学校接受了正面的思想政治教育，进入社会后正面的思想就遭受冲击，这正是当前学生思想政治教育面临的挑战。解决这个问题的关键在于高校的思想政治教育不能脱离社会现实生活，应当让学生多接触社会，争取使思想政治教育面对社会现实而展开，否则，学校的思想政治教育在社会现实生活面前就显得苍白无力。在结合学生专业的前提下，学校应该主动与相关单位联系进行实习，建立“产学研”合作关系，提高学生与社会的结合度。

2. 要注意处理好学生与学校的关系，即转变管理模式，变被动管理为自我管理。学生是学校的主人，是学生工作的主体。传统的民办高校学生管理习惯于用各种规章制度管理学生，而忽视学生的积极性，压抑了学生的个性发展，导致了学生的情绪对立和消极行为。做好学生管理工作，一方面，我们除了要加强学生工作机构的建设，强化其组织协调功能，理顺学生管理系统部门、各层次、各岗位的职责、权限关系，更要注意重视柔性管理方法的运用，改变以往实行的在学生处直接领导下的以辅导员为中心的绝对的学生管理方式。另一方面，要推行以学生处为指导，以辅导员为调节，以学生自治为中心的人性化管理方式。通过这种方式，不单纯把学生看做是教育管理的客体，从内心深处激发学生对学校的凝聚力和归属感，消除学生的逆反心理，使学生在充分享受自由发展的同时，增强自我约束、自我管制能力，从而改变学生在学生管理工作中的从属和被动地位。

3. 要注意营造良好的校园文化。在新的历史条件下，校园

文化这个概念具有多重内涵。它不仅仅只是开展一些健康有益的文化娱乐活动，而且关系到学校育人环境的建设，包括校风、学风、校园的整治、校内的舆论导向、学术气氛、道德风尚、文化娱乐品味等。因此，营造宽松、和谐、自由、开放的校园环境，对提高学生的自我管理意识、激发学生的创新思维十分重要。结合学校的实际，可以从以下途径来营造良好的校园文化：第一，结合革命或传统纪念日开展主题纪念活动，如举办各类先进典型人物报告会、英模报告会、志愿者活动、专题团组织生活等，把爱国主义、社会主义、集体主义和革命传统教育紧密融入校园文化活动中去，使其更具有时代教育意义。第二，举办各种知识竞赛、辩论赛、文学创作赛、创业设计大赛、寝室文化设计、人文社科讲座、户外采风活动，把校园文化建设与学生的常规管理、人文素质和学风建设的提高结合起来，从而开阔学生的视野，升华学生的人格。

参考文献：

[1] 胡卫．民办教育的发展与规划［M］．北京：教育科学出版社，2000.

[2] 赵作斌．成功素质教育——大学教育理念与模式的新突破［J］．中国高教研究，2006（03）．

[3] 魏治国．民办高校开展学生工作现状分析与对策思考［J］．中国科教创新导刊，2007（14）．

[4] 雷莹，张季箐．新时期高校学生工作探索与研究（高校学生工作）［M］．重庆：重庆大学出版社，2008.

[5] 韩方希．民办高校德育工作探索与实践［M］．济南：泰山出版社，2010.

[6] 李忠军．高校辅导员工作案例研究方法与实证［M］．北京：人民出版社，2010.

浅谈高校图书管理员的素质

张　佳*

（云南经济管理职业学院　云南　昆明 650106）

摘　要： 高校图书馆的主要职能是教育职能，信息化和科学化的时代对高校图书管理员素质提出了更高要求，提高管理员的综合素质成为图书馆工作的重点，文章阐述了当今高校图书管理员应具备的素质及提高图书管理员素质的途径。

关键词： 高校；图书管理员；素质教育

随着科学技术的迅猛发展，网络信息技术在许多行业迅速蔓延，科学知识不断发展，不同文化层次读者不断增加，网络知识不断更新，搜索技术和新服务不断研发，图书馆事业也和其他事业一样，需要在变化中求发展，在发展中求生存，这就要求高校图书管理人员不断提高自己的综合素质，以适应当今高校图书馆发展的需要。

"素质"一词泛指社会个体成员现实的身心发展状况，个体所具有的各种品质则是素质的具体表现。当前我们正处在步入信息化社会的关键时期，"卡片时代"陈旧的方式和理念，已经不能满足读者研究的需求。面对信息观念和信息技术的巨大冲击，每个高校图书管理员都有一种适应变化生存的工作需求，素质教

* 张佳（1981—　），女，云南玉溪人，学士，云南经济管理职业学院图书馆教师，助教。

育提供了满足这一需求的可能。为此，提高高校图书管理员的综合素质就成了高校图书馆建设的当务之急、重中之重。大部分高校图书管理员的素质现状令人担忧。由于各种现实原因，“科班”出身的图书管理员几乎是凤毛麟角，很多管理员都是从别的岗位和行业调动过来的，缺乏专业知识，按部就班等思想状态导致管理员缺乏主动服务的意识，停留在机械地保管藏书和替读者取书的被动消极状态，此类情况对图书馆的发展来说无疑是不利的。在科学信息技术飞速发展的今天，这样的图书管理员已经很难适应新时代读者所要求的快捷、多元的资料需要。因此，激发图书管理员的工作积极性和继续学习的热情，提高图书管理员的综合素质是图书馆发展的关键。

一、提高图书管理员素质的必要性

（一）图书管理员是知识信息库的建造者

知识经济时代是知识爆炸的时代，新科学、新知识层出不穷，各学科互相交叉运用，自主创新能力飞速发展，知识信息传递不断增强，图书馆不仅肩负着继承传统，弘扬文明的历史重任，而且承担着吐纳信息、激活思想的时代使命。它既是有不尽源头的知识海洋，也是历史创新的终身教育的大课堂，尤其是现在的高校图书馆，它是多功能的现代信息中心，要面向学校及社会，提供全方位、深层次、高质量的信息服务。这就要求高校图书管理员必须具有较强的现代信息意识和广博的专业知识，要有较强的洞察力、创造力、灵敏思维及强烈的事业心和责任感，因此只有通过学习教育，更新现有知识，具备做好本职工作的能力，才能跟上时代的步伐，适应社会进步和科学发展的需求。

（二）图书管理员是图书馆信息资源的管理者

传统的读者服务包括文献资源的借阅、检索与宣传、参考咨询、阅读辅导等。现代图书馆的图书资料已经不同于传统管理模式下单纯的纸质文本图书，而是光盘和文本共存的图书资料。计算机技术的普遍应用，网络通信技术的进一步发展，不仅为图书馆改进传统服务提供了有效手段，而且极大限度地拓展了图书信息服务范围，使图书馆可以不断为用户创新服务。读者通过电子阅览室 Internet 网获取知识和信息已经成为广大师生的一种重要手段，开展信息化服务是图书资料信息化管理发展的必然进程，是现代科技对高校图书管理提供的新兴的服务模式，这些变化使每个高校图书管理人员面临新的考验，他们必须具备熟练的计算机应用能力，不断提高自身的信息素养才能胜任本职工作。

（三）图书管理员需具备较高的综合素质

图书管理员应具备较高的思想道德品质，培养强烈的事业心和责任感，以“读者第一，服务至上”的宗旨为广大读者提供优质服务。良好的政治思想素质和职业道德是图书管理员做好图书馆工作的前提条件，它影响着文献信息的开发和利用，影响着为读者服务的水平和质量，图书馆工作是一项技术性、知识性、创造性都非常强的工作，是一项知识素质要求较高的工作。无论分类、检索、做文献还是咨询工作，不仅要有系统的图书馆学专业知识。还要有文献资料所属学科及相关学科的知识，这就要求图书馆员必须具有广而博的综合性知识。随着全球经济一体化和高科技知识飞速发展，社会对有理想、有道德、有文化、有纪律的一专多能复合型人才需求增加，高校学科设置发生了变化，教育模式也随之丰富多彩。高校图书馆只有立足教学、服务教学，才能满足社会对高校又好又快培养人才的需求，作为高校图书管理人员必须加强图书馆专业知识及相关学科知识的学习，学会用科学的思维方式分析归纳各种信息，善于把握新动态，为读者提供深层次服务。创新是图书管理事业持续发展的重要动力，现代科学技术发展迅速，日新月异，各类新知识、新观念、新方法、新技术层出不穷，作为新时代的高校图书管理员要树立创新观念，实施创新行动，不断挖掘信息资源，为高校图书馆事业提供内在的超动力，更好地适应网络时代的发展。

二、提高图书管理员素质的有效途径和方法

（一）树立良好的职业道德

图书管理人员要树立正确的世界观、人生观、价值观，通过认真学习党的基本知识，增强对图书资料工作服务性的认识，要树立爱岗敬业，“读者第一，服务至上”的职业道德。大力倡导爱岗敬业，使馆员牢固地树立自觉遵守职业纪律的意识，在馆内形成良好的道德氛围和环境，要有高度的责任感和事业心，有严谨细致的工作作风，专心致志，全面、真实、准确地揭示图书、电子图书的特点。应具备甘于寂寞、愿为人梯的奉献精神，具备团结协作、互相帮助精神。图书馆工作环环相扣，每道工序的质量都关系到全局工作，所以作为图书管理员要有全局观念，必须认识到个别环节出错有可能影响全局工作的质量，应规范自身言行。图书管理员要加强自身道德修养，塑造美好形象，赢得读者的信任和重视，微笑服务是当今最好、最有效的服务方式之一，在工作中要做到这一点。图书管理员要真正做到干一行、爱一行、专一行，想读者所想，急读者所急，千方百计地满足读者的信息需求。

（二）具备良好的专业知识和业务水平

信息时代高校图书馆工作范围不断扩大，对工作的要求更加严格，在实际工作中，对图书管理员的知识结构、专业水平、工作能力提出了新的要求，图书管理员必须具备较强的专业技术水平，才能胜任各个环节工作，要能解答各门学科领域的信息咨询，以及提供文献综述、信息分析等高层次的信息服务。就编目工作而言，编目员要具有广博的知识、很强的概括能力，能确保编目工作的完成，计算机编目知识方面要熟悉中国机读目录格

式，熟记各字段代表的内容，在著录书刊时要遵守著录规则。

一个合格的图书管理员，除了应具备良好的职业道德和科学文化素质以外，还应具备较强的业务素质，要熟知本馆内的各类藏书、期刊及其分类，熟知本馆内所构建的各类信息资料数据库，能使用各种可用的检索方法在馆内外、网络上检索到所需的图书资料，能熟练掌握印刷型文献资料的加工检索程序，掌握数字化信息资料的管理、综合加工和检索方法，并且进一步学习，研究和掌握对网上信息进行检索的新标准和技能，具有强烈的信息意识以及收集、观察、迅速捕捉信息的能力，能完成网络环境下图书馆的各种现代化的技术操作，能根据信息时代的发展开展图书馆发展与建设的科学研究。

（三）具备丰富的文化知识和心理素质

图书管理员要养成读书和以其他方式学习的好习惯，让学习成为一种快乐的生活方式，同时在工作中要善于总结信息，做到边工作、边学习、边总结、边提高。当今是信息时代，网上绝大部分是国外的信息资源，要求图书管理员具有较强的外语水平；图书馆有着丰富的藏书资源，古今中外应有尽有，各门学科无所不包，图书管理人员应具有丰富的文化知识，对各门学科的知识有较普遍的了解。特别作为高校图书管理员，服务对象文化层次较高，图书管理员应孜孜不倦地学习，有良好的专业知识和其他学科知识才干得好自己的本职工作，完成图书馆各项任务。

每个人都有不同的心理过程和个性心理特征，这种心理倾向和心理特征的差异使个体在相同的社会环境下产生不同的行为与结果，从而导致个体实现目标程度的不同。网络信息时代的迅猛发展，新思维、新技术在图书馆的广泛应用，给一些馆员造成不同程度的心理压力。作为高校图书管理员，保持积极的心态，可以提高工作效率，学会心理调节、克服不良情绪有助于与读者沟通。培养强烈的自信心，善于自我心理调控、正确地进行自我评价，找出自己在现代化技术和现代管理方面的差距，明确努力方向，从而有意识地调整自己的意志、知识结构、学习内容和学习方式，具备良好的心理素质。这是一名高校图书馆优秀管理员不可缺少的条件。

总而言之，现代高校图书馆不仅要有好的藏书，还要有好的图书管理员，面对日新月异的知识和信息更新，图书管理员应时刻提醒自己不断提高自身的综合素质，勇于探求，不断创新，做一个高素质的现代化图书管理者。

参考文献：

[1] 吴开华. 新形势　新思考　新实践：高校编目研究会 2007 年学术论文集 [M]. 北京：北京图书馆出版社，2007.

[2] 徐敏. 高校图书管理者的基本素质 [J]. 河南高校图书情报工作，2006 (03).

[3] 束漫. 公共图书馆服务研究 [M]. 北京：国家图书馆出版社，2009.

浅谈计算机机房的日常管理与维护

王 建 赵 琼*

（云南经济管理职业学院 云南 昆明 650106）

摘 要：计算机机房是学生学习计算机课程的实践场地，是提高学生实际操作技能的实验平台。机房是教学的一个重要组成部分，为了更好地服务于教学，对于机房的管理与维护应从规章制度、软硬件的管理与维护、病毒防范、环境卫生等方面着手。

关键词：规章制度；机房；管理；维护

计算机机房是辅助教学工作的重要组成部分，机房管理与维护的好坏，会直接影响到教学的质量，并不只是开门、关门而已，还需要有较强的责任心和耐心。提高机房的服务质量，提高教学效果，进行良好的设备管理与维护等，都需要机房管理人员认真、耐心地工作。所以，提高机房的管理与维护水平和质量，保障机房设备的正常运行是本文探索的问题。

一、机房管理与维护过程中存在的问题

1. 机房间数多，人员少，日常管理工作量大，包括软硬件设备的管理，设备故障排除，防火、防盗，学生日常上机安排及

---

* 王建（1985— ），男，云南昭通人，助理实验师，研究方向为计算机应用技术；赵琼（1985— ），女，云南曲靖人，助理实验师，研究方向为计算机应用技术。

保持环境卫生等。

2. 机房设备数量多，人员少，日常维护工作量大，应用软件的安装、注册，特别是设备的陈旧及老化，带来了很大的维护量，会有不同程度的技术难度。

3. 机房设备面对的是学生，部分学生具有较强的破坏力，在上机过程中，往往随意更改计算机的配置，增删系统文件，随意使用U盘，随意拔插或更换键盘、鼠标，使设备不能正常工作。或者浏览恶意网站，致使设备感染病毒，系统崩溃。

二、机房规章制度

为了规范机房管理，提高计算机的使用效率，保障机房设备的正常工作，需建立健全计算机机房的各项规章制度，这是作好机房管理的关键。根据实际需求，建立《机房管理规定》、《机房使用规定》、《机房卫生规定》、《机房公物损坏赔偿规定》等规定为依托。有了规章制度，机房管理就有了依据，机房的日常管理工作也就有章可循、有据可依，机房日常管理也能落在实处。

三、营造机房学习环境

计算机机房是学生实际动手操作的环境，为了保障机房的环境清洁，每周一大扫（擦设备、拖地板等），每天一小扫（打扫地板上垃圾等），并在机房贴上宣传标语，随时提醒学生要保持机房清洁，营造良好的学习环境，如：请讲究卫生，不要随意扔垃圾，爱惜别人的劳动成果，等等。倡导学生树立起文明上机的习惯，自觉爱护设备，爱护机房公物。同时，学校应该向学生提供有利于教学的学习软件，激发学生的学习热情，任课教师需安排好每堂课的实操内容，让学生在上机时能专注于学习。这样，学生的实验效果才会得到保证。

四、机房的日常管理与维护

在机房使用过程中，为了充分利用教学资源，机房多数处于满负荷运转的状态，机房不仅承担了全校计算机公共课程的上机实践、考试等工作，课程任务重，上机人数多，而且还是学生上网浏览、查阅信息，网上选修课程、报考、查看学习成绩以及收发邮件等的重要场所，计算机被使用频率高，硬件设备的损坏率也较高。加之部分学生在上机过程中操作不当或恶意破坏，容易造成系统崩溃甚至设备损坏。学校机房管理人员应定期对机房设备进行测试、检修、系统更新，尽量保障设备的运转。

（一）软件的管理与维护

1. 计算机操作系统的安装。

计算机操作系统是最主要的系统软件，是支撑整个计算机运转的基础平台，如果操作系统安装不好，设备的运转就得不到保障，设备就会出现死机、蓝屏、应用软件不能运行等问题。因此，操作系统的安装是保障应用系统正常运行的基础。

2. 硬件驱动程序的安装。

硬件驱动程序是计算机和设备通信的特殊程序。操作系统必须通过每个接口来控制硬件设备的运行。如果硬件驱动程序不能正常安装，设备的通信就不能使用，如：没有安装声卡，设备就无法输出声音。因此，操作系统安装完毕后，接着要安装硬件设备驱动程序，在安装前，需找到硬件设备对应的驱动程序，否则安装上去后可能会无效。

3. 应用软件的安装。

应用软件是学生对某一门课程实验的操作平台，也是教师开展教学和布置任务以及检测教学效果的平台。在每个学期开学前，根据教学的需要安装相应的应用软件，对需要注册的应用软件进行设置和注册，保证教学的开展，提高师生的实操能力。

4. 数据的备份与恢复。

计算机在使用过程中，随时会碰到病毒入侵或师生误操作，而导致系统崩溃或数据丢失等情况。因此，要把做好的系统及数据进行备份，当系统崩溃或数据丢失时，能及时地恢复到备份时的状态，这样，减少了重装操作系统的步骤，也保证数据的不丢失。

目前，常用的备份及恢复工具有 GHOST 软件，可以提供数据定时备份、自动恢复的功能。此软件恢复速度快，操作较简单，易使用。

5. 硬盘保护。

硬盘保护是目前计算机机房维护中必不可少的软件，可以有效地防范病毒、误操作及有意无意的破坏，系统重启后就恢复到原来的状态，大大提高了设备的使用效率，减轻了设备的维护工作。硬盘保护分为单机硬件保护卡和网络应用软件保护，单机硬件保护卡必须是每一台设备进行设置才可使用，而网络应用软件保护只要设置好一台设备，其余的启动设备并与作好设置的设备连接，即可完成系统的保护设置。另外，网络应用软件保护具有网络同传的功能，避免了同样设备重复安装和硬盘对拷的麻烦，这样大大减少了系统安装的工作量。

6. 系统的优化。

计算机在使用过程中难免会碰到系统不稳定、反应速度慢等各种问题，可以通过磁盘碎片进行清理、修改注册表等对计算机进行优化，保证计算机系统快捷运行。

7. 病毒的防护、查杀、更新。

随着网络技术的不断发展，计算机病毒日益猖獗，其破坏也越来越大。所以，平时应当做好病毒防护工作，安装杀毒软件，定时查杀病毒，更新杀毒软件升级包，这样才能保证计算机系统安全和稳定地运行。常用的杀毒软件有 360 安全卫士、瑞星等。

（二）硬件的管理与维护

要让计算机长时间、稳定地工作，延长计算机的使用寿命，离不开平时对计算机硬件的管理与维护。

1. 防高温。

计算机的一般工作温度是10℃～35℃，太高或太低都会影响计算机的寿命。温度过高时，要保持周围通风，若有条件需安装空调。

2. 防尘。

灰尘对计算机设备的运行影响很大，灰尘长时间积累会腐蚀各配件的电路板。因此计算机机房应定期除尘，定期对设备配件除尘，随时保持机房的卫生清洁。

3. 防潮。

机房内长时间潮湿会使设备配件短路，致使设备不能工作。因此，机房最好安装木地板或空调，最好每天都使用计算机或使计算机通电一段时间。

4. 稳定电源。

电源是保障设备运行工作的首要前提，如果电源不稳定，就不可能保证教学的开展，也会造成设备的损坏。因此，建议使用UPS稳压电源来保护计算机，当电压高或低时，稳压电源会自动调节。

5. 定期检查设备并作好记录，及时维修。

机房管理人员应定期检查设备，了解每台设备的运行状况，主动预防，积极维修，有效降低设备故障率，不影响教学的开展，还可以延长设备的使用期。如：管理员经常会遇到在计算机操作中鼠标使用不灵活的状况，若是滚动式鼠标，可以把鼠标背面的旋盖打开，查看鼠标内部的滚轮和滚轴是否黏附着一层污垢，若有，轻轻地擦拭下污垢。若是光电式鼠标，在鼠标下放置鼠标垫或更换鼠标垫，以排除故障。因此，机房管理员对设备的维修应及时作好记录，做到心中有数。

6. 建立易损配件备用库。

由于机房设备长时间的使用，设备配件会出现老化或不能使用等问题，为此，应建立易损配件备用库，在对设备进行日常检修或定期维修的时候，对不能维修或老化不能使用的设备，要及时更换，保证实验教学工作的顺利进行。

7. 降低硬件设备的损坏率。

在安装系统时，管理员应把教学中所需要的素材存入硬盘当中，尽量满足教学的需要，如果教学时临时需要素材，任课教师可用多媒体教学软件统一下发给每一位学生，学生交作业时，任课教师统一收，这样可大大降低学生在做练习时大量使用光盘、U 盘带来的对硬件设备的损坏，也有效地提高了教学的效率。

五、计算机常见故障

1. 死机。散热不良、电源和 CPU 工作时间太长等原因会导致死机。

2. 蓝屏。硬件冲突、驱动程序不支持、中病毒等原因会导致蓝屏。

3. 自动重启。电源功率不足，内存、AGP 显卡、PCI 卡、接口出现问题会导致自动重启。

参考文献：

[1] 乔赛，段西强．关于计算机机房的管理与维护中若干问题的探讨［J/OL］．（2006－01－06）．http：//www. gcgo. cn.

[2] 张旭．浅谈计算机机房的管理和维护［J/OL］．（2009－04－08）．http：//www. chinaqking. com.

[3] 邱丽绚，林明儒．计算机组装与维护［M］．北京：清华大学出版社，2010.

[4] 刘瑞新．计算机组装与维护［M］．第2版．北京：机械工业出版社，2009.

[5] 褚建立，张小志．计算机组装与维护实用技术［M］．第2版．北京：清华大学出版社，2009.

数字化校园网建设与应用

王延武　余朝钢*

（云南经济管理职业学院　云南　昆明 650106）

摘　要：本文基于对数字化校园的理解，从数字化校园的硬件基础设施建设、资源建设和应用实践，以及在此基础上的思考，分析了数字化校园建设的内容、意义及存在的问题；介绍了在数字化校园建设中新信息技术的应用；同时也探讨数字化校园建设的应用趋势。

关键词：数字化校园；硬件基础设施；资源建设及应用；新技术应用；校园网展望

21 世纪，在全球信息化的背景下，以计算机和网络为代表的现代信息技术的迅猛发展促进了数字化技术与远程交互技术的飞速发展，从而为数字化校园的兴起提供了有力的技术保证。当前，随着办学规模的日渐扩大，出现了教学资源分散、信息传递慢、信息准确性差、重复劳动多、工作强度大、办公效率低等问题，给教学和科研资源的互补和共享带来了诸多不便，为此，加强数字化校园建设，实现校园网络化、办公自动化、教学信息化、管理现代化显得尤为重要。另外，开展数字化校园建设已成

---

* 王延武（1970—　），男，云南巧家人，理学学士，助教，研究方向为计算机网络技术、软件工程；余朝钢（1980—　），男，云南保山人，助理实验师，研究方向为计算机网络技术。

为中国21世纪教育发展的基本方向。

一、硬件基础设施建设

（一）校园网络建设

校园网络的建设是数字化校园建设的基础，我校的主干网为千兆光纤，连通了全校各个区域，覆盖了教室、办公室、实验室、机房、会议室、食堂、教师公寓、学生公寓、校医院、体育馆、商店、图书馆等所有部门。为全院的信息数据与资源共享提供了条件，提高了工作效率和管理效能，减少了管理成本。

1. 出口路由器：H3C SR6604（ROUTER），电信网光纤1 000兆宽带接入。

2. 交换设备：校园网采取的是三层交换架构。

（1）核心交换层：使用H3C S9505交换机（SWITCH）作为核心交换机（内置防火墙），用于全院的数据汇聚及与校园内外网（INTERNET）进行数据交换和通信。在此电信网光纤1 000兆宽带经路由器接入，中间加入计费网关；并通过校园内1 000兆光纤接入各楼所在的汇聚层交换机并与之通信（之所以用1 000兆光纤，是因为光纤作用距离远，达25公里，能满足校园内楼宇之间的数据通信，而双绞线作用距离只有100米，不能满足楼宇之间的数据通信，只能用于楼层内的数据通信）。

（2）汇聚交换层：使用H3C S5500交换机或WX3024无线交换机作为汇聚层交换机，用于每栋楼的数据汇聚和数据交换通信（同核心交换机及接入层交换机进行数据交换和通信）。在此，千兆光纤进楼使用光纤收发器或光电模块进行光电转换并接入各楼的汇聚层交换机与核心交换机进行通信；并用六类双绞线作为跳线接入各楼层交换机。

（3）接入交换层：各楼层使用H3C E126A、S1024等型号交换机作为接入层交换机，通过超五类双绞线（TWISTED

PAIR）接入同楼层各房间内，并通过RJ－45模块使用有RJ－45水晶头的双绞线和用户终端计算机连接进行通信，用于每栋楼的某层的所有节点的数据汇聚并与汇聚层交换机进行数据交换及通信；各楼层接入层再使用六类双绞线接入各楼的汇聚层交换机并与之通信。无线网络则通过无线AP用于终端用户与接入层交换机之间的通信。

校园内的所有终端电脑节点经由以上的交换机和光纤、双绞线链路，使用TCP－IP（传输控制协议，互联网协议）、FTP（文件传输协议）同服务器、路由器及外网进行数据处理、交换和通信。

3. 服务器：一台DELL 1950作为网络管理和DHCP服务器，用于网络的日常管理、维护及动态IP地址分配；一台DELL 2950服务器作为网站前台服务器，用于校园网站的运行、日常管理与维护；一台HP G580服务器用于网站的后台数据库管理与维护，并在前台服务器和后台服务器上加载教务管理系统和办公自动化系统（OA），用于全院的教学管理和办公，实现全院的教学资源和办公数据共享，使信息和各种数据的传送通信更加快捷和方便，提高了工作效率，节约了时间和管理成本；一台HP G 380服务器用于全院师生上网的计费；一台IBM 380服务器用于招生系统的运行、数据管理和维护；一台IBM 380服务器用于校园一卡通系统的运行、管理和维护；一台DELL 2950服务器用于财务处的财务软件的运行、数据处理、管理维护。以上所有服务器均位于信息中心中央控制室，与核心交换机、路由器、计费网关通过100/1 000M网线相连，以对各服务器管理的部分进行管理和控制。

（二）多媒体教室、多功能教室等的建设

建有120间多媒体教室，每间教室都预留网络接口，以用于网络教学；一个多功能语音教室；两间电子阅览室，用于全院师生上网查阅资料；12 个多功能阶梯教室，其中有两间可用于网络视频会议；各办公室及教室均配置有多媒体电脑，均与校园网接通。

（三）校园一卡通系统

一卡通系统基于校园网络并采用双机热备份，用于处理该系统在系统异常下的数据安全和完整。它的意义和目的在于：利用校园网络强大的通信和处理能力，把校园内原本分散的各经济服务部门交易功能通过该系统集成在一起，全院师生只需要办理一张校园 IC 卡，在充值中心充值后在读卡机刷卡即可在校园内购买各种需要的商品和服务。如在商店购买商品、到食堂吃饭、到澡堂洗澡、到校医院看病、到机房上网、到体育馆锻炼、到图书馆借书等等，方便了全院师生的生活和学习，提高了管理效能。

（四）电子阅览室和机房的建设

电子阅览室实际上就是在校园网内部组建的一个局域网，它可通过校园网和因特网相连，主要用于师生浏览网页、查阅各种资料和学习。学院建有 12 个机房、一个多媒体实验室、一个网络实验室、一个综合布线实验室、一个组装与维护实验室，这些机房和实验室用于师生进行教学实验，并和校园网相连进而访问 INTERNET，实现校外资源访问。

以上是校园网基础设施建设的基本架构，它的拓扑结构采用总线和星形的混合模式。

二、数字化校园网资源的建设和运用

有了硬件，还需要相应的软件建设，才能充分发挥数字化校园网的作用，针对学院教育的特点，在以下几方面对校园网资源进行利用。

（一）基于校园网的办公自动化管理信息系统（OA）

相对于传统的管理模式，办公自动化管理信息系统更加快捷和方便，各部门和广大师生可通过该系统进行交流和沟通，各种政令、文件和信息能够即时地收发，提高了工作效率，节约了管理成本。

（二）教务管理信息系统

通过该系统，教务处、教学部门和系部可实现教务工作各个环节和流程的数字化管理，如成绩管理、学生管理、教学质量评价、考试管理、选课管理、师资管理、实践管理、维修管理、实验室管理、毕业生管理、体育管理、教材管理、收费管理、教学计划管理、智能排课等等，实现资源共享。

（三）图书管理系统

基于网页平台，有编目、存档、检索、借还、统计、预约、打印等功能，实现了学院图书及现代教育媒体的数字化管理，大大提高了图书和现代教育媒体等资源的利用率，并降低了管理难度和工作量。同时可通过电子阅览室登录电子图书数据库，实现海量电子图书和音视频资料的资源共享，节约了经费，使资源不断更新、丰富。

（四）招生管理系统

实现招生过程和相关环节的自动化、数字化、资源共享。

（五）校园网站、各系部、各职能部门网站

基于校园网的校园网站，各系部、各职能部门网站对内是广大师生了解学院新闻、专业建设、师资队伍建设、教学科研、党团建设、学生工作、实践教学、实习就业、考级考证等信息的平台，对外是学生、家长及各界人士了解学院各方面情况的窗口。各网站作为学院的宣传媒介，承载着对学院的宣传职能，是社会各界人士了解学院的便捷手段，所以必须加强学院各级网站的建设和数据更新。

（六）数字化档案系统建设

采用书面档案和数字化档案共存的模式，通过数字化档案的建设，我们可以在电脑上对档案资料进行快捷和准确的查询、修改、添加、删除、编辑等操作。

（七）网络认证计费系统

该系统基于校园网并与一卡通对接，实现用户自助服务，费用从校园一卡通中扣除。它的功能是：（1）具有完整的日志记录功能，符合公安部网络安全的记录要求；（2）防止用户私接及防代理，支持多种网络认证方式，如：802.X、WEB、PPTP、PPPOE等；（3）ARP病毒防火墙功能；（4）流量控制，可根据用户相应的权限进行相应的流量分配。

三、数字化校园建设和应用的思考

数字化校园建设是一个庞大的系统工程，一个学校是一个有机的整体。经过多年来的实践，我们觉得在数字化学校的建设和应用中要注意以下几个方面：

1. 各院系、部门相对松散，早期信息化建设各自为政，缺乏统一规划，重复建设现象普遍存在。且系统间无法实现有效的数据共享，形成了网络环境下的“信息孤岛”。

2. 数字化校园建设中，许多高校存在重视“硬件”配置，忽视“软件”建设的问题。在软件建设上，又重“管理”，轻“教学”；资源利用上，重“本地”，轻“网络”；等等。

3. 受限于信息技术的发展水平，这些系统在可视化、模拟仿真、决策支持等方面缺乏有效的支持。

总体上，由于缺乏良好的灵活性、拓展性和适应性，现有系统很难满足高校日益发展的各种需求。因此，必须探索和实施信息化建设的第三阶段：全面数字化校园建设，实现校园中教学、科研、管理、服务的全面数字化、集成化、一体化。实现管理上效率和质量的提升。

四、数字化校园建设中新技术的应用

在数字化校园的分层建设中，不仅涉及较成熟的网络技术、数据库技术、多媒体技术等，还将包括新一代信息技术如网格计算、数据挖掘、3S 技术、虚拟现实技术等的应用。这些技术的迅猛发展，给校园信息资源共享和一体化应用带来了广阔的空间，加速了数字化校园建设的进程。现介绍如下：

1. 校园网格：该技术是一种专门针对复杂科学计算的新型计算模式，是利用互联网把分散在不同地理位置的电脑组织成一个“虚拟的超级计算机”，其中每一台参与计算的计算机构成一个“节点”，整个计算机是由成千上万个“节点”组成的“一张网格”。网格的主要任务是在动态变化的网络环境中共享资源和协同解决问题。

2. 无线校园网络：无线局域网（Wireless Local Area Network）是计算机网络与无线通信技术相结合的产物。无线局域网利用无线多址信道方法来支持计算机之间的通信，并为通信的移动化、个性化和多媒体提供了可能。

3. 网络安全：如漏洞扫描技术、防火墙技术、NAT 技术、VPN 虚拟专用网（VPN）、数据加密技术（Ipsec）、身份认证、企业级病毒防测、网络实时监测等。

4. 多媒体技术：多媒体技术是把比较成熟的图像处理、声音处理、视频处理等技术以及三维动画技术有机地集成到计算机中，实现将文字、音频、视频、图形、图像、动画等多种媒体信息进行数字化处理，并借助计算机输出设备以单独或合成形式表现出来的一种一体化技术。目前多媒体技术已被广泛应用到教育与传媒行业，特别是多媒体传输技术的突破，使网络多媒体教学得以实现，如视频点播、视频会议、远程教育、电视转播、远程监控等。

5. 数据挖掘：数据挖掘的前身即知识发现（Knowledge Discovery），指运用统计学、人工智能、机器学习、数据库技术等方法从存放在各种信息库的数据中挖掘有价值的关系或知识的一种技术。

6. “3S”技术：“3S”技术是地理信息系统（Geographical Information System）、遥感（Remote Sensing）和全球定位系统（Global Positing System）的一体化统称。广义的“3S”技术包括空间信息获取、传感器和信息探测、图形图像处理、空间定位、动态监测、信息管理与存储、预测评价和决策分析等。

7. 虚拟现实技术：虚拟现实（Virtual Reality）技术诞生于20世纪90年代初，是以计算机技术为核心，综合利用计算机图形学、人机交互技术、多媒体技术、网络技术、传感技术、视听技术、人工智能等各种新技术，模拟人在特定环境中视、听、动等行为的高级人机交互技术。

五、数字化校园建设应用展望

（一）综合运用相关技术，集成功能强大的数字化教学系统

这一数字化教学系统的集式将会更好地将多媒体技术、网络技术和虚拟现实技术等综合运用，并引入课堂，展现那些在传统的教学模式中无法实现的教学效果，虚拟各种理想模型；充分发挥现代信息技术的集成性、控制性和交互性；综合处理多媒体信息，使文字、图像、图形、动画等形成高质量的图像和声音，使之能形象生动地展现教学内容，借以提高学生的理解力、记忆力，从而提高学习的质量和效率，达到优化教学过程、提高教学质量的目的。

（二）智能化教学系统

智能化教学系统是一种交互性极强的智能系统，主要是方便学生课后自主学习。有如下特点：

1. 可以通过人类自然语言进行人机对话，具有极为友好的人机界面。

2. 监测和判断学生出错原因，给学生纠正和指导。

3. 对未预期的提问和错误给出合理的反馈。

4. 积累教学经验，并能针对具体情况及时调整系统的教学策略和方法。

可以说，这种智能化教学系统在一定程度上扮演了家庭教师的角色。

（三）管理自动化，决策智能化

1. 校长利用校长办公系统办公，及时了解教师的工作情况和学生的学习情况，并适时给予指导。

2. 文秘档案管理系统对学生和教育的档案进行分类管理。

3. 教师利用教师办公备课系统办公、备课和查阅资料。

4. 建设各类教学信息库，包括教师信息库、学生信息库、教室条件信息库、实践环境信息库、教学反馈及评价信息库等，形成具有多维分析与统计、数据挖掘与处理的数字化基础，为教学管理决策提供依据。实现上下级之间、各部门之间更迅速便捷的沟通，实现不同职能部门之间的数据共享与协调，提高决策的科学性和民主性，形成充满活力的新型管理机制。

（四）实现资源共享，加强校际科研合作

利用先进的网络技术可以促进科研资源和设备的共享，加快科研信息的传播，促进国际性学术交流，掌握科技前沿动态，开展网上合作研究，促进最新科研成果向教学领域的转化以及科研成果的产业化和市场化，从而大大提高科研的创新水平和辐射力。

（五）构建“互联教育体系”（Connected Education System）

通过充分利用多媒体、网络技术实现高质量教学资源、信息资源和智力资源的共享与传播，达到教学内容的结构化、动态化、形象化。实现师生互动，促进主动式、协作式、研究型的学习，从而形成开放、高效的教学模式，培养学生的信息素养以及解决问题和创新应用的能力。

参考文献:

[1] 齐潇雄．校园网格技术研究［J］．科技咨询导报，2007（12）．

[2] 付东云．浅谈网格技术［J］．无锡职业技术学院学报，2006，5（03）．

[3] 曲春锦．改进的关联规则挖掘算法及其在教育信息挖掘中的应用［J］．交通与计算机，2005（04）．

[4] 刘志强．浅谈基于GIS系统的虚拟现实技术［J］．首都师范大学学报（自然科学版），2005，26（03）．

[5] 姚林修，黄维平．高校数字化校园建设内容框架研究［J］．教育信息化，2006（10）．

民办高职院校外聘教师管理探析

王荣文*

（云南经济管理职业学院　云南　昆明 650106）

摘　要： 外聘教师是民办高职院校师资队伍的重要组成部分，对学校的发展和教学质量的提高具有十分重要的作用。本文分析了外聘教师的重要作用，指出了民办高职院校外聘教师管理中存在的问题，提出了进一步加强和改进外聘教师管理的若干对策。

关键词： 外聘教师；作用；存在问题；管理对策

质量是民办高职院校生存和发展的生命线，而教师队伍又是提高教学质量的关键。任何一所大学，建设一支数量足够、质量合格、结构合理的师资队伍是提高教育质量的关键，也是学校生存和发展的需要。与公办高校相比，民办高职院校最缺的就是师资，因此，外聘教师是民办高职院校师资队伍的重要组成部分，对缓解学校的师资压力、提高教学质量、扩大办学规模都具有重大的意义。在目前各民办高职院校中，外聘教师的管理或多或少存在一些问题，因此，加强外聘教师的管理，使外聘教师在教学中更好地发挥作用，成为民办高职院校目前亟待研究解决的一个现实问题。

---

* 王荣文（1964—　），男，四川蓬安人，讲师，研究方向为语文教学。

一、外聘教师的作用

（一）缓解师资数量不足，促进学校规模发展

教师数量不足是各民办高职院校一个比较突出的问题，主要原因在于：（1）随着学校规模的不断扩大，教师的需求不断增加；（2）由于民办高职院校的特殊性，教师流动性较大，教师数量不足也十分明显；（3）办学历史普遍不长，师资缺乏储备。通过各种途径和形式向社会或公办高校、企事业单位、科研单位聘请兼职教师，可以弥补师资紧缺的燃眉之急，从而促进学校的规模发展。

（二）提高办学效益，降低办学成本

在现有的国家政策中，国家财政对民办学院支持相当有限，许多民办高职院校办学过程中不得不考虑成本，聘请外聘教师，学校只需按协议支付讲课费等，因此，其成本远远低于招聘专职教师。它不仅是民办高职院校节约开支、降低办学成本的有效手段，也是民办高职院校灵活适应市场、增强办学活力的重要措施。

（三）优化师资队伍结构，提高教学质量

民办高职院校的专职教师大多是从应届毕业生中招聘来的，他们从学校到学校，虽有较丰富的理论知识，但缺乏教学经验，特别是有些课程，难以卓有成效地开展教学，难以满足培养高层次应用型人才的需要，影响着教学质量的提高。而外聘教师将他们丰富的教学经验带来，不仅帮助青年教师迅速成长，从深层次讲，也优化了学校的师资队伍结构，改善了校内教师的知识结构，打破了学校自我封闭、因循守旧的状态，促进了民办高职院校师资队伍建设，进而促进了学校的专业建设和课程调整，拓宽了校内教师的视野，活跃了学术思想，促进了教学方法和教学内容的交流，最终达到教学质量的提高。

二、在外聘教师管理中遇到的主要问题

(一) 外聘教师引进缺乏制度管理，程序不健全，把关不严，造成引进的教师良莠不齐

责任心强的外聘教师完全能按学校的要求来教学，但不排除因招聘把关不严，个别外聘教师很难达到对任课教师的要求。如有的外聘教师多年从事专门的教学和教学研究，有扎实的教学基本功和丰富的理论知识，但动手能力与理论知识方面相比存在着明显的偏差；有的外聘教师有一技之长、丰富的实践工作经验和一定的理论基础，但缺乏必要的教育学、心理学知识，对课程的基本要素、程序掌握不够，板书不规范，教学方法不多，教学过程中缺乏积极性和创造性；还有些外聘教师不能严格贯彻教学方针，不了解所在兼职学校的教学规章制度，也很少了解学生的基本情况，上课时只顾讲课，不管纪律，导致理论与实践错位、教与学脱节，教学效果不理想。

(二) 外聘教师流动性大，队伍不稳定

外聘教师归属感不强，难以建立长期合作关系。这与民办高职院校教学工作需要稳定的教师队伍之间有比较突出的矛盾。外聘教师在人事上不属于民办高职学校，在行政上也没有直接的关系，没有很好的约束机制。现实中，有些民办高职院校的部分专业甚至一个学期更换几个外聘教师，停课、调课、缺课、补课比较频繁，这种状况不利于教师和学生互相了解，教学缺乏连贯性，学生很难系统地掌握课程知识。因此民办高职院校外聘教师难以留住人，难以留下高水平的外聘教师。

(三) 过程缺乏有效监督，教学效果难以达到理想程度

部分外聘教师采取“放羊式”教学，经常不布置作业，上完课后就走人，极少对学生进行课后辅导、答疑，严重地影响了正常的教学秩序和学生的学习热情；个别外聘教师缺乏敬业精

神，消极履行职责，可以半节课点名，一节课放视频。这些现象虽然不是很普遍，但严重影响了外聘教师的整体形象，根源就在于教学过程缺乏有效监督，学校对外聘教师依赖性较强，因此，教学效果也难达到满意程度。

（四）监督管理不到位，缺乏激励机制

由于在聘用外聘教师时，只注重业务考核而忽视师德考核，特别是在教学过程中不敢管、不善管，常常是只看外聘教师到没到教室，其他一概不过问，长此下去，导致部分外聘教师对教学敷衍了事，走过场，甚至影响到很多专职教师。同时，许多民办高职院校在计算外聘教师的薪酬时都按其职称、课时，并没有与教学效果和教学评价结果真正挂钩，容易让人产生惰性，弱化他们的工作责任心。

（五）感情投入不足，缺乏有效的沟通机制

一些民办高职院校的管理人员对外聘教师在心理、情感、生活上缺乏必要的关心，在制度方面也缺乏将他们与专职教师纳入一体加以管理的有效机制，外聘教师与专职教师的交流、合作机会较少，导致部分外聘教师在人际交往、价值取向、群体归属、情感依从以及对管理制度的理解等各个方面很难与专职教师相融合。

三、加强外聘教师管理中的对策与措施

（一）完善外聘教师选聘机制，把好准入关，做好外聘教师的聘任工作

要制定外聘教师管理办法，明确外聘教师的思想政治素质、职业道德、学历、职称等聘用条件，规范外聘教师聘用程序，全面考核，建立外聘教师信息库和业务档案，择优聘用。在具体的工作中，要认真落实外聘教师聘任制文件，认真实施外聘教师竞争上岗，尽量减少人情课、关系课。外聘教师上岗必须经过试讲

和考察，达不到教学要求的应坚决拒绝。

（二）建立健全外聘教师管理制度，保证外聘教师发挥作用

1. 制定外聘教师考核的细则和实施方案，上岗前宣传到位，使外聘教师思想统一，方向明确，教学办事有章可循。

2. 建立外聘教师的业绩考核档案。坚决做到每学期都考核，考核结果一定进入业绩考核档案，考核不合格的，下学期坚决不聘。

3. 改进外聘教师课时费发放办法。根据聘用教师的考核情况，拉开课时费档次，增加外聘教师年终评优。

4. 执行末位淘汰制，增加外聘教师工作的紧迫感、使命感和责任感。

（三）加强教学过程监控

对外聘教师的管理要与专职教师管理一视同仁，教学的每一项工作都要有计划、有落实、有检查、有反馈。重点是查教学常规、查教学态度。在管理时对于外聘教师出现的一些问题和不良行为，要区别情况及时加以反馈和纠正，以防蔓延。

（四）充分调动外聘教师的教学积极性，发挥外聘教师的主观能动性

我们要以人为本，本着培养使用外聘教师，充分发挥外聘教师的工作积极性，保护他们的工作热情，为外聘教师创设一个有利于展示他们才能的平台。具体做法是：

1. 随着学校规模的扩大，在学校财力允许的情况下，适当提高外聘教师的待遇。

2. 定期召开外聘教师座谈会，倾听他们的意见，了解他们的心声。

3. 改善外聘教师的工作环境、休息环境，着力解决他们在教学中遇到的各种困难，提供人性化的上下班服务。

4. 学期结束后对外聘教师进行评优、表彰先进，增强外聘

教师的荣誉感。

（五）营造良好工作氛围，让外聘教师工作愉快

留住人才，重要的是要靠感情，靠真情。比如定期召开联谊会，加强外聘教师与专职教师的沟通；定期召开师生之间、教师之间、学校领导与外聘教师之间的各种形式座谈会，交流感情，增进了解，加深友谊；在教师节、春节、外聘教师生日等重大节日或纪念日，开展送温馨活动，让外聘教师有亲如一家的归属感。

总之，外聘教师的管理既是一门技术，又是一门艺术。在民办高职院校外聘教师管理中，管理者要充分利用民办高职院校的特点和灵活性，大胆管理，既要做到按章办事，又要做到以情管理，注重人文关怀。

参考文献：

[1] 李博．外聘教师管理问题研究［J］．职业教育研究，2009（09）．

[2] 郑华，王金英．高职院校外聘教师管理探析［J］．职业教育研究，2008（09）．

[3] 谈镜星，易弟兰．对职业院校外聘教师管理的思考［J］．产业与科技论坛，2008（07）．

浅谈高校教材管理工作中遇到的问题及建议

杨　琳*

（云南师范大学商学院　云南　昆明 650106）

摘　要：教材管理是集教材选用、采购、供应、结算、自编教材组织与编审、出版教材的使用与评价等方面的综合管理，是稳定教学秩序、提高教学质量以及培养合格的高等人才的重要保证。随着高校招生规模和招收专业的不断调整与增多，学分制普遍推进和实施，教学管理改革不断深入，教材管理工作面临着新的挑战，本文试通过分析高校教材管理工作中存在的问题，提出合理应对建议，建立和完善教材建设体制、加强教材管理工作。

关键词：高校教材管理；问题；建议

高校教材是教学内容、方法的知识载体，是开展教学工作的基本工具，更是提高教学质量的保证。只有确立教材在高等学校的地位，才能更好地发挥教材管理在整个学校管理中的作用。目前，高校教材管理、教材建设面临着一些紧迫的问题，致使教材的管理和建设严重滞后于教学管理发展，因此，重视教材的开发、管理与使用，充分发挥教材在教学中的作用是十分重要的。

---

* 杨琳（1983—　），女，云南瑞丽人，学士，云南师范大学商学院助教。

一、教材管理中存在的问题

（一）教材选用

1. 教材选用一般由任课老师代表指定，或由教研室决定，一般教师没有选择教材的权利，而且在独立学院往往还存在需要向外校聘请任课教师的情况，外聘的任课教师很大程度上没有选择教材的权利，拿到手是哪一本教材就用哪一本教材上课。至于学生，那更没有选择教材的权利，就目前的实际情况而言，由学生选择教材也确实存在诸多不现实的原因，只能被动地去购买与接受。这样往往就造成教材的使用者没有选择教材的发言权，统一选用的教材可能不适用于教学的情况。

2. 教材的优选率不高，教材在选用上存在较大的随意性。例如，教材在报送教材供应商后，出现该教材出版社无库存、无加印计划的情况，供应商回告学校教材管理部门，教材管理部门告之院系，由于处于假期，时间仓促或是联系不上选用教材的教师，院系上会由教研室重新确定一本教材或直接由供应商推荐一本教材，教材选用存在着简单化倾向；还有的使用一些“职称”教材、人情教材等等。

3. 高校教材编写的水平良莠不齐，参考书目又非常多，因而很难找到合适的教材。针对一些发展速度比较快的学科，教材的出版跟不上新的政策变化，往往国家政策已经有了很大的调整，新版教材未及时出版，教材中讲的还是老内容，许多新的知识和政策只能是任课教师在上课时给学生补充。

4. 有的教师喜欢使用某一固定版本教材，几年不更换，久而久之，在教学中形成习惯性思路，从而束缚了学生接受新知识、新内容的途径；个别课程或学科需要聘请专业的外聘教师，有的教师会指定特定教材，不选用那本教材，就不接这门课。

5. 教材的选择范围有限，通常采取的方式是上网查询、参看教材征订目录、到实体书店选择这三种情况。到实体书店选择相对要好一些，可以对教材内容及整体框架有一定的了解，而通过上网查询和有关教材征订目录选择，仅凭书名很难把握教材内容的层次和实质，没有实物样本的比较，会缺乏理性的判断和认识，存在着一定的局限性。

（二）教材发放

1. 目前大部分高校教材管理模式陈旧，最常用的教材发放方式是统一征订、课前发放、人手一册。也有的学校完全放弃传统的教材管理模式，不负责学生教材购买供应工作，只给学生开出各学期教材目录，任由学生自行购买教材，会出现有的学生直接就不购买教材，上课不带任何课本的情况，这样也是不科学的。

2. 学分制的实行给了学生一个较宽的选课范围和选课权利，同一个班级的学生，由于所选择的专业方向不同，所修课程也不同，所需的教材也是不一样的，按行政班级人数对教材采购和供应所反映的信息是不准确的，需要教材管理人员对数据进行分类筛选，在同一个班级里根据专业方向为学生配备不同的教材，给教材的发放带来一定的难度。

3. 教学管理体制越来越灵活，开设课程形式越来越多样化，根据学生的实际情况，结合学生的个人兴趣，学校会根据实际办学条件开设多样化的学习方式，既保证学生能修完大学四年课程性质里指定的学分，又能丰富学生知识，例如在全校范围里开设任意选修课，新生入校时可根据自身条件选择修大学英语或改修小语种课程等等，往往在上学期末这部分课程不能完全确定上课教师和选课时间，故这部分课程所使用的教材在上学期末时无法确定具体数量，开学时需要根据最终选课人数确定是否能开班、是否需订购教材，造成了教材征订与发放的不及时。

（三）教材建设

1. 许多高校对教材管理部门缺乏应有的重视，认为教材的征订发放很简单，只要能正常运作就行，加之人员编制少，久而久之便形成教材管理人员只是每天频繁应付事务性的工作，与师生之间只存在简单的教材供应关系，教材建设工作非常薄弱。

2. 随着教学改革的深入，学科、专业结构不断调整，教学计划频频修订，课程内容重新整合，导致一些新开课程缺乏适用的教材。

3. 教材选用和编写过程中缺乏一套行之有效的教材评估体系。有些教师及学生对教材选用的重要性缺乏正确认识，致使教材评价工作的开展达不到预期效果，对教学质量和教学效果造成影响。

4. 在一些高校中，特别是一些独立学院，由于教学硬件和软件资源有限，教材建设方面起步晚，成效不明显，甚至有些学院到目前还未将教材建设纳入教学管理中。

二、加强高校教材管理工作的几点建议

（一）建立健全教材管理机构，加强教材管理

教材管理作为一项系统工程，它涉及教学的方方面面。要加强教材管理，必须建立专门的部门来管理，应成立教材建设委员会，委员会成员应聘请本校相关领导和专家组成，包括学术专家、管理专家、财务专家等等，指导学校自编教材的编写与修订，开展对已出版教材的评价和推荐工作，审议每学期的教材采购计划，监督教材预订、采购、发行等工作，把好教材选用关，发挥职能，真正把教材选用、教材建设及评估等教材管理工作落实到位，使高校的教材管理更规范和高效。

（二）加强教材管理人员队伍建设

很多高校教材部门管理人员一般只有 1 ~ 2 人，通常一个人

要负责上千人甚至全校的教材工作，人员编制不足，教材管理人员只能进行简单的教材采购、供应，根本顾不上搞教材建设。应当扩大编制，增派人手，除此之外，还应当对管理人员进行业务能力素质的培训，提供对外交流学习的机会。特别是独立学院，在教材建设方面经验不足，可以通过邀请专家学者来学校作报告、到兄弟学校参观学习、参加教材工作学术会议等方式交流工作经验，提高认识，增强服务意识，提升教材管理水平，解决实际工作中的问题。

（三）实现教材管理现代化

目前我国有多种版本的教材管理信息系统，它们都是基于代收代管学生教材费的基础上，多数着重教材的收发、结算管理，就算这些教材管理信息系统能满足教材基本管理，但在使用上还存在着许多问题。比如，有的学校购买了相应的教材管理信息系统，却没有发挥它的作用，有的是因为人员编制不够的问题，有的是因为管理人员对计算机操作不熟练，有的则是因为管理人员不愿转变思想、更换操作方式，等等；还有的学校教材管理系统与教务管理系统是分开的两个系统，造成了许多基础数据的重复建设，导致人力的浪费。所以，实现教材管理现代化是一项长期工程，需要人力、物力、财务各方面力量的支持，除了实现基本的教材收发、结算外，还应积极利用网络技术，建立起教材管理的网络平台，在网上实现教材的预订、采购和调剂，让教师、学生可以利用校园网随时随地查询、预订和购买到自己需要的教材和用书，还可以利用校园网大力推广介绍优秀的多种媒体教学资源，实现各种教材信息的资源共享。

（四）规范管理制度，建立相应的教材评估制度

加强各部门之间的信息沟通，根据自身的教学与管理特点，建立一套适合本校特点，且行之有效的工作程序及与之相适应的规章制度，使工作井井有条，既可提高工作效率，又可避免发生

教材供应高峰期的忙乱现象。

建立客观公正、科学严谨的选用教材的评估体系，加强教材选用过程中对选用教材的论证和评价，从而提高教材选优率、适合率，对选用教材在使用过程中进行跟踪调查，在学期末对本学期所使用教材展开评价，由任课教师和学生共同进行评价，对于不适宜教学的教材应给予撤换，使高质量、实用性强的教材进入课堂，使教材真正成为实现人才培养目标的载体。

三、总　结

综上所述，我们应该在实践中总结教材建设与管理工作的经验，找出当前工作中的不足和薄弱环节，借鉴其他院校优秀的管理方法，积极推行现代的教材管理工作理念，全面把握教材工作面临的新形势，在实践中不断进行总结探索，找出一条适合本校教育教学改革需要的教材管理模式，开创教材管理的新局面。

参考文献：

[1] 胡格. 高校教材管理工作中存在的问题及对策初探[J]. 内蒙古师范大学学报，2010（03）.

[2] 谢新栋. 高校教材创新管理的思考[J]. 赤峰学院学报，2009（02）.

[3] 徐丽宁. 对独立学院教材管理工作的思考[J]. 三峡大学学报，2009（01）.

[4] 续秀英，史二栓，王泽俊. 高校教材管理的现状与创新[J]. 包头医学院学报，2009（02）.

[5] 江峰，王建安. 高校教材管理工作思考[J]. 西北医学教育，2006（04）.

中国特色社会主义理论体系的方法论原则

徐　爽*

（昆明理工大学党委宣传部　云南　昆明 650091）

摘　要： 中国特色社会主义理论体系是新时期党的创新理论的总称，是马克思主义中国化的最新理论成果。深入理解中国特色社会主义理论体系的整体性及其内在逻辑，构建中国特色社会主义理论体系的方法论原则，对于掌握中国特色社会主义理论体系具有非常重要的意义。

关键词： 中国特色社会主义理论体系；中国化；方法论

改革开放以来，我们党在开辟中国特色社会主义道路的同时，也形成了中国特色社会主义理论体系。“十七大”报告指出：“中国特色社会主义理论体系，就是包括邓小平理论、‘三个代表’重要思想以及科学发展观等重大战略思想在内的科学理论体系。”这是改革开放以来党的创新理论的总称，是马克思主义中国化的最新理论成果，是发展中国特色社会主义和实现中华民族伟大复兴的思想基础。中国特色社会主义理论体系实现了改革开放以来党的理论创新三大成果的整合。对中国特色社会主义理论体系内容进行科学概括和进一步发展，则是一个有待实现的

* 徐爽（1981—　），女，云南普洱人，昆明理工大学助理研究员，研究方向为马克思主义哲学。

任务，需要依据“十七大”的精神，把握一些重要的方法论原则。

一、坚持理论基础与实践创新的统一

“十七大”报告指出：中国特色社会主义理论体系“坚持和发展了马克思列宁主义、毛泽东思想”。特别就科学发展观指出：科学发展观“是马克思主义关于发展的世界观和方法论的集中体现”。这表明，中国特色社会主义理论体系的理论基础是马克思主义，特别是马克思主义哲学。中国特色社会主义正是在马克思主义哲学理论基础上的创新。

马克思主义哲学作为中国特色社会主义理论体系的理论基础，在作为中国特色社会主义理论体系重要组成部分的科学发展观上表现得尤其突出。世界观是人们对世界的总体看法和根本观点，方法论是人们认识和改造世界所遵循的根本方法。工人阶级及其政党的科学世界观和方法论，就是马克思主义哲学，即辩证唯物主义和历史唯物主义。世界观和方法论体现到发展问题上就是发展观。科学发展观对马克思主义哲学基本原理的创造性运用，主要有三个方面。

首先，创造性地运用唯物辩证法的基本原理。对立统一规律是唯物辩证法的核心规律。科学发展观运用对立统一规律分析当代中国社会。“十七大”报告指出：“构建社会主义和谐社会是贯穿中国特色社会主义事业全过程的长期历史任务，是在发展的基础上正确处理各种社会矛盾的历史过程和社会结果。”我们要学会矛盾分析法，科学分析影响社会和谐的矛盾和问题及其产生的原因，更加积极主动地正视矛盾、化解矛盾。我国社会的矛盾大多是人民内部矛盾，正确处理人民内部矛盾是政治生活的主题。分析和解决新时期人民内部矛盾的重点是正确处理利益问题。随着改革的深化和市场经济的发展，物质利益的多样化是不可避免的，群众产生不同的利益要求也是不可避免的。因此，“十七大”报告指出：“统筹个人利益和集体利益、局部利益和整体利益、当前利益和长远利益，充分调动各方面积极性。”

其次，创造性地运用历史唯物主义的基本原理。关于生产力是人类社会发展的基础的观点是历史唯物主义最基本的观点。社会的全面进步也好，社会的和谐也好，都必须以生产力的发展为前提和基础。因此，科学发展观提出第一要义是发展，强调坚持以经济建设为中心，把发展生产力作为首要任务，把经济发展作为一切发展的前提。历史唯物主义坚持人民是历史发展的主体和人的全面发展的观点。解放全人类，实现人的自由全面发展，是马克思主义的一贯主张。我们建设中国特色社会主义的各项事业，所进行的一切工作，既要着眼于人民现实的物质文化生活需要，同时又要着眼于促进人民素质的提高，也就是要努力促进人的全面发展。科学发展观依据历史唯物主义关于人的全面发展的思想，提出以人为本这一核心理念，强调始终把实现好、维护好、发展好最广大人民的根本利益作为党和国家一切工作的出发点和落脚点。“十七大”报告指出：“尊重人民主体地位，发挥人民首创精神，保障人民各项权益，走共同富裕道路，促进人的全面发展，做到发展为了人民、发展依靠人民、发展成果由人民共享。”

再次，创造性地运用自然辩证法关于人与自然和谐相处的思想。马克思、恩格斯承认自然界的优先地位，把劳动过程看做是人类和自然界之间的物质变换过程。不管人类改变自然界的能力有多大，外部自然界的优先地位仍然会保持着。原因在于，自然界是进行这种物质变换的前提。离开了自然界提供的资源，劳动将无从发生，人类也将无法生存。所以，马克思、恩格斯始终主张对自然界取之有度，着眼于人类对自然界的永续利用。他们看到，人类对于自然界的每一次不合理利用和过度开发，都会导致自然界的报复。科学发展观强调，促进人与自然界的和谐，实现经济发展和人口、资源、环境相协调，坚持走生产发展、生活富裕、生态良好的文明发展道路，保证一代接一代地永续发展。

毛泽东哲学思想是马克思主义哲学的重要组成部分，是中国特色社会主义理论体系的理论基础。其中，最重要的是毛泽东同志最早提出“统筹兼顾”的方法。做到统筹兼顾，就是要正确认识和妥善处理社会主义事业中的重大关系。科学发展观把统筹兼顾作为根本方法，针对我国经济社会发展的突出问题，提出统筹城乡发展、统筹区域发展、统筹经济社会发展、统筹人与自然和谐发展、统筹国内发展和对外开放，继而提出统筹中央和地方关系，统筹利益关系，统筹国内国际两个大局，不仅扩大了统筹兼顾的重点范围，而且进一步突出了统筹兼顾作为根本方法的指导意义。因此，“十七大”报告提出：“既要总揽全局、统筹规划，又要抓住牵动全局的主要工作、事关群众利益的突出问题，着力推进、重点突破。”

二、坚持一脉相承与与时俱进的统一

在中国特色社会主义理论体系中，邓小平理论、“三个代表”重要思想和科学发展观是既一脉相承又与时俱进的关系。

所谓一脉相承，首先，是指主题的一致性。邓小平理论、“三个代表”重要思想和科学发展观有一个共同的主题，即中国特色社会主义。正是由于主题的一致性，在构建中国特色社会主义理论体系时，就要按照其内在逻辑的要求，分成不同的方面，把邓小平理论、“三个代表”重要思想和科学发展观的相关内容进行整合归并。这样，不仅能够避免因分阶段论述而造成不必要的重复赘述，而且还能够体现对中国特色社会主义各方面认识的最新成果，从而给中国特色社会主义实践以深刻的理论指导。其次，一脉相承是指对已有理论成果的继承和发展。邓小平理论、

“三个代表”重要思想和科学发展观不是更替型关系，而是增添型关系，也就是不断总结新的实践经验，为已有理论增添新的内容；或者根据实践的需要把理论具体化为具有操作性的战略方针，同时也在实践中丰富和发展理论本身。正是由于这一根本性特点，才能把邓小平理论、“三个代表”重要思想和科学发展观统称为中国特色社会主义理论体系。邓小平同志关于发展问题提出过很多重要思想，甚至可以说已经形成了系统的发展战略理论，如提出了发展战略目标，制定了“三步走”的发展战略步骤，形成了“一个中心、两个基本点”发展战略布局，确定了发展的战略重点、发展的战略方针、发展的战略政策、发展的战略方法、发展的战略条件。江泽民同志继承邓小平同志“发展才是硬道理”的思想，提出“发展是党执政兴国的第一要务”，树立实现社会全面进步的目标，形成我国进入新世纪后的总体发展思路，实施科教兴国战略、西部大开发战略、可持续发展战略。这些思想理论都是建设和发展中国特色社会主义的重要内容，为科学发展观所继承和发展。“十七大”报告把整个中国特色社会主义理论体系都称之为“马克思主义中国化最新成果”，就表明了这些思想理论仍然是管用的，没有过时。在构建中国特色社会主义理论体系时要十分注意吸收这些重要理论成果。只有这样，中国特色社会主义理论体系才能体现出动态性，统揽中国特色社会主义实践的全过程。

所谓与时俱进，首先，是指重点课题的递进性。“十七大”报告就与时俱进是新时期最突出的标志指出：“我们党坚持马克思主义的思想路线，不断探索和回答什么是社会主义、怎样建设社会主义，建设什么样的党、怎样建设党，实现什么样的发展、怎样发展等重大理论和实际问题，不断推进马克思主义中国化，坚持并丰富党的基本理论、基本路线、基本纲领、基本经验。”邓小平理论首要的基本问题是“什么是社会主义、怎样建设社会主义”。“三个代表”重要思想创造性地回答了“建设什么样的党、怎样建设党”的问题。科学发展观则是对“实现什么样的发展、怎样发展”问题的集中而全面的回答。邓小平理论、“三个代表”重要思想、科学发展观之所以分别有自己集中回答的重点课题，根本原因在于事物矛盾运动的规律。矛盾的充分暴露有一个过程，我们对这些矛盾的认识和重视程度也会经历一个过程。旧的矛盾解决了，新的矛盾又会产生，则需集中精力予以研究和解决。其次，与时俱进是指对国情认识的不断深化。“十七大”报告指出：“科学发展观，是立足社会主义初级阶段基本国情，总结我国发展实践，借鉴国外发展经验，适应新的发展要求提出来的。”当前我国仍处在社会主义初级阶段，基本国情没有变，社会主要矛盾也没有变。但进入新世纪新阶段，我国发展呈现一系列新的阶段性特征。“十七大”报告中将这些特征概括为八个方面，这八个阶段性特征实际上就是八个方面的突出问题和矛盾。解决这些问题和矛盾靠什么，最根本的还是靠深入贯彻落实科学发展观。构建中国特色社会主义理论体系，要以科学发展观为重点，集中展现对中国特色社会主义认识的最新进展。只有这样，中国特色社会主义理论体系才能体现出现代性，发挥指导中国特色社会主义全面发展的作用。

参考文献：

[1] 毛泽东．毛泽东著作选读［M］．北京：人民出版社，1986.

[2] 江泽民．论党的建设［M］．北京：中央文献出版社，2001.

浅谈独立学院图书馆的阅读指导工作

蔺　坤　杨剑宁*

（云南师范大学商学院　云南　昆明 650106）

摘　要： 独立学院图书馆开展阅读指导，可以被看做关于利用图书馆及其文献操作技能的传授和情报意识的培养，辅导大学生"读什么书，怎么读书"，它将会使读者终身受益。本文结合独立学院学生的基本特点，提出了独立学院图书馆如何开展阅读指导工作来更好地服务学生。

关键词： 独立学院；图书馆；阅读指导

自 1999 年始，全国很多省（区、市）相继建立了一批独立学院（原称高校二级学院），即由普通本科高校按新机制、新模式与社会力量合作举办的本科层次的二级学院。由于独立学院体制的特殊性，形成了该类型学校学生的相应特点。图书馆如何更好地服务于独立学院的大学生，提高他们的阅读效率和阅读水平，是图书馆读者工作中的重要环节，是图书馆阅读指导服务的一部分。本文通过分析独立学院学生的基本特点，提出了独立学院图书馆阅读指导的创新思路以推进独立学院图书馆的创新。

---

* 蔺坤（1980—　），女，云南保山人，云南师范大学商学院讲师；杨剑宁（1973—　），男，云南陆良人，硕士，云南师范大学商学院副教授。

一、独立学院学生特点的分析——生源具有特殊性

首先，独立学院的学生按第三批本科录取，平均分数与第一、二批本科录取学生有相当大的差距，以至于学习基础及平均抱负水平有所不同。

其次，“三本”生源经济状况一般较好，不少学生是在相对优越的条件下成长起来的，他们的挫折承受力和受挫折的调整力可能与“一本”、“二本”学校学生有所不同。但由于家庭条件较好，他们有可能受到较多的自己感兴趣的教育，因此对新事物的接受能力可能会更强一些。

第三，“三本”学生就读专业多数是当前市场需求较热门的专业，反映出学生家长对就业的期望值较高，希望以较高的教育投入获得良好的就业前途。

二、独立学院开展阅读导读工作的重要性

图书馆被人称做知识的“海洋”，要在这“海洋”中获得知识，必要的向导就显得尤为重要。导读工作的实质是对读者阅读思维的走向进行正确的引导，帮助读者解决工作和学习中的各种难题。导读工作手段与内容的创新是适应新的形势下独立学院图书馆发展的必然要求。

来图书馆借阅的读者中最多是学生读者，他们对图书馆是很陌生的，表现在借书的不稳定性、盲目性，造成借阅率高，而阅读效果较差，还只限于从书本上和课堂上获得的那一部分。独立学院学生大部分缺乏自学的能力，还没有充分认识到图书馆的作用和价值，有一部分对于图书馆部门的设置及其职能缺乏了解，更不知道怎么利用图书馆的各种文献和参考工具来高效率、高质量地查阅所需资料。

开展阅读指导工作首先能提高独立学院图书馆的服务质量，

同时，阅读指导是读者工作中富有积极性和创造性的工作，做好这项工作必将把图书馆整体服务水平推向一个更高的层次。独立学院的图书馆应把导读的重点放在学生读者上，引导学生正确地利用图书馆，把他们的主要精力吸引到读书学习上来，从而更好地为学习打好基础。

三、阅读指导的主要措施

要做好导读工作，应结合独立学院学生特点和本馆实际，在工作中采取各种积极有效的措施，才能更好地发挥高校图书馆的利用率，发挥纸质以及电子图书、期刊的应有作用。

（一）保持独立学院导读工作的正确发展方向

导读是从事图书馆工作的主要内容之一，但旧有的导读工作内容与基本要求早已不适应现代网络技术与计算机信息处理技术的快速发展，旧的导读方式好比在读者面前摆着几杯水，并告诉读者应该喝哪杯水；新形势下的导读是要保证在信息与知识的海洋中游泳的读者能正确安全地游向自己的目标。因此，正确的引导阅读在独立学院图书馆工作中责任重大。

1. 导读工作要实现网络化。目前国内外著名大学在这方面的工作已经取得了很大的进展，国际上最强大的网络搜索引擎GOOGLE 已经与许多大学的图书馆合作，将数量巨大的纸质图书电子化、网络化。这进一步加速了图书馆信息资料的快速流动与充分共享。在现代化图书馆中，导读工作必须大量使用电子技术手段，及时高效地满足读者需求。

2. 导读工作应及时结合独立学院学生的学习动态与特别需求，有针对性地展开活动。图书馆是供读者查阅资料、借阅书籍、进行自学、取得信息的场所。我们可以通过学生荐书、新书海报、专家荐书、网络论坛、网络站点等工具进行新书目推荐和学习引导等活动，介绍不同学科的国际研究动态与最新科研进展等。

3. 为重点科研项目和重点课程建设提供信息资料。重点科研项目和重点课程是独立学院未来发展的支柱。任何一所独立学院都应努力支持重点科研项目，建设有特色的重点学科，集中并强化自己的优势力量。图书馆要为这些重点科研项目和重点课程建设提供优质服务，就必须要搞好文献调研工作，有针对性地丰富、充实、更新馆藏的信息资料。

4. 导读服务内容的及时更新。最近几年，高校图书馆已经进入网络化、电子化的初级阶段，图书馆馆藏文件资源也发生了质的变化，纸质文件与机读文件并存，馆藏文献的内容、形式和范围也在不断扩大，馆藏文献信息化、电子化程度不断提高，迫使导读工作也融入网络中。图书馆从业人员要积极提高网络技术水平，才能在网络信息流中具备导读工作能力。

（二）把好独立学院文献资源的质量关

图书馆在购进文献资源上就要保证质量，应根据独立学院的特点，依照所设专业，听取专家、部分学生和教师读者的意见订购文献资源，所购图书及文献资源要求思想性强，实用性强。随着科学技术的发展，每年也会新出版大量的文献资源，但是因为资金有限，这就需要图书馆用有限的资金来重点满足各专业对文献的需求，做到专业性要突出，使阅读指导工作具有雄厚的基础。

现在更多的大学生喜欢网络阅读，但是网上的信息中存在着大量的“垃圾”信息，这严重影响着大学生的人生观、世界观、价值观的形成。学生辨别是非的能力还有待提高，图书馆就更应该在阅读指导中掌握读者的阅读信息而作出有效的指导，对信息进行屏蔽、过滤，净化学生的上网环境，提高他们的思想道德素质和科学文化素质。

（三）建设网上阅读指导

图书馆主页是一个图书馆与读者的互动平台，是开展读者教育工作的重要平台。图书馆可以利用这个平台推荐一些与本校相关专业的研究机构、实验室、会议论坛、专家博客的网址，供读者浏览。可以对馆藏的文献资源进行图书推荐，开辟读者荐书或专家荐书等专栏，有好书让大家分享。利用留言板或电子信箱做好读者参考咨询活动，及时了解、回答读者提出的各种问题。在主页中提供图书馆信息、图书馆利用指南、馆藏书刊信息、馆藏分布、入馆须知等专题信息，使读者，主要是新生可以很快地了解图书馆，利用好图书馆中的文献资源。

（四）提高独立学院学生的信息检索能力

建议独立学院开设文献检索课，这样就可以让大学生在学校中不只是学会了知识，还学会了怎样学习知识的知识。文献检索课是让大学生掌握利用文献资源的最好途径，当然，必须得先提高学生对文献重要性的认识，从而增强学习文献检索课的自觉性。而且学习文献检索课对学习专业课具有促进作用，通过这种方式培养学生敏锐的、较强的思维判断能力。

（五）图书馆要开展丰富多彩的阅读指导活动

独立学院的学生思想活跃，兴趣广泛，个性鲜明，他们喜欢知识与趣味并重的学习方式，拥有独立思考问题的能力，能够紧跟时代脉搏，适应时代潮流，爱看信息传递“短、平、快”的书，乐于从漫画、杂志、图片、短信等“快餐文化”中吸取知识。而对一些世界文学名著、古典文学精品，虽然有兴趣，但是由于缺乏必要的鉴别欣赏能力，因而大多在大部头的著作面前，或举步维艰，望而却步，根本读不下去；或囫囵吞枣，无法领略其精髓。所以图书馆要从这方面着手，因势利导，通过大小板报随时介绍、传递读书方法，对一些书籍的重点、难点及其精髓作简评，对一些名著佳作进行赏析，举办专题讲座，开展热门书的评论活动，进行优秀作品读后感征文比赛、读书演讲比赛、读书心得交流等等，引导青年读者形成健康审美观，提高读者读书理解能力和鉴赏水平，用高品位的知识激发读者的求知欲，这样高校图书馆的导读工作才真正发挥作用，使校园内的生活富有生命力。

以上是本人对独立学院图书馆阅读指导的一点看法，但如何通过导读提高独立学院学生的阅读能力还需要有一个不断摸索的过程。我们要根据自身的办学实际，不断进行改革与探索，才能走出一条有特色的“独立学院阅读指导工作”之路。

参考文献：

［1］何芳．论高校图书馆阅读辅导工作［J］．高校图书馆工作，2009（06）．

［2］代晓飞．论我国高校图书馆的阅读辅导服务［J］．高校图书馆工作，2008（01）．

［3］陈杏．探究知识经济时代图书馆员的读书意识［J］．图书馆论坛，2004（02）．

［4］田玲玲．新生入馆教育的新思考［J］．图书馆学刊，2009（11）．

当代大学生逃课现象的心理透视及原因解析

刘　兆*

（云南师范大学商学院　云南　昆明 650106）

摘　要：据央视国际消息，有关资料显示大学生逃课现象频繁：65%的大学生有过逃课的经历，5%的学生经常逃课。随着高校扩招趋势的不断加强，随着高校教育的不断改革，已不再是象牙塔里的莘莘学子对社会认识的不断加深，大学逃课已经逐步成了大家关注的焦点。本文将结合大学生逃课的现状，分别从学生、学校、教师、家庭和社会五个方面对大学生逃课的心理状态、原因等进行分析解读，并提出解决逃课问题的相应对策。

关键词：逃课；教育；管理；原因

一、大学生逃课的现状分析

近几年，大学生逃课已成为一种司空见惯却又屡禁不止的现象。许多高校每学期都要开展学风建设，重点之一就是针对学生逃课、迟到、早退等现象。因此，出勤率不高也一直是困扰高校课堂教学的主要问题之一。

大学生作为成熟的独立个体，虽然他们自身的行为是个人的

* 刘兆（1982—　），男，陕西宝鸡人，硕士，助教，研究方向为高校学生思想政治教育。

事情，但却受到社会大环境、学校因素和家庭因素的影响，他们所带来的社会影响和对学校管理乃至教育事业的影响是非常大的。因此，随着教育事业的不断发展，需要对这个问题的现状进行持续的探索，使人们对其现状的认识更加切合实际，对大学生逃课问题的反思和应对更是工作的重中之重。

据已有调查资料显示，大学生“逃课风”主要呈现出以下几个特点：

1. 逃课率随年级升高呈现递增性。

2. 男生的逃课情况较女生更为严重。

3. 当代学生视逃课现象为正常现象。

课堂教学是学校教学的重要部分，是在校学生获取知识的主要途径。然而，现在高校学生逃课的现象却非常普遍，甚至出现了经常不上课的“高校逃课族”。根据调查收集的各种资料来看，偶尔逃课的学生占71%，经常逃课的学生占11%，从不逃课的学生只占18%。可见，逃课在大学生中已经是一种普遍存在的现象，严重影响了教学工作的正常开展与大学生专业知识和综合素质能力的提高。因此，加强对高校大学生逃课的管理已成为高校教学与管理不容忽视的重要问题。

二、大学生逃课的原因分析

根据以上阐述的大学生逃课现状及特点，联系大学生上课的相关因素，可以分析出以下几点原因。

（一）学生因素

1. 学生对专业不了解，缺乏专业兴趣。

由于近年来专业细致化和各种新兴专业的产生，许多家长、高中老师对专业并不了解，只是盲目为学生填报热门专业。进入大学后，随着年龄的增大、年级的升高以及与社会的多方面接触，学生越来越能理性地认清自我，一部分学生会发现自己所学专业并不适合自己或者对其缺乏兴趣，于是产生反感甚至厌恶情绪，置身于一种麻木或相抵触的学习状态，“逃课风”也就应然而生。并且随着年龄的增长，逃课现象越发严重。

2. 学生对“由家庭到学校”环境转变的消极适应。

从中学走入大学，从家庭生活走入集体宿舍，也就是从父母的管束下走入了一片“自由”的天空。面对这样的转变，学生所要做的和所能做的就是去适应。“如何去适应”成了学生在校发展的分水岭，而学生以往所受的家庭教育方式对此则有非常大的影响。那些在较为宽松的学习和生活环境中长大的学生，便能在大学转变中主动积极地去适应，知道如何去合理地分配上课和课余时间，有序地安排学习和生活；而那些在严厉的家庭管教下长大的学生，由于缺乏学习、生活的主动意识，在突如其来的自由面前显得不知所措。以前没有的很多东西现在都拥有了，时间、空间、钱……似乎一切都可以由自己来自由支配，从自由支配课余时间到自由支配上课时间，这种“自由”慢慢地演变成“散漫”，成为一种习惯——逃课。

（二）学校因素

1. 校规校纪落实情况反差大。

学校虽有校规校纪，但没有真正落到实处。例如，有的学校规定一学期累计旷课达多少节便要给予一定的处分，但在执行规章制度时却流于形式，很少有学生因旷课而受到处分的。类似的规章制度对学生没有起到应有的约束作用，造成学生逃课没有顾忌，不思后果。

再者是任课老师和管理人员检查监督力度不够，使学生有了可乘之机，特别是大课。由于其考勤检查难度较大，再加上大教室的扩音设备不理想，学生听不清老师讲话，造成大课逃课率较小课偏高。

2. 学校对非专业课的管理相对忽略，公共课、选修课流于形式。

加强专业教育，造就品牌效应，是每所高校所注重的。但这样难免就会出现忽略对公共课、选修课等非专业课的管理，忽视人才的引进与教学质量的提高，相同的教师、相同的教案一教到底。另外，非专业课往往采取上百人甚至几百人的大课教育方式，学生兴趣自然降低，加上无法有效管理，逃课现象大量出现。

(三) 教师因素

教师是教学活动的主导力量，担负着“传道、授业、解惑”的重任。但从调查中我们了解到，部分教师授课方式呆板，照本宣科、无真才实学的现象普遍存在。学生在课堂中只是被动接受知识的灌输，师生之间没有教学互动与交流，束缚了学生的主动性、积极性、创造性的发挥。学生在课堂中感到学不到真正的实践技能，甚至感觉枯燥，故利用逃课时间去做其他自己喜欢的事情。

三、对大学生逃课的心理归因分析与对策

我国关于大学生的逃课现象研究从2000年开始，从各个学科角度对这一现象进行研究，在调查实践和理论上取得了相当有价值的成果，给后人的研究留下坚实的基础。许多高校也对这一现象采取了很多的措施。但是，如何在实施过程中具体操作，针对不同层次学生详细探讨，才能真正解决问题呢?

我认为要想真正解决大学生的逃课问题，应当立足于采取治本的对策，从大学生逃课的心理归因入手，才能最终找到适当的解决方法。

(一) 改革不合理的教育体制及课程设置

高校应根据实际情况确定课程的教学目标，更新教学内容和模式，注重教学方法，增强课堂教学的趣味性，培养学生的实践

能力。通过采取激励机制，鼓励教师革新教学内容和教学方式，促进教师授课的充实性与生动性，激发学生听课的积极性与主动性，同时，教师授课内容要与社会紧密结合，让学生学有所用。

(二) 加强考试制度改革，加大素质教育力度

要坚持大学考试的灵活性与创新性。大学教育不是考试教育，考试只是一种督促学生学习与巩固的手段。大学考试应该不拘泥于笔试，更不能拘泥于书本，而是要注重学生的实践能力，尤其是趣味性较强的选修课、文史类课程、实践类课程，应彻底改变学生的考前“突击思想”，通过合理、科学的考试制度和考核方式来促进学生专业知识和综合素质的提高。

(三) 发挥教师在课堂导向中的积极作用

学生逃课、学习没兴趣，归根到底，受任课教师的影响是极大的。首先，学生在学校里的学习时间大部分是在课堂上度过的，因此教师的言行态度直接影响到学生的学习兴趣和学习态度。其次，教师教授的课程内容要与时俱进，同时通过积极、有效的多种方式与手段，来激发学生学习、听课的兴趣，当学生感觉受到重视，同时被课堂内容吸引，才能从根本上杜绝每一位学生的逃课心理。

(四) 加强大学生心理健康教育

大学不是学习的终点，而是新的起点，大学生应该认识到逃课对自身的危害，避免急功近利，要树立终身学习的观念，确立正确的奋斗目标。学校心理咨询中心、辅导员、班主任等要加强对学生尤其是对毕业生进行就业心理干预和职场心理辅导。

(五) 建立健全长效机制

大学生逃课表面上是学生个人的问题，而实质上已是一个社会问题。针对大学生逃课原因的多样性，高校要把此种问题作为一项长期工作来抓。教育不是某一个人的事，而是全社会的责任。只有当全社会都来关注这个问题，把大学生教育当成自己的

责任和义务，才能从根本上解决大学生逃课的问题。

四、结 语

打开网络上各个大学的 BBS 论坛，任意翻开一些有关大学生生活的作品，“逃课”一词随处可见。不管是出于何种理由，逃课都已经成了大学生很“时髦”的行为。大学生的逃课原因是多方面的，针对大学生逃课的多样性，高校要根据学校实际情况，调整教学模式和课程设置，切实提高教师授课水平和吸引力，不断提高教学质量，要采取激励机制，激发学生的学习积极性；同时正确引导学生的人生观、价值观、世界观和荣辱观，才能减少学生逃课的现象。

参考文献：

[1] 盛颂恩．对大学教育质量与教学评估的再认识［J］．中国高等教育，2005.

[2] 张琼文．高效度过大学时代［J］．中国大学生就业，2006（01）．

[3] 施章清，孙昕怡．高师学生择业心理归因结构调查分析［J］．教育发展研究，2006（12）．

[4] 陈刚．大学生“逃课”的心理动力分析及对策［J］．中国青年研究，2005（08）．

[5] 李介，王雄雄．大学生逃课现象研究［J］．中国青年研究，2006（01）．

教学心得

多元智力理论在高职英语教学评价中的应用研究

郑庆芳*

（云南经济管理职业学院　云南　昆明 650106）

摘　要：多元智力理论的评价观对高职英语教学评价提供了理论依据及全新的评价视角。本文以文献研究为线索，首先对高职英语教学的评价现状进行了分析，并阐述了加德纳的多元智力理论评价观对高职英语教学评价带来的启示，最后构建成一个多元评价观指导下的更科学有效的高职英语教学评价模式。

关键词：多元智力理论；高职英语；教学评价

教学评价是指根据教学目标对学习者在教学活动中所发生的情况进行测量，收集有关资料并作出价值判断的过程。教学评价是教学活动的一个重要环节，全面、客观、科学、准确的评价对于实现课程目标十分重要。它不仅仅为教师提供有益的反馈信息，帮助教师了解教学效果，改进教学方法，提高教学质量，还可以帮助学生了解自身的学习状况，调整学习策略，提高学习效率。

2006 年，教育部高教司发布的第 18 号文件《教育部关于全面提高高等职业教育教学质量的若干意见》中指出，高等职业

* 郑庆芳（1972—　），女，云南大理人，硕士，讲师，研究方向为英语语言教学。

院校要培养学生的社会适应性，提高他们的实践能力、创造能力、就业能力和创业能力，并再次强调了高职教育的三大特征：应用性、实践性和实用性。然而高职英语的教学现状却没有把培养学生的职业能力方面凸显出来。

一、高职英语教学评价现状

（一）评价目标单一

目前我国的高职英语评价目标仍然以通过大学英语四级和英语应用能力考试 A、B 级这种单一的评价目标为主。教师以考试为指挥棒，考什么教什么。学生知识结构单一，没有体现职业教育的特点，也没有达到培养人才的目标。

（二）评价方式单一

现在的高职英语教学评价体系忽视体现学生的形成性评价，对学生的终结性评价主要靠平时测验和期末考试。往往以考分论高低，以成绩论英雄。这种以测试为主的单一的评价方式过分注重结果，忽视了评价过程，限制了学生的思维发展，不能促进学生全面发展。

（三）评价内容单一

多年来，高职英语教学评价主要是考查学生对英语基础知识和基本技能的掌握程度，比如基本句型的掌握，词汇的记忆，各种语法在句型中的运用等。课堂主要训练学生的应对考试的纯语言能力，而对于学生的语用能力、沟通能力、整合知识能力、文化意识、情感因素和创新精神等缺乏评价。

（四）评价主体单一

教学过程是教师教和学生学的互动过程，因此教学评价也应该由双方甚至是多方形成。而我国目前高职英语教学评价依然采用自上而下的单方面的评价方式，即只能由教师来评价学生，这很容易造成评价的片面性、主观性，造成学生对评价的焦虑甚至造成师生关系的紧张，学生作弊、弄虚作假等行为屡禁不止。

二、多元智力理论的评价观

多元智力理论是美国哈佛大学教育心理学家加德纳教授提出的。他认为："智力是在某种社会或文化环境的价值标准下，个体用以解决自己遇到的真正难题或生产及创造出有效产品所需要的能力。"根据多元智力理论，智力是多元的，人的智力主要由九种独立成分或模块构成，这几种模块是相互独立的，但又是相互作用的。多元智能理论倡导多元化的评价观，主张通过多种渠道、采用多种形式、在多种不同的实际生活和学习情境下进行评价。

（一）情境性评价

加德纳认为，个体智力根植于一定的社会文化环境中，并在与社会文化环境的交互作用中得到发展。个体智力的核心是解决现实生活中的实际问题和创造出社会需要的有效产品的能力。正是在这个意义上，加德纳主张对学生的评价应该在一种有意义的真实活动中进行。对学生的评价应该以现实生活中真实的社会角色为参照标准进行。

（二）发展性评价

加德纳认为智力是一个动态的发展过程，是从生理和心理潜能到解决问题和创造产品能力的一个发展过程。每一个个体的智力最初都只是一种潜在的能力，在环境和教育的影响下，个体所具有的潜在能力会得到激发并获得持续的发展。基于此，加德纳认为对学生的发展也应该具有发展的观点。主要体现在两方面：其一，对学生的评价应以促进学生的发展为根本目的；其二，对学生的评价应体现孩子的动态发展历程。他非常重视档案袋评价，认为这是体现学生动态发展历程的评价，不仅能够从多方面、多角度、全方位地评价学生的发展，也可以鼓励学生发展这方面的能力。

（三）多元性评价

加德纳认为智力不应局限于传统的语言智力和数理智力，而是由八种或更多种智力组成的一个有机整体。每一个正常个体身上都同时具有多种智力，而其中每一种智力都可以自由地和其他智力结合以解决自己遇到的现实问题并创造一些社会文化背景所珍视的有效产品。在对学生的评价中，要使用能够让学生把多元智力都展示出来的“智力展示”的评价方法，学校中要有懂得多元评价的“评价专家”，以便能有效地展开多渠道、多方面的学生发展评价。

（四）个性化评价

多元智力理论认为，不同个体之间的智力发展具有独特性，一般的综合性评价或抽象的概念化评价对于学生个体的发展意义甚微。有意义的评价应单独评价某一学生独特的智力特点并根据智力特点给予学生独特的发展建议。另外，对学生发展的评价重在评价学生个体自身动态发展历程中的独特性，而不是在与其他同学进行横向比较中评价学生之间的差异。此外，在对学生进行评价的过程中，要给予学生更多选择的机会与可能性。

三、多元智力理论对高职英语教学评价的启示

多元智力理论告诉我们，人的智力具有发展性、独特性、多元性。因此，我们对智力的评价不仅仅是对单方面或几个方面智力因素的一种评估，评估的结果也不能只是对之前学习结果的总结，评价应该是多元的。评价应该关注学生的学习变化及成长过程，应该注重对个体学生的评价，评价结果还应该对学生的发展起到激励的作用。在高职英语教学评价中，给我们带来如下启示：

（一）评价过程情境化

教学目标不同，教学评价的方式也应随之改变。比起普通高

等学校，高职院校教育内容应注重实用性，在特色上突出能力，要求以能力为本位，以岗位要求为依据，强调基础性、实用性、针对性。鉴于高职培养人才的特点，高职英语教学评价也应该注重评价过程的情境性，评价模式应体现三个中心——“以学生为中心，以培养英语应用能力为中心，以实践教学为中心”。一方面，在教学过程中有意创设情境，以任务型教学法为主，在情境中教学，在情境中评价，如组织学生话剧表演、口语演讲比赛、模拟各种场景等。另一方面，要加强实训课程的考核力度，把实训成绩纳入学生的英语总评成绩，注重评价过程的实践性和情境化。这样才能有效提高学生的口语交际能力和英语应用能力，实现高职培养人才的目标。

（二）评价方法多样化

高职英语教学应改变单一的终结性评价模式，要以促进学生的发展为目的，因材施教，进行多样化的评价。

1. 实施以诊断性评价为基础的个体内评价。

高职学生的英语水平相差极大，因此先进行诊断性评价非常重要，它可以帮助教师了解学生的英语水平及个体差异，并采取相应措施，因材施教，充分体现评价的发展功能。可以通过入学成绩、入学摸底测验、口语对话、学习能力要素调查等途径实施诊断性评价。

2. 确立形成性评价在高职英语教学评价中的主体地位。

形成性评价是对学生日常学习过程中的表现所取得的成绩以及所反映出的情感、态度等方面的发展作出评价。形成性评价注重对教和学的过程进行多层次、多元化的分析判断，能够为教学提供及时、真实的诊断信息，有利于教和学过程的完善与发展；能够为学生提供表现的形式和机会，其目的是激励学生学习，帮助学生有效地调控自己的学习过程，使学生获得成就感，增强自信心，培养合作精神。形成性评价的主要方式包括教师的课堂观察、学生的成长档案袋（档案内容包括学生出勤、作业、课堂表现等）、学习日志、学生自评和小组同伴评价等。

3. 以终结性考试为激励。

尽管“一试定终身”的终结性考试有一定的负面影响，但不可否认，在一定条件下，终结性考试在快速选拔人才、体现教育公平性等方面起到了很大的作用。尤其是在持证上岗，有证才能最快、最好地证明自己能力的今天，社会都以考过大学英语四、六级来衡量学生的英语水平，高职院校的学生也应尊重个性发展，对于学有余力的同学，鼓励参加大学英语等级考试。

（三）评价主体多元化

多元评价理论告诉我们，教师不再是评价的唯一主体。让学生参与到评价中来，让学生从被动地接受评价转向主动参与评价，逐步形成评价主体，形成教师、学生、家长及小组成员等共同参与的交互过程。这不仅体现了以人为本的先进理念，而且使评价的信息来源更全面、更丰富，评价结果更全面、更真实。既加强了评价者和被评价者之间的互动，提高了被评价者的主体地位，将评价变成了主动参与、自我反思、自我教育、自我发展的过程，同时在相互的沟通与协调中增进了双方的理解，易于形成积极、友好、平等和民主的评价关系。

（四）评定成绩多元化

职业教育的特点是它的职业性，因此评价重点是学生的职业能力，而非学科知识。职业能力包括知识、技能、经验、职业道德、合作能力等多项内容，所以职业教育的评估不能只是评价学生的学科分数，而应全面评价学生完成任务和解决问题的能力，特别是要突出实际的完成和解决问题的能力，而非卷面分数的多少。各个专业要根据自身的特点，制订全面的、有针对性的、能提高专业素质的考试和评价体系，使学生知道自己在哪些方面做得好，哪些方面还需要改进和提高。

四、构建多元智力理论指导下的高职英语教学评价模式

（一）评价过程及方式

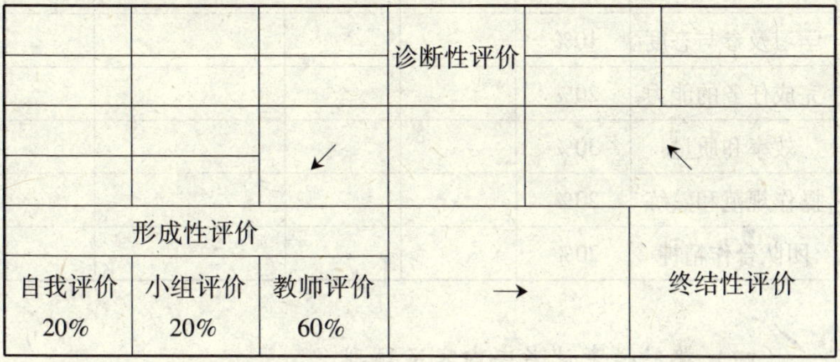

如上图所示，科学的评价过程应该是动态的而不是静态的，是能把诊断性评价、形成性评价和终结性评价相结合的多元的评价方法。

（二）评价内容及分值

评价内容及分值	姓名				合计
项目	所占分值	学生自我评价	小组评价	教师评价	
课堂出勤	10%				
平时作业	10%				
实践技能成绩	40%				
期末考成绩	40%				
总评成绩（定量评价）	100%				
总体评价（定性评价）					

（三）实践技能项目考核评价标准及内容

学生		合计得分			
考核标准	成绩比例	自我评价	小组评价	教师或企业评价	合计
学习及参与态度	10%				
完成任务的能力	20%				
效率和质量	30%				
操作规范和熟练	20%				
团队合作精神	20%				

（四）终结性考试考查内容及题型

测试目标	测试内容及方法	比例
交际口语	对话（师生间、学生间对话）	30%
	主题演讲、语音测试	
听力	听对话、听短文	20%
阅读	读文章并做选择题	20%
应用能力写作	给出提纲按要求写作（应用文）	15%
翻译	完成句子和段落的翻译	15%

（五）各种过级考试和期末考试的成绩衔接比例

为了充分尊重学生的个性发展，体现因材施教的教学观及评价观，学校采取各种办法鼓励学生参加各种等级考试。学生如果本学期参加了下列考试，可以不用再参加期末考试，而是采用分值互认的办法，具体方案如下：

期末考试成绩	=	英语应用能力考试 B 级 ×1.0
		英语应用能力考试 A 级 ×1.2
		大学英语四级 ×1.5

五、结　语

全面提高英语教学评价的效率是高职英语教学改革的重要途径，加德纳的多元智力理论及其评价观为高职英语教学的多元化评价及学生的个性化发展提供了理论依据及全新视角，为我们构建科学、合理的高职英语教学评价体系有很好的启示作用。

参考文献：

[1] 王晓慧．大学英语教师课堂教学评价方法探究［J］．黑龙江教育，2006（11）．

[2] 张丽娟，文凤息．双评价——大学英语教学评价体系改革的方向［J］．中国成人教育，2009（22）．

[3] 教育部．关于全面提高高等职业教育教学质量的若干意见［Z］．2006.

[4] 吴治广．构建多元评价体系，促进学生全面发展［J］．吉林教育，2006（01）．

[5] 陶三琴．高职英语教学评价体系改革研究［J］．卫生职业教育，2008（03）．

[6] H. Garder. Frames of Mind：The Theory of Multiple Intelligences（2nd Edition）［M］. New York：Basic Books，1993.

[7] H. Garder. Intelligence Reframed：Multiple Intelligences for the 21st Century［M］. New York：Basic Books，1999.

[8] H. Garder. Multiple Intelligences：The Theory in Practice

[M]. New York: Basic Books, 1999.

[9] 霍力岩，赵清梅. 多元智力理论的评价观及其对学生发展评价的启示 [J]. 比较教育研究，2005 (04).

[10] 朱亚平. 高职英语教学评价研究综述 [J]. 和田师范专科学报，2009 (04).

孔子教育教学思想与高职英语教育

张 华 杨明惠*

（云南经济管理职业学院 云南 昆明 650106）

摘 要： 儒家学派的创始人孔子，是我国伟大的思想家和教育家，也是我国教育史上第一个将毕生精力贡献给教育事业的人，他的教育学说为中国古代教育奠定了理论基础，其教学思想在我国教育史上占有重要地位。随着我国高职院校招生规模的不断扩张，对高职英语教育的要求也越来越高。孔子的教育教学思想，如学以致用、学思结合、知行合一等对我们今天的教育，特别是在高职高专培养应用型人才上仍起着极其重要的指导和借鉴作用。

关键词： 孔子；教育教学思想；高职英语

儒家文化是中华民族文化的重要组成部分，其中博大精深的教育教学思想对今天的教育工作存在着极大的借鉴意义。1988年，75位诺贝尔奖的获得者在巴黎集会后发表的联合宣言中指出："人类如果要在21世纪生存下去，就必须回首2 500年前，去孔子那里汲取智慧。"可见，孔子的教育教学思想对我们现实生活的重要意义。

---

* 张华（1981— ），男，云南昭通人，硕士，讲师，研究方向为商务英语教育；杨明惠（1986— ），女，云南曲靖人，学士，助教，研究方向为应用英语教育。

一、英语研究与教学对传统文化的传承和发扬

英语教学不可避免地会引入西方文化，但是从目前的现实情况来看，无论是在教学还是在研究领域，都出现了对传统文化传承和汲取的忽视。不少专家学者已经十分关注这一问题，并作了深入研究。如：史耕山、周燕在《儒家教育思想与中国外语教育传统》中从外语教育论文所引参考文献以及社会学习口号两方面对话语困境作了具体详细的分析，并指出，“一些外语教育研究者、教师、学习者有意无意地偏离了轨道，逐渐忽视传统，忘记了自己学习语言的本土语境，要么妄自菲薄，要么无知浮躁，如此恶性循环，最终失去了中国外语教育传统的根基”①。王厚红在《中国文化在英语教学中的缺失》中认为：“本土语言的声音逐渐微弱甚至被遗弃。我们不难发现类似的失语现象也同样存在于英语教学所倡导的跨文化交际中。并因此造成交际中的事倍功半甚至是适得其反的交际失败。尤其在需要用英语对中国传统文化、特色文化进行输出时，其症状愈发突出。”②

从中我们不难看出，高职学生英语应用能力的培养应该强调以下两方面的内容：一是语言基础知识的培养，这包括学生的语言知识（语音、语法、词汇）和语言的应用能力的培养，也就是学生应该结合所学语言知识并把它运用到实际的语言环境中。二是文化素养能力的培养，这主要体现在平时的大学英语教学中，它不仅有助于学生开阔视野，扩大知识面，加强对世界的了解，而且还可以让学生借鉴和吸收国内外文化精华，充分提高自

---

① 史耕山，周燕．儒家教育思想与中国外语教育传统［J］．四川外语学院学报，2007，23（04）．

② 王厚红．中国文化在英语教学中的缺失［J］．北京电力高等专科学校学报（社会科学版），2010，27（07）

己的文化素养。特别是作为本土文化的传承和发扬，在英语教学中是需要特别关注的。

二、学以致用、学思结合、知行合一与应用型人才的培养

（一）学以致用与培养目标

为社会经济发展服务，培养社会有用的人才，这是教育的根本目的。《论语·子罕》中有这样一段对话：子贡曰："有美玉于斯，韫椟而藏诸？求善贾而沽诸？"子曰："沽之哉，沽之哉！我待贾者也。"（子贡道："这里有一块美玉，把它放在柜子里藏起来呢？还是找一个识货的商人卖掉呢？"孔子道："卖掉，卖掉，我是在等待识货者哩！"）从这里可以看出孔子一直主张将自己的所学用于社会实践，在学习过程中高度重视学有所成、学以致用。儒家思想还主张"入世有为"，强调世人对国家、对社会要有强烈的责任感，要用积极的人生态度来改造自己，要尽最大的力量为社会进步作出自己的贡献。

儒家积极倡导："古之欲明明德于天下者，先治其国，欲治其国者，先齐其家；欲齐其家者，先修其身；欲修其身者，先正其心……心正而后身修，身修而后家齐，家齐而后国治，国治而后天下平。"（《礼记·大学》）儒家入世思想倡导探索改造客观世界的方法，从个人的修身养性，到家庭和睦，最终为了治国平天下。体现了将理论积极运用于实践，参与改造社会的思想。学习的目的在于应用，英语言语学习的根本目的在于沟通交流，高职英语教育对象学习基础薄弱、参差不齐是不争的事实，这就要求高职英语教育积极探索英语教学的实用性。2002 年教育部高教司颁布的《高职高专教育英语课程教学基本要求》中明确指出："以培养学生实际运用语言的能力为目标，突出教学内容的实用性和针对性。"并强调高职英语教学应遵循"实用为主、够用为度"的原则，重点加强听说能力的培养。

（二）学思结合，学思并重

孔子强调学思结合，就是通过博学、好问、多闻、广见获取大量感性认识，然后经过分析、整理、归纳，提高到理性认识。怎样才能实现学习与思考的有效结合？《论语·为政》中“学而不思则罔，思而不学则殆”（意思是“只是读书，却不思考，就会受骗；只是空想，却不读书，就会缺乏信心”）强调了“学”与“思”应统一结合，不能偏废；“日知其所知，月无忘其所不能”、“温故而知新，可以为师矣”、“吾尝终日不食，终夜不寝，以思，无益，不如学也”等都强调了学习与思考相结合的重要性。以学为基础的同时，还要重视培养学生勤于思考的习惯。这其实是对目前英语教育教学中盲目激进的浮躁心理的很好启迪。当前的英语学习者过分重视考级考证，而忽视了英语基本功的构建，完全是一种浅尝辄止的心态，忘记了学习贵在坚持、贵在探知。高职英语教育应该摒弃社会上出现的“捷径”、“快速”、“秘诀”等忽视语言基础教育、忽视语言学习规律的不良思想。夯实基础，日积月累，才能达到人才培养的目的。

（三）知行合一，参与实践

孔子在教学思想中多次提到理论联系实际的重要意义，如《论语·学而》：“子曰：‘弟子入则孝，出则弟，谨而信，泛爱众，而亲仁。行有余力，则以学文。’”《论语·子路》：“子曰：‘诵诗三百，授之以政，不达；使于四方，不能专对。虽多，亦奚以为？’”“学而时习之，不亦说乎？”《学而》：“夫子至于是邦，必闻其政。”以上的思想都表明学习的根本目的在于指导实践，提高实践能力。高职高专培养的是面向生产、建设、管理和服务第一线需要的高技能人才。尤其是培养掌握高级技术的人才，以满足各类企业对高级技术工人的需求。结合这类企业对人才的要求（掌握一定理论知识，具有某一专门技能，能从事某一种职业或某一类工作），凸显的高职人才的实践性，强调具体的动手能力，在培养过程中要求学生掌握熟练的操作技能、必要的专业知识，具备良好的职业道德和素质。在人才培养过程中以培养高等技术性专门人才为根本任务，以适应社会需要为目的。

三、分层次教学与循序渐进、因材施教

教育部高职高专英语类专业教学指导委员会副主任徐小贞教授认为："我国幅员广阔，各地区、各学校的教师整体水平和生源状况存在差别，学生的学习条件不同，各地区的经济发展对学生的要求也不同。因此，高职公共英语教学一定要因地制宜、因校制宜和因人制宜，切忌'一刀切'。根据这一现状，高职公共英语教学的要求应该是多元、多层次的。"孔子教育教学思想中主张摸清学生的学习基础，有针对性地提出教育方法。这点在论语中多次提到，如《论语·雍也》："中人以上，可以语上也；中人以下，不可以语上也。"《论语·季氏》："生而知之者上也，学而知之者次也，困而学之，又其次也。困而不学，民斯为下矣。"就将世人分成了四类，体现了分层次教育的重要思想。认清学生学习基本情况，了解教育对象的知识结构、认知水平、学习基础是高职英语教育进一步开展教学的先决条件。在此基础上，制定有针对性的教学目标，因材施教才能取得良好的效果。再如《论语·先进》："德行：颜渊，闵子骞，冉伯牛，仲弓。言语：宰我，子贡。政事：冉有，季路。文学：子游，子夏。"这说明孔子在认识弟子的兴趣爱好、专业专长、技能专长之后，抱着承认差异、尊重差异的科学态度有针对性地提出教育思路。《礼记·学记》有云："教也者，长善而救其失者也。"说明教师应该是善于发现并纠正学生的失误。根据学生的不同特点，有针对性地进行教育，从而发挥各自的专长。

因材施教，即关注学生不同特点和个性差异，发展每一位学生的优势潜能，建立学习困难学生的帮助机制，改进优异学生培

养方式，探索学习拔尖的培养模式。要根据教学大纲的总体要求，根据学生的考试成绩，结合学校教师等诸多因素采取不同的教学目标、内容等，按照学生的学习基础，将学生分成不同的层次，设计出不同的教学目标、教学方法、教学内容等。刺激学生学习、参与的兴趣，充分发挥个人的优势，调动学生学习的积极性，突出学生的差异来进行教学。同时建立和完善按效果和评价分层次教学的机制，评价要体现公正、公平的原则。

四、对教师的启发

自公元前 522 年至公元前 479 年，即孔子 30 岁至逝世为止，他一生从事教育事业，辛勤耕耘了 43 年。30 岁在鲁国创设儒家私学专门从事讲学授徒活动，即使在短暂的政治生涯中，他也坚持一边处理政务，一边从事教育。在晚年编撰儒家经典的时候，也未离开过教育岗位。

他曾说过："爱之，能勿劳乎？忠焉，能勿诲乎？"正表达了他对教育的无限热爱和忠诚，对于我们今天的教育工作者而言仍具有十分重大的教育意义。爱岗敬业、奉献教育就要学习孔子一生勤勤恳恳、兢兢业业对教育事业的执著和追求。

另外，根据《国家中长期教育改革和发展规划纲要(2010—2020)》中提出加强"双师型"教师队伍和实训基地建设，提升职业教育基础能力的文件精神，高职院校的教师不仅要具备专业知识还要有丰富的实践技能。"工欲善其事，必先利其器。"据记载，孔子在整理《诗经》时，收集到的诗就有 3 000 多篇，且版本各异，孔子都一一进行考证，选取其中合乎礼义的编次，共有 305 篇。"孔子皆弦歌之，以求合《韶》、《武》、《雅》、《颂》之音。礼乐自此可得而述。"再如"文，莫吾犹人也。躬行君子，则吾未之有得"，即强调了教育的谦虚谨慎、学以致用和重视实践的教育理念。

参考文献:

[1] 杨伯峻. 论语译注 [M]. 北京: 中华书局, 2009.

[2] 史耕山, 周燕. 儒家教育思想与中国外语教育传统 [J]. 四川外语学院学报, 2007, 23 (04).

[3] 王厚红. 中国文化在英语教学中的缺失 [J]. 北京电力高等专科学校学报 (社会科学版), 2010, 27 (07).

[4] 康仲德. 孔子的教育思想与教育实践 [M]. 长沙: 湖南人民出版社, 2008.

[5] 谭念. 中国传统文化在英语文化教学中的地位 [J]. 湖北民族学院学报 (哲学社会科学版), 2007, 25 (05).

高职广告设计专业工学结合项目驱动教学探索与实践

刘蓉华　张　程*

（云南经济管理职业学院　云南　昆明650106）

摘　要： 本文针对高职院校广告设计专业教学改革进行探讨，提出工学结合项目驱动教学模式，并深入研究该模式下教学项目的设计原则和教学环节的设计与实施。以岗位职责定位教学计划。深化校企合作，将教师服务企业与学生实训项目开发紧密结合，设计来自企业真实课题的综合实训项目，提高学生的学习兴趣与效果，将工学结合落到实处，使学生所学与企业所需无缝连接。

关键词： 广告设计；工学结合；项目设计；驱动教学

高职高专作为培养技能型人才的重要基地，必须努力优化人才培养模式，加快技能型人才的培养。高职院校广告设计专业以就业为导向，培养品德高尚、技能娴熟、理论知识扎实、综合素质高的，具备广告艺术设计与创作方面的知识和能力，能在广告艺术设计、生产和管理单位从事平面广告设计与制作、多媒体与网页设计制作、VI设计、包装设计、书籍装帧及版式设计、艺术设计、管理等方面工作的符合社会需要的应用型专门人才。

---

* 刘蓉华（1983—　），女，云南宣威人，学士，助教，研究方向为英语教学；张程（1980—　），男，云南澄江人，硕士，讲师，研究方向为电子政务。

针对高职学生的实际情况，根据本专业的特点以及教学实践，本文简单探讨广告设计专业工学结合项目驱动教学模式。

一、工学结合项目驱动概论

工学结合项目驱动是指通过实施一个完整的项目工作而进行的教学活动，采取小组讨论、协作学习的方式，学生学习的过程就是一个探究的过程。知识不是通过教师传授得到的，而是学习者在一定的情境下，借助他人的帮助，利用必要的学习资料，通过意义建构方式获得的。建构既是对新知识意义的建构，同时又包含对原有经验的改造和重组。与传统的教学方法相比，工学结合项目驱动教学法能更大地激发学生的学习兴趣和求知欲望，充分调动学生的学习积极性和主动性，从而培养学生自主学习、分析问题、解决问题的能力和协作、创新、探索的精神。

二、工学结合项目驱动教学改革的方案

云南经济管理职业学院结合职业教育的特点，在广告设计专业教育中注重理论和实践相结合，鼓励学生参与社会实践，实现教育与社会的真正接轨，从而使学生毕业后能尽快进入角色。在教学改革方面采用以下步骤完成：

（一）一年级：社会接触阶段

在一年的学习过程中，以基础课程和专业基础课程为基础，在业余时间进入市场进行调查、参观、考察，这种方式能让学生直观地了解市场。

通过一系列的访问、观察和调研，使学生了解广告设计人才的需求情况；了解广告设计与市场的联系性；了解广告设计行业、企业的业务范围及其大体工作流程。

（二）二年级：企业现场教学阶段

二年级学生进企业进行现场教学。此阶段在学习专业课的基

础上加强实操训练。一方面，聘请广告公司一线的相关设计师举行不定期的专题讲座，用企业成功的设计案例进行教学，讲得生动、深刻，学生容易理解，易接受。另一方面，让学生进行现场实操。为了提高学生的实践能力，学校与企业联手开展单项技能竞赛，举办学生课程作业汇报展、职业技能考证、国家级设计大赛等活动，以促进学生职业能力的形成。

（三）三年级：企业顶岗实习阶段

三年级是进入工作岗位最为重要的一年，学生进入综合实习阶段，教师在授课内容上可以利用课堂进行市场化工作项目教学，让学生成为设计师进行工作。完成整个项目就等同于完成了一个职业岗位能力的考查，这样能让学生更快地融入市场。在完成项目课程后，让学生在毕业前参加企业举办的“岗前特训”班或参加企业的生产性实习。由企业为实习合格的学生颁发结业证书，同时可让学生提前在企业某个生产岗位顶岗实习。

工学结合项目驱动教学模式表

年级	一年级	二年级	三年级
项目类别	模拟性项目 ——设计思维的形成	生产性单一项目 ——企业产品平面设计	1. 生产性综合项目 ——策划到成品的完整过程 2. 顶岗实习 3. 毕业设计
目标指向	项目的表现、策划技能	平面设计技能	作品生产阶段的执行力

续　表

年级	一年级	二年级	三年级
学习要点	侧重思维理念，掌握策划基础知识。完成设计素描、设计色彩、插图、构成基础、摄影等造型表现技术与电脑辅助设计	掌握平面设计技术，掌握媒体运作、文案写作，进行广告设计	1. 完整地掌握从前期的策划到中期设计，再到后期生产、加工与投放 2. 培养服务意识
训练重点	平面作品：技术表现 调查报告：发现源流（历史）、视觉特性（形态、质感）、实际作用（功能）、产生联想（创意点）	1. 从品牌字体到图形、版式设计，到包装设计、广告整体规划设计 2. 完成广告推广案	1. 成本核算、设计评价、生产加工、市场运作 2. 客户服务训练 3. 职业综合素养
师资	专任 + 兼职	专任 + 兼职	兼职 + 专任
项目人员	教师 + 学生	学生 + 教师	学生 + 学生
教学条件	设计工作室	设计工作室 + 合作企业	合作企业
机制与制度	项目设计过程管理	企业运作、职务规范管理	企业运作、职务规范管理
奖励机制	10%（学院）+20%（系部）+35%（负责人）+35%（参与者）		

三、工学结合项目合作特色班的教学改革

（一）工学结合项目合作特色班概述

工学结合项目合作特色班采用独特的教学方法和独特的魅力来完成其教学内容，还要突出实用性和创新性。把工学结合项目合作特色班建设成为一个具有较强社会专业性的专业班级；工学结合项目合作特色班的建立也是云南经济管理职业学院计算机与艺术传媒系在教学体系建设中一直秉承“以服务为宗旨，以就业为导向，走产学研合作之路”理念的结果。与此同时，更好地建立以能力体系为基础的课程体系，打破传统的理论、技能、价值观彼此分割的教育观念，形成工学结合模式的学习情境；提倡“理论够用，实训第一”的教学理念，旨在培养有观念、懂概念、具有判断力、有创意突破能力和审美执行能力的广告设计新一代人才。

工学结合项目合作特色班以实际项目（校企项目合作课题）作为课程设计课题进行系列化设计，设计按正规的提案程序和要求，真实操作，课程设计结束后学生交流介绍设计方案，并将优秀方案转化为生产。通过这种校企项目合作的模式，不仅可以提高人才培养的质量以及大大增强学生的综合素质和就业能力，更重要的是可以提高教师的“双师”能力和改善师资队伍的“双师”结构。此外，对于企业来说，则是有目的地培养、选择企业所需的高技能人才，可以减少培养成本，同时承担社会责任。

（二）班级组建

从二年级学生中挑选出一批有社会实践经验、设计能力强、具有创新思想等有能力的学生与广告设计、经济学、管理学相关的教师组建特色班。

（三）师资情况

由教务处和系部教研室共同通过综合考查，选择各科目优秀

教师担任该班级的任课教师。

四、工学结合项目驱动教学模式

1. 项目设计课题由公司与广告设计教研组共同制定，围绕以就业为导向的办学宗旨，与企业建立紧密联系，改革以课堂为中心的传统人才培养模式，大力推行工学结合、勤工俭学的人才培养模式。首先，充分利用现有工作室实训，增加集中实践环节，增强学生的动手能力；其次，利用工作室资源进行授课，使学生能在生产实践中边学边干，增强实践能力。

2. “真题假做”，即从设计公司收集有代表性的项目课题，融入教学环节里面，让学生把实际项目作为训练，在现实的模拟环境中进行岗位所要求技能的操练，实现与岗位工作的“零距离”对接。(此环节中学生不直接为企业服务)

3. “真题真做”，即直接承接公司项目，并挑选一部分有能力的学生，在老师的带领下边学边干，在练中学，在学中干。秉承“以教学为主，接单为辅”的宗旨，全面提高学生的职业技能和职业修养。(引导有能力的学生直接与企业合作)

五、工学结合项目驱动具体的实施步骤及方法

1. 教研组在公司提供过来的实际项目中精选出符合本教学阶段的项目。

2. 教研组成立项目分析小组，分析项目训练的能力点，明确学生训练的目标以及应具备的应对工作的能力。

3. 组织学生到对应公司进行参观考察，理解公司的管理模式，明确职业修养。工作时按企业的实际工作进度完成工作任务，锻炼学生的适应能力，并从团队合作能力、与客户沟通能力、专业制作技能等多方面进行。(只限三年级学生)

职业岗位模式定位表

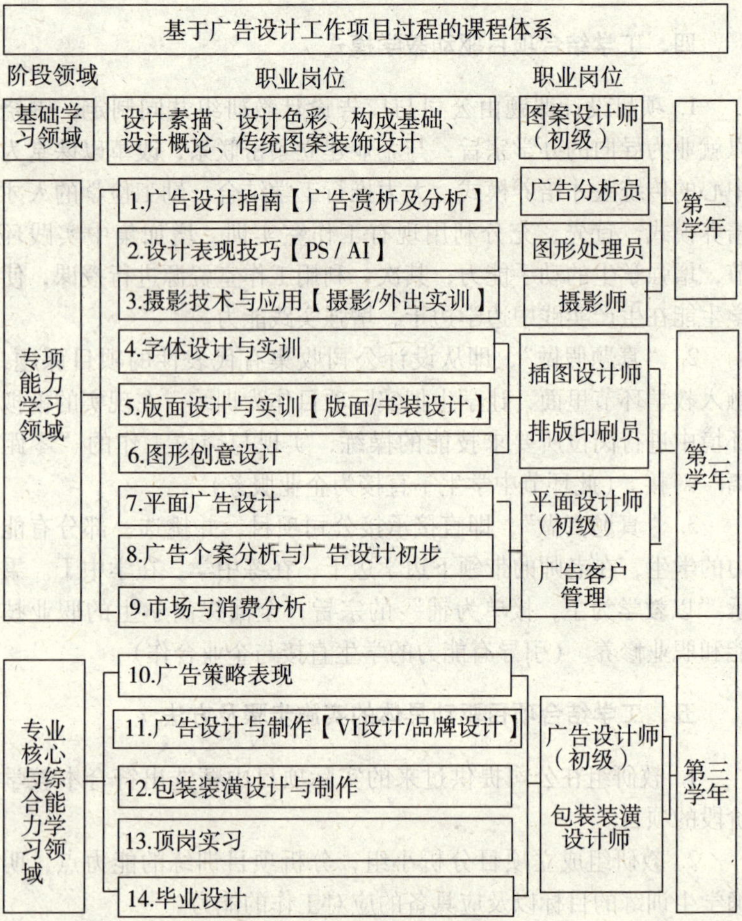

4. 按工作岗位素质要求将学生按能力、特长分在不同工作岗位，并在项目完成后进行总结，对薄弱的知识进行补充。

5. 完成项目后，一经被采用则给予提成及奖金。

6. 参与的学生纳入顶岗实习管理，使一部分优秀的学生直接进入企业学习、工作。

六、总　结

根据社会需求设计基于工作流程的课程情景，依托行业工作过程，设置情景模块化专业课程，实施学校与行业、企业专家、技术人员共同参与开发课程。通过岗位工作流程确定课程内容设置，征求行业、企业专家意见并进行论证，确保课程体系和课程内容的针对性、适用性和有效性。实践证明，在教学过程中采用工学结合项目驱动教学模式，学生的学习热情高涨，学习兴趣浓厚，学习目标明确，不仅提高了学生的学习效果，保证了教学质量，而且锻炼了学生处理解决实际问题、快速适应实际工作的能力，为日后的求职就业奠定基础。因此，项目驱动教学法是进行高职广告设计专业教学的一种行之有效的教学方法。

参考文献：

[1] 彭金波．工学结合造就广告设计人才［J］．中国职业技术教育，2008（18）．

[2] 汪海滨，杨振宇．项目驱动教学模式在软件技术专业教学中的研究与应用［J］．电脑知识与技术，2009，5（12）．

[3] 尹春洁．论工学结合人才培养模式的建构——以广告设计专业为例［J］．浙江万里学院学报，2010，23（03）．

如何在课堂中提高学生对英语学习的兴趣

刘蓉华*

（云南经济管理职业学院　云南　昆明 650106）

摘　要：如何提高学生对英语学习的兴趣，尤其是在课堂中提升学生对英语学习的兴趣，一直是教学中频繁探讨的话题。在应试教育制度的模式下，学生对外语的学习兴趣并不浓厚，尤其是在专科学校中，学生的英语基础相对更弱一些，使得英语教学往往效率不高。本文从现实出发，从实际用途的角度，谈论了上课过程中可以采用并行之有效的提高学生对英语课堂兴趣的方法，方法简单易行，具有很强的实用性。

关键词：大学英语；学习；兴趣

专科学校大学英语的教学目的主要就是使学生积累基本的英语基础，从而顺利通过英语应用能力考试（A 级和 B 级考试）。在教学中发现，同学们对这种应试教育本身就没有很浓厚的兴趣，而且有的同学英语基础比较薄弱，在英语学习过程中显得极其吃力。大学英语的教学方式非常单调，一般都是按照课文来讲单词以及语法等，所以取得的教学效果不太满意。

为了提升学生的学习兴趣，提高学生对英语学习的专注程度，可以采用多种方式来保持课堂的精彩度、活跃度以及学生的

---

* 刘蓉华（1983—　），女，云南宣威人，学士，助教，研究方向为英语教学。

参与度，以下列举其中几种。

一、通过讲有趣的故事来吸引学生的注意力

这是很多老师上课常用的方式，有趣的故事很多，关键在于如何选取。在选择故事的过程中，尽量选取与学生有关的并且能够拓展学生知识和视野的故事。笔者在选择教师作为职业之前，曾经从事了五年的外事及翻译工作，有丰富的与外国人交往的经历，其间也发生了很多有趣和难忘的故事。因此，在课堂教学中，讲到一些特定的词，就总能联想起一些真实的事例，活跃了课堂气氛，同时也让学生接触到了不同的文化。比如说，有一天天气很热，上课气氛很沉闷，在讲到 kite（风筝）这个词时，笔者不禁立刻想起一个美国外教 Christa 讲述的她的老公从前如何利用风筝向她求婚的浪漫故事，顺便提及了美国人对恋爱和婚姻的观念。学生们大多都在二十岁左右，对类似的话题很感兴趣。又比如，有一次讲到 butterfly（蝴蝶）这个词，笔者就记起带外教到大理参观蝴蝶泉时，一对六十多岁的美国老夫妇，看着漫天飞舞的蝴蝶以及停留在游客帽子上的蝴蝶，丈夫深情地对妻子说："You are my eternal butterfly!"诸如此类还有很多的例子，都可以充分用来活跃课堂气氛，同时也丰富了一些文化知识。

二、介绍一些相关的英美电影、歌曲以及书籍

学习英语的方式很多，但是学生的问题是资料太多了，反而觉得无从下手。作为老师，如果在此时引入正确的方式，不但扩充了学生的视野，正确地指导了学生的课外学习，同时学生也会对教师的博学心生佩服，从而更加专注于这门课的学习。虽然笔者面对的都是高职高专的学生，学习基础普遍不理想，但同样地，他们都很欣赏有知识、有能力的人，适当地扩充知识好处多多。比如讲到 different 这个词，就可以联想到《阿甘正传》

(*Forest Gump*) 里面，阿甘的母亲送到上学年龄的阿甘到学校念书时，学校负责人对她母亲说："Your boy is different!" 这个电影很多学生都看过，只是对很多句子没有留意。这样一举例，让学生一下子觉得与所学的单词亲近了不少。类似的例子还有很多，比如讲到 recall（回想、记起）这个词，一般学生都知道 call（叫、打电话），习惯性地认为 recall 是前缀 re- 加上动词 call，也就是再叫、重叫的意思。提到这个词，可以联系起另一部电影《星辰》(*Stardust*)，电影中，黑暗女王（一个女巫）要去抓星星，在找巴比伦蜡烛的时候，另一个女巫提醒她说："最后一根巴比伦蜡烛你两百年前就用完了，don't you recall（难道你不记得了么)?" 学生都喜欢看电影，尤其是类似的魔幻电影，所以很快就记住了这个词的意思。类似的例子多不胜举。比如在辅导 AB 级考试的时候，总会提及如何积累词汇量的问题，可以鼓励学生读《21 世纪报》(*the 21st Century*) 以及一些简化本的英文小说（比如书虫系列的简化本小说)。笔者经常推荐学生看《鲁滨孙漂流记》(*Robinson Crusoe*)，一是因为这本小说本身是以第一人称来写的，叙事比较简单，容易理解，在阅读的同时也鼓励了学生，给他们加强了自信心；二是因为这本小说讲述的是主人公漂流到一个孤岛，在那里克服重重困难独自生活的故事，也在情绪上鼓舞学生——"主人公这么难都过来了，我学个英语又怕什么呢!"

三、教唱英文歌曲

在上一点中，提到了介绍给学生一些相关的英美电影、歌曲以及书籍。偶尔在课堂进度达到的情况下，也可以给学生放一些电影，但是放映电影占用很多时间，而且只要介绍电影给学生，他们也会自己在课余时间看，所以这种方法不是很理想。至于书籍呢，也只能是少数极其感兴趣且对自己学英语要求比较高的学生才会阅读，在课堂上大面积地讲述也不是一个很好的方法。时代正在进步，英文歌曲正在为更多的人所接受，尤其是青少年朋友们。BLUES、JAZZ、ROCK MUSIC、HIP-HOP 和 RAP 都是英文歌曲的流行元素。笔者发现，学生都对唱歌很感兴趣，唱歌是所有人都能够参与的项目，而且很多学生都以能唱英文歌曲而自豪。相信很多老师在大学时代都曾喜欢过一些英文歌曲，尤其是经典老歌，比如 *Scarborough Fair*，*Donna Donna*，*Yesterday Once More*，*Right Here Waiting*，*Seasons in the Sun*，*Big Big World*，*Lemon Tree*，*Country Road*，*Don't Cry for Me*，*Argentina*，*Yesterday*，*Blowing in the Wind*。所以在讲课之余，不妨教同学们学唱一些简单又好听的英文歌曲，顺便也提及一些相关的乐队介绍。比如 *Yesterday Once More* 这首歌，大家对它的旋律都比较熟悉，而且也比较易于学唱，同学们容易学会，容易对他们形成正面鼓励。亲自教学生唱，也能增加学生对老师的尊敬，很多人都喜欢多才多艺的人。

四、做一个有人格魅力的老师，适时鼓励学生

老师的人格魅力对同学们的影响是不言而喻的。很多人都有这种经历，往往因为喜欢一个老师而喜欢某一门课程。就像笔者所在学校有一个韩语老师，人长得漂亮，穿着时尚，知识丰富，对学生也很亲切，很多学生因为喜欢她而去学韩语，还有一些进而去韩国留学。讲到如何提升自身的人格魅力，比较深奥，每个人都有各自的方法。英语本身是一门比较容易发现乐趣的课程，只要老师表现得风趣幽默一些，同时又有一些相关的职业经历，把自己擅长的地方表现出来（比如有的人擅长演讲，口才极好，这在讲课中是很大的优势，能把普通的内容讲得妙趣横生；比如有些人擅长唱歌，在教学生唱英文歌曲时也能激起学生的敬仰和喜爱；或者有的人性格很好，总是很幽默、很亲切，也会成为很受欢迎的老师），一般都不难赢得学生的喜爱。

还有一点就是尽量拓展自己的知识面，大到国家大事，小到生活常识，都可以指引学生思考，比如在讲到 credit 作为“信用”的意思时，笔者通常都会提到 credit card（信用卡），同时提醒同学们谨慎使用信用卡，不要逾期还款，否则容易影响自身信用，成家买房的时候就无法贷款。绝大多数同学还没有接触现实生活，对这一方面的问题并不是很清楚，但还是比较乐于倾听。

同时，务必要让学生知晓，虽然英语 A、B 级过级并不代表很高的英语水平，但是由于国内普遍推行应试教育，很多人过了四、六级仍然无法张开口说英文，所以应当告诉学生，英语单词多达十几万个，但是常用的没有多少，大家不必一味地去追求过级，如果大家把 A、B 级的单词句法都研究透彻了，日常交流没多大问题。这也是专科教育的实用性所在，不必认为专科一定不如本科，要发挥自身的优势，虽然学的理论少一些，但是能学以致用，这样在日后激烈的社会竞争中，同样能脱颖而出。许多专科学生其实很缺乏自信心，对未来很茫然，不知道如何找到自己的优势，教师应当从实际出发来鼓励学生，让他们认清自身的同时，又树立了信心。

做到以上的这几点，有很强的专业知识，有一定的课外知识，适时鼓励学生，态度亲切，同时又要求严格，一定会成为学生们心目中的好老师。学生会因为喜欢老师而喜欢上这门课，大大增强学习的兴趣和信心。

参考文献：

［1］胡春洞．英语教学法［M］．北京：高等教育出版社，1990.

［2］王红．听歌法在英语听说课上的有效应用［J］．国外外语教学，2000（04）．

远程教育中的资源互动研究

戴　敏*

（云南经济管理职业学院　云南　昆明650106）

摘　要： 本文主要探索将网页标注技术引入远程教育以实现学习者与学习资源的互动，对资源标注的类型、表示、定位、合并、重组等关键技术进行了研究，提出了资源互动模式并分析了互动服务支持的主要方面。旨在为远程教学提供一种新的交互手段和学习方式，提高教学服务的质量。

关键词： 远程教育；网页标注；资源互动

一、引　言

交互是人们交流的一种主要模式，是相互作用的行为或过程。高水平的交互、交互手段的更新已经成为远程教育发展的一个重要标志。传统的交互分为三类，即学习者和教师间的交互、学习者和学习内容的交互及学习者之间的交互。

目前网络远程教学中，交互主要表现为传统的三类交互，通过引入监测和反馈机制，利用BBS、电子邮件等实时和非实时回复的方式来实现学习者与教师以及学习者之间的交互，关于学习者与学习内容的交互主要体现为学习者对学习内容进行学习后作

* 戴敏（1983—　），女，云南开远人，理学硕士，助教，研究方向为教育信息化。

出的应答反应，学习内容并没有真正实现学习者与资源的互动。大部分网络远程教学都采用 Web 页面呈现学习资源，Web 页面的超文本利于信息的简单浏览和共享，但这种方式的不足之处在于学习资源包含的信息只是单向流动，学习资源只能浏览不能直接处理，学习者只能阅读资源内容，无法及时进行记忆、理解和思考，进行深度阅读。学习者如果想要与资源进行互动，比如添加文字内容，只能采取将资源内容复制到 Word 等文字处理软件中进行记录处理的方式，不能把互动的具体信息与原始学习资源相对应，降低了学习的连续性和灵活性，不利于学习者进行深层次的知识加工。

资源互动属于学习者和界面的交互，即通过某种接入技术支持学习者与学习资源进行互动。资源互动的实现将提供一种新的互动交流渠道，一种个性化信息之间的资源共享和增值途径。第一，学习者可以通过资源内容标注和要点标记等方式实现与资源的互动，促进学习者对学习内容的记忆、思考和解释，提高学习者的学习兴趣。第二，学习者可以把学习体验贡献给别人或从别人的学习体验中得到帮助，实现互动信息资源的共享。学习者的学习体验信息经过处理和过滤后贡献给他人，使得学习者可以共享彼此有价值的信息资源，分享他人的学习体验，有效减少了学习者的重复劳动，提高了资源利用的效率和准确率。第三，系统可根据资源互动的情况，分析、预测学习者的兴趣偏好，为学习者营造良好的交流空间。第四，资源互动后形成的互动信息资源是非常有价值的资源，是资源增值的一种方式。

二、资源标注的表示与合并

实现用户与资源内容互动的一种人性化交互手段就是标注，所谓标注就是由第三方创建并添加到原始文档的数据。Web 页面标注就是对浏览器中 Web 文档或选定的文档内容添加外部备注信息或标记。简单地说，也就是关于 Web 页面的在线网络笔记。远程教学中，学习者同样有像在传统书本等学习资源上进行标注的习惯，包括标注重难点、标注学习心得、提出疑问等，通过资源互动可以实现学习者的需求，把传统的只读学习模式改善为读写学习模式，达到学习信息资源互动和共享的目的，提高学习效率。

目前的标注技术主要有三种：其一，如 Microsoft Word、Acrobat Reader 中的标注技术，其特点是功能完善，但标注信息存储于目标内容本身；其二，如 Commenter 提出的标注技术，其特点是将标注信息与目标内容分离存储，为标注信息的重组和共享奠定了基础，但是只能针对其自有格式的文件进行标注；其三为 Web 标注技术，可实现 Web 页面的标注以及标注信息的共享，如 AMAYA、Annotator 等开发的技术，但是由于兼容性问题，不具备普遍意义。基于 Web 页面标注的资源互动技术主要研究在 IE 浏览器中对 Web 页面呈现的学习资源内容直接地进行标注，实现标注信息的表示、存储、定位；标注信息和被标注资源内容的合并、重组，最终实现学习者与学习资源的互动，为远程教学提供一种重要的交互手段。

以资源互动过程中是否产生新信息为依据，可以把标注的类型分为内容标注和要点标记，内容标注是对所选学习内容添加文字标注，要点标记是对所选学习内容添加符号标记。以元组图表示标注类型如下：

RM = <CM, BM> ………………………………………… (1)；

其中，RM 代表资源标注，CM 代表内容标注，BM 代表要点标记。

CM = <EP, EX, ET, DS, QS, AS>；

其中，EP 代表解释，EX 代表体会，ET 代表评价，DS 代表讨论，QS 代表疑问，AS 代表解答。

BM = <BS，LC，LA，DA>；

其中，BS 代表突出显示，LC 代表字体颜色，LA 代表下划线，DA 代表删除线。

资源标注的表示是指将作过标注的资源在网页中突出显示出来，便于学习者查看网页中的标注信息。标注信息包括标注的类型、页面地址（URL）、关键字、作者、时间、内容、权限（共享/私有）等。任何 Web 页面都是一个 HTML 文档，有 <HTML>，<HEAD>和<BODY>等基本元素，并且 HTML 的标签是可以嵌套的。按照文档对象模型（DOM）规范，一个 Web 页面就是一个文档对象，可利用脚本语言进行处理，实现检查、修改和添加内容到一个 HTML 文档中。因此标注内容表示的实现原理是用 HTML 标注的文本替换网页中的选定文本，标注表示在 Web 页面中以 HTML 标签显示。标注显示的结构可以是：<font> 被标注的文本 <a href ><image> *. jpg </image> </a> </font>。其中，font 标签内可以依据创建标注的参数信息设置相应的文本格式或样式，image 表示用图片来表示此处有标注内容，a href 表示可以链接到选定文本的标注信息。

资源互动中标注信息采用独立存储的方式存储于数据库，原文档页面和标注信息分离，资源标注的合并指把标注信息和目标内容进行一体化显示。Web 页面内容的显示受到不同页面显示格式、窗口大小、字体大小等设置的影响，因此，标注的定位是标注信息的显示和标注合并的基础。在文档对象模型中，document 对象是文档对象树的根，提供了访问文档数据的入口，因此，对于标注信息的定位可以采用基于字符串创建标签元素的方式实现。定位基于的字符串是对资源内容进行标注时提取的关键字。通常 Web 页面的内容是显示在 HTML 文件中 <BODY>标签内的，即 document 对象中 BODY 元素的 interHTML 属性，显示的文本是 interText 属性的内容。通过创建对象获取 BODY 元素中的文本，找到标注时提取的关键字和关键字的上下文信息可以实现标注的定位。

标注信息定位后，实现信息合并有两种主要技术：基于代理的合并和基于浏览器的合并，前者的标注信息由代理服务器与网页结合；后者在浏览器端合并网页，增强的浏览器将文档和标注信息结合。这是网页与标注数据库信息合并时采用的两种不同体系结构。这两种体系结构的共同点是网页标注内容在下载过程中合并，完成后显示给学习者。

三、标注信息的重组

在资源互动的过程中，学习资源由于学习者的互动而产生新的信息，使得其他人可以共享学习经验，让每个学习者的学习活动以资源增值的形式体现出来并贡献给其他学习者。为了实现资源增值，必须实现标注信息的重组。信息重组的理论基础是流动资源增值原理，其核心思想是，学习资源是联系学习者与教师、学习者与学习者之间的纽带，资源在经过的路径上，由于学习者的操作，使原有资源增值，后面的学习者可以根据不同的组合策略，在已有的资源集合中构成信息资源的多维重组视图。在资源互动中，学习者既是标注信息的浏览者，也是创建者，标注信息对学习资源产生附加值。

设 A 是一个字母表，流动资源增值模型可以用一个五元组表示：

$C = <r, P, S, M, f>$；

其中，$r \in A^*$，代表原始学习资源；

P：$\{p_1, p_2, \cdots, p_n\}$，代表参与标注的学习者；

S：$\{s_1, s_2, \cdots, s_k\}$，代表标注的类型；

M：$\{m_i \mid m_i = <x, y, z, d_t>\}$，$x \in P$，$y \in S$，$z \in A^*$，$d_t$为标注时间，$M$代表所有标注；

$f: p \times s \times t_1 \times t_2 \to \{r\} \cup m$ 是一个函数，其中 $p \subseteq P$，$s \subseteq S$，$m \subseteq M$，f 代表浏览学习资源时如何从资源集合中根据需要选择组合策略。

由式（1）得，$P = <CM, BM>$，资源互动标注的类型是内容标注和要点标记，由于解释、体会和评价可以单独存在，而讨论、疑问和解答是以某种主题为线索而进行且解答不能脱离疑问。因此，内容标注可以归纳为注释和讨论类，要点标记归为重点类，用元组图表示为 $P = <RN, RT, RE>$。

其中，RN 代表注释，RT 代表讨论，RE 代表重点。

因此，标注重组可以按照标注者、标注类型和标注时间来进行。即

$f(P', S', t_1, t_2) = \{r\} \cdot \{z \mid m_i = <x, y, z, d_t> \in M$ 且 $x \in P'$，$y \in S', t_1 \leqslant d_t \leqslant t_2\}$

四、资源互动模式

资源互动支持学习者在查看学习资源时，通过内容标注和要点标记等方式来实现与学习资源的互动，互动后的信息资源独立保存到互动信息资源库中，经过资源处理后为学习者共享和资源增值提供数据支持。

支持资源标注的互动式学习为学习者提供知识内容标注、要点标记、提问、解答和评价等功能，使得学习者的学习体会可以共享并且对知识资源进行增值。资源互动不仅实现基于资源文件本身的标注和标注信息的存储和共享，而且实现标注信息的定位、呈现、重组等问题。资源互动对学习者基于标注技术的互动服务支持表现在四个方面：

1. 实现在线的（基于 Web 的）资源标注。

大部分网络远程教学中都采用 Web 页面呈现学习资源，资源互动实现在线的资源标注，为网络教学提供新的互动方式。

2. 实现标注信息的独立存储。

资源标注信息被独立存储到标注信息库中，实现了标注信息与目标内容的分离，为标注显示和分析处理提供数据支持。

3. 实现标注信息的重组和增值。

由于学习者的操作，使原有学习资源增值，标注信息与目标学习内容的重组可以实现资源的增值。

4. 支持标注信息与目标资源内容的整合与共享。

标注信息和资源是独立存储的，因此需要将标注信息和资源进行整合，实现一体化显示，以实现标注信息的共享以及人与资源、人与人之间的互动，其他学习者可以查看原始学习资源和标注内容整合在一起的具有新的附加值的学习资源，同时标注信息不会对原始学习资源本身构成破坏。

五、总　结

基于 Web 页面标注的资源互动是一个重要的改进网络远程学习方式的技术，有利于促进学习者的创新思维、知识建构，提高学习效率，实现知识共享和资源增值，是一个值得深入研究和发展的课题。随着 Web 页面标注技术与语义网技术相融合的发展，浏览器功能对 DOM、XML 的支持功能增强，基于 Web 页面标注的资源互动技术会深入发展，标注信息深层定位、资源重组增值，跨平台共享功能将会更加完善，远程教育的知识服务质量也会更高。

参考文献：

[1] 王基一．论远程教育中的交互［J］．中国远程教育，2001（04）．

[2] 孙海民，杨开城．远程教育的交互［J］．现代教育技术，2005（06）．

[3] I. A. Ovsiannikov, M. A. Arbib, T. H. Mcneill. Annotation Technology [J]. International Journal of Human – Computer Studies, 1999 (50).

[4] 陈联．基于 Web 智能教育平台关键交互技术研究及应用 [D]．成都：中国科学院成都计算机应用研究所，2006.

[5] T. Rodden, G. S. Blair. Distributed System for Computer Cooperative Work [J]. Computer Communication, 1992, 15 (08).

[6] J. Kahan, M – R. Koivunen, E. Prud'Hommeaux, R. R. Swick. Annotea: an open RDF infrastructure for shared Web annotations [J]. Computer Networks, 2002 (39).

[7] 代亚非，王庆波，李晓明．基于信息增值原理的异步协作学习模型 [J]．海峡两岸远教会议，2001 (11).

高职高专文秘专业实训教学模式的初步探索

袁　园*

（云南经济管理职业学院　云南　昆明 650106）

摘　要：本文通过对我校文秘专业实训教学的设计原则、实施过程、实训效果等诸环节的分析评估，探索适应高职高专文秘专业实训教学的模式，培养适应社会发展需求的实用型秘书人才。

关键词：高职高专；秘书实务；实训教学

我国高等教育秘书专业创办于 20 世纪 80 年代初，并在很短时间内得到迅速发展。然而由于与其他专业之间的竞争，市场就业压力与日俱增，文秘专业毕业生要找到理想的工作日益困难。这些因素促使文秘专业的课程建设必须加快步伐，教学方式方法必须及时改进。随着现代文秘职能从过去专注于文书写作转向综合辅助管理，文秘专业教学要从单一的理论教学模式转向综合提高学生的实务能力。通过借鉴国外职业教育的经验，我国的职业教育开始依靠行业办学，通过校内外实训基地实现课堂与实践双元培养的目标。但文秘专业由于工作岗位的分散性和工作的保密性等，在校外很难找到集中有效的实训基地，长期以来只能依靠

* 袁园（1985—　），女，河南人，管理学学士，助教，研究方向为文秘英语、会展。

校内实训室来解决实训问题。

一、我校文秘专业实训模式的探索

文秘专业实训要充分体现教学理论与实践相结合的特点，切实贯彻专业的人才培养目标，促进学生全面发展，以具备更广泛的适应能力来应对社会发展的新趋势。同时，在实际操作过程中我们也要考虑尊重学生的发展期望，系统地培养学生的专业能力和修养。

我校文秘专业在学生实训方面安排了校内和校外两大部分，并在校外联系了企业单位作为长期合作的实训基地，安排学生接触社会，为走出校门踏上社会作好准备；同时充分利用本校内部资源为学生接触社会打好基础。

（一）校内实训

校内实训即建立实训室。一般意义上的文秘实训室在建设、规划和教学设计等方面都注重综合性和适用性。我校的文秘实训室则更注重专项性建设，根据本专业的工作任务来建设实训室，例如将整体的实训室区域又细分为“接待实训”、“档案管理实训”、“会务实训”、“办公自动化实训”、“礼仪实训”、“文书处理实训”等，旨在通过文秘工作情景模拟实现对学生的培训。在实训教学中，以教师为主导，充分发挥学生的主体作用，使学习环境情境化，书本知识具象化，实训项目现场化，从而实现学习职场化，最终达到知识与实践的对接，使学生对职业生涯既有理论层次上的把握，又有实践层面上的体会。

我校校内实训室采用工作任务模块进行实训。传统的文秘专业教学基本上是采用学生听课、做笔记、做练习、考试等方式完成任务的，这种基本独立完成任务的学习方式没有注意到学生团队精神的培养。而在实际工作中，文秘工作人员必须具备极强的团队协作精神，如来访的接待、会务的组织、材料的撰写、文件的办理等都不是个人单独完成的。而基于任务导向的实训目标是共同完成一项或多项任务，因此，我校目前的实训室同样可以培养学生的团队精神，使之适应今后的工作。

除了建设专门的实训室，校内实训还包括选择校内与秘书工作贴近的部门如学生处、档案科、人事处、教务处、各系部办公室等部门，在第四学期安排学生到这些部门实习，充分利用学校的软硬件资源，为学生提供真实、自然的工作环境，使学生适应秘书工作，进一步强化秘书工作技能。

校内实训涵盖了秘书实务的所有内容，在校内实训的过程中要求学生写实训日志，把一天中最有感触、印象最深的一点记录下来。在实训结束后，要求学生以小组为单位制作 PPT，结合理论知识来总结实训收获并与其他同学分享。实训总结采用口头报告的方式，让学生利用多媒体技术在同学和老师面前展示自己在实训过程中的心得体会，并鼓励学生之间进行交流，相互讨论，加深印象，同时也锻炼了学生的演讲能力，多媒体运用能力，综合运用知识分析、表达的能力以及应对突发事件的能力。

（二）校外实训

校外实训安排在第五学期进行。校外实训一方面弥补了校内实训基地的不足，提供了更为真实的实训场景，另一方面也是对校内实训设备、场所和功能缺陷的有效补充。在校外实训前的准备阶段召开一系列的实训工作小组座谈会，研究、确定本阶段具体的实训方案，落实实训指导老师（每个单位安排一个指导老师），召开实训单位与校方双方座谈会，商讨实训的有关事宜，以总的实训方案为依据，根据学生的具体情况和所在单位的具体情况，制定详细的实训指导方案和要求，明确各自的责任、义务以及合作的方式。

校外实训前召开学生实训动员大会，向学生说明实训的目的、要求和安排，通过这个过程让学生建立一个正确的实训方向，对即将到来的实训和实习作好充分的准备。

我校要求学生在校外实训中完成一份秘书职业调查报告，让学生通过对现代企业的考察了解，熟悉专业和职业的具体情况，了解秘书人员需要具备哪些素质和现代社会企事业单位对秘书人员的要求，同时锻炼学生的调研能力和观察模仿能力。学生在有聘用意向的单位实训，如果在实训、实习期间用人单位与学生双方都非常满意，则可以顺利签订就业协议书，实现就业。

我校一方面不断完善实训管理制度，成立实训工作小组，全面负责实训的组织和管理协调工作；另一方面鼓励专业教师从事秘书实务，提高教师指导实务的能力。针对实训中部分教师和学生应付、拖延和不按规定要求完成实训任务的情况，我校建立了一整套系统的评估制度，包括实习学生的自我评估、实习督导老师的评估、学生对督导老师和实训部门的评估等，通过评估及时发现实训中存在的问题，为实训基地的建设和实训督导的选择提供科学的依据。

二、对我校秘书专业实训教学模式的反思

在实训课程建设中，我们也遭遇了实训指导难、实训基地建设难、实训成绩评定主观性强等方面的困难。文秘实训很多过程难以量化评判，办公自动化操作、档案管理可以根据实际操作步骤和结果给予量化评判，其他实训，如接待训练、会务管理训练、公共关系训练等属于行为、观念的范畴，具有不确定性，需要根据现实环境加以调整。因此难以作出量化评判，容易导致评价实训质量只重结果不重过程的弊病。

和校外实训基地建立合作关系给专业教学带来的好处也是巨大的。首先，学生能得到正规的实训指导和大量的实习机会以实现专业培养目标；其次，我们的教师得到了深入实际的机会，有利于其从中提高专业素质，成长为“双师型”教师；再次，实

训同时是一个向社会宣传和展示学生素质的窗口，而且也是学生就业的极好宣传。

同时，指导教师也是实训教学成败的重要因素，有效的实训指导应该有系统地安排整个实训的内容，保证学生能得到充分的学习机会，使他们能得到专业水平的训练并且能够促进学生的学习，协助学生克服实训中的困难，给学生有益的教导，教导学生在实务方面的工作技巧，帮助学生不断在技巧及能力上得到锻炼及提升的机会，促使学生建立个人对专业的认同；此外，还应给学生作好实践的示范，让学生在实训过程中仿效自己排除困难以及推动同事间合作的技巧，并在模仿过程中理解自身工作技巧的优势与不足。

高职高专实训教学开发是一项长期的艰巨任务。我们的尝试是初步的，认识是粗浅的。我校文秘专业将进一步加强自我反思，同时加强与校外实训单位的沟通与联系，不断总结经验，把文秘实训教学开发建设工作健康地进行下去。

参考文献：

［1］马培新．浅谈中外秘书教育的不同特色［J］．秘书，2005（09）．

［2］向国敏．现代秘书学与秘书实务［M］．上海：华东师范大学出版社，2006.

论钢琴学习的几个误区

吕　骁*

（云南师范大学商学院　云南　昆明 650106）

摘　要： 从现阶段的教学结果和现状来看，许多学生对于钢琴学习还是很盲目，缺乏理性的思考，有的还走入了学琴的误区，浪费了时间不说，还耽误了自己的学习。我们应积极思索学生在学习中所遇到的问题，帮助他们很好地解决这些问题，以此来提高他们的学习效率，从而达到提升我们教学质量的目的。学生经常出现的误区有《哈农钢琴练指法》弹奏的误区、节拍的误区、弹奏和记忆的误区、对于音乐审美的误区。

关键词： 钢琴学习；误区；节拍；弹奏记忆；音乐审美

现在每一门学科都在强调着以学生的"学"为主体，加之科学的教育、教学方法来培育出高素质的人才。包括许多西方国家都在不断调整自己的教育发展战略，改革教育思路，以适应不断发展的社会需求。因此，我们应积极思索学生在学习中所遇到的问题，帮助他们很好地解决这些问题，以此来提高他们的学习效率，从而达到提升我们教学质量的目的。

钢琴学习作为音乐专业学生一门不可或缺的课程，对于今后走向社会从事音乐工作的重要性是不言而喻的。在通过四年系统专业的学习后能够正确理解钢琴演奏的原理，掌握正确的学习方

---

* 吕骁（1980—　），男，云南玉溪人，学士，讲师，研究方向为音乐教育。

法，是一个音乐专业学生所应具备的。但从现阶段的教学结果和现状来看，许多学生对于钢琴学习还是很盲目，缺乏理性的思考，有的还走入了学琴的误区，浪费了时间不说，还耽误了自己的学习。下面就把一些常见的学习误区归结如下。

一、《哈农钢琴练指法》弹奏的误区

《哈农钢琴练指法》为法国的作曲家、钢琴教育家夏尔·路易·哈农（Charles－Louis Hanon）（1819—1900）所著，包括了五指练习以及音阶、琶音、双音、和弦、颤音、六度、八度等基本技巧的练习。作曲家希望能通过这些练习使手指轻巧敏捷、灵活、独立、结实有力、平衡发展，使手腕放松平稳、自然柔顺、富有弹性。一直以来教育家们都为《哈农钢琴练指法》如何弹奏、需不需要弹奏等一系列问题争论不休，其实笔者认为只要演奏者能够把自己的演奏技能提高到作曲家所期望的程度，那么这样的方法就是科学的和值得借鉴的。而关键的问题在于，我们通过什么样的弹奏方法可以达到这个目的呢?

我们发现，“练指法”教材如《哈农钢琴练指法》、《什密特钢琴练指法》等都有着一些共同的特点，其一是练习的音很简单（也可以说是认谱很简单），其二是强调反复训练（有规律）。这两个特点决定了指法练习方向的教材目标很明确，练习是为了决绝弹奏方法：手型、关节支撑、下键力度、手腕放松、手臂、身体的放松等等，而并非是以锻炼识谱、音乐表达和情感处理为目的。就像声乐课开始时的开嗓练习一样，简简单单用“mi”、“ma”两个发音来唱“do、re、mi、fa、sol、fa、mi、re、do”的音阶跑动练习，目的在于发音正确、腔体打开、位置找对。这样的练习是需要我们一边练习一边同步动脑筋思考的。所以，指法练习的难点不在于“弹”而在于“与弹同步的思考”。所以，在弹奏《哈农钢琴练指法》时，一定是边弹边思考的，同时做到以下三个方面的要求：第一个方面是要“看”，眼睛要去检查自己弹奏时的手形，检查手指三个关节的位置，避免出现“折指”，检查手腕的位置，等等（以老师的要求为准）；第二个方面是要“感受”，去感受手腕、手臂的放松，去感受“力”的传输，去感受指尖的力道，等等（以老师的要求为准）；第三个方面是“听”，通过听去辨别十个指头的发力是否结实有力，发力是否均匀，等等（以老师的要求为准）。

我们时常会听到学生说：“《哈农钢琴练指法》好简单，一会儿就弹会（完）了，没什么练习的必要。”可见，练习的时候往往只是关注了“音符”，殊不知在其简单背后的艰难与重要性，完全没有达到练习的目的与要求，实属一大误区！

二、节拍的误区

节拍不等于节奏。我们在演奏一首作品时不能没有准确的节拍。误区在于许多学生对于节拍的认识居然是感觉和模仿。有的竟认为：“节拍不需要很准确！能把曲子弹完就好！”那么节拍为什么要准确而不能只是“像”呢？因为节拍不准确就会直接影响整个音乐的节奏感，影响音乐律动，致使我们不能准确表现音乐，最终导致歪曲音乐形象，甚至音乐缺失。正是因为同学们对于节拍的重要性缺乏认识，以致内心缺乏节奏律动感，不能很好地把握音乐。

那么我们应该怎么做呢？我们应该要作严格的节奏分解训练：从一拍一音、一拍两音、一拍三音、一拍四音，到一拍五音、一拍六音、一拍七音、一拍八音的均匀分割训练。首先能灵活均匀地唱出上述节奏分割，然后才能在手上弹均匀。应由意识领先，加强节拍意识。例如，贝多芬《c小调第五奏鸣曲》（作品十之一）第二乐章，其基本节拍单位为“2/4”，但每个四分音符被切割为1/2、1/4、1/6、1/8、1/12、1/16、1/20、1/24，甚至1/28。也就是说，每个十六分音符被切割为7连音。这样每个四分音符就包含28个小音符。类似这样的乐章，必须先取得对节奏比例关系的正确理解，才能正确演奏。

三、弹奏和记忆的误区

其实演奏钢琴很像是在朗读文章，音符是字，连线的划分让我们分清了音乐的每个句子，就像是文章中的逗号、句号。好的演奏让音乐真正成为一种语言。误区在于，我们单纯地把字（音乐里面的音符）给背了下来，但并不理解字的含义，更不能理解字与字、句与句、段与段之间的关系。于是乎出现了毫无情感的音乐背诵。背谱时，死记硬背每一“音”、“键位”、“手位”，没有任何音乐表现。现在看来大家应该知道问题的关键了，为什么不能用对待学习文学语言的方式来学习音乐呢？我们可以试着唱谱，其实唱谱也就是音乐中的“朗读”，只不过弹琴是通过指尖来传达乐谱的寓意。四个字一组的成语，表达的时候不可能一个字一个字拆开念，同样，在音乐中，四个音为一组的分句，不能表现出音与音之间是独立的，应该把四个音连贯弹奏为一个整体。再说长一点的句子，相对应的诗文在朗读时我们总是要抑扬顿挫，才能更好地表现诗文情趣，反观音乐，同样如此，在四个乐句中也可表现为“起承转合”。所以，分清哪些音是一组，哪些音是一句，对于抓住音乐形象起到了至关重要的作用。

对于记忆，我们只有在理解了字句含义后，才能更好地记忆。无论是背诵中文也好，还是记忆英文也罢，把字、词、句的含义弄清楚，无疑是记忆的根本所在。那么应用在琴谱的记忆上，我们只有理解了其音型走向、和声织体、曲式分析后，才能对我们的记忆起到根本性的帮助。

正是因为我们对于音符、乐句、乐段的不理解，直接导致我们歪曲了练好一首曲目的标准！许多同学认为只要能完整地、不弹错音地完成好曲子就算达到目的了，所表现出的“强”、“弱”也只是机械的弹奏。试想，我们朗读一篇文章也像这样干巴巴地读出来，虽然没有读错字，但是朗读的意义何在？文章的意义又何在？

四、音乐审美的误区

正是因为钢琴音乐的“美”，让我们产生了对于钢琴演奏“美”的热爱与追求，也正是有了对于每一首钢琴曲“美”的理解与认识才让我们思考如何去创造这种美，去表现这种美。如果我们在钢琴演奏时不知道什么是音乐的美，甚至没有美可言，其结果就会导致我们对于演奏标准好坏的歪曲与缺失。

音乐审美的误区在于许多同学认为只要弹得强、弹得快就是好的演奏，而忽略了无论是强还是快都是服务于音乐、诠释音乐的。这一误区常见于练习曲的演奏中。练习曲可以分为两类，一类是普通练习曲（如《车尔尼599》一类），一类是大型练习曲（如《肖邦练习曲》一类）。我们打开车尔尼系列的练习曲会发现，各种速度提示、表情术语比比皆是，和大型练习曲一样，它们包含着丰富的音乐性，只不过大型练习曲比它们篇幅更长，表现音乐性更为丰富和复杂，表现手法也更多。在我们学习的曲目中，从头至尾用同一种“强”来诠释的曲目几乎没有，更别说在我们学习的练习曲中，大多数标有明确的“f”、“mf”、“ff”“cresc”、“dim”等等。演奏好一首练习曲，是不应该像机器一样用同一种音量来演奏的，没有任何一个演讲家是用同一种音量来演讲的，“音乐语言”同样如此。用同一种音量来演奏只会让音乐变得没有表现力，许多同学用尽了力气去弹“强音”、“强和弦”、“强乐句”，声音也不过是干涩、生硬、无持续、无扩展的，完全不懂得怎么发力弹“强”，这样“砸琴”的演奏是完全没有音乐性的。再比如，都是快板标记，但有的快板表现的是活泼开朗的情绪，而有的又是表现优美而富有生气的感觉。两种截然不同的音乐性怎能用同一种“快”来表现出来？问题的关键在于我们的同学从来也不去看速度标记和表情术语，这样就体会不到曲目所要表现的寓意，更抓不住任何音乐形象。加之从来也不去分析音符、句法、乐段，也就不知道练习曲要练习的是哪些方面的能力，更体会不到音乐的律动，所以练习变得枯燥乏味。综上所述，就算是演奏练习曲也应该从音乐出发，以音乐为主，不要一味地闷头练习，要学会思考了以后再去演奏，同时也要丰富自己的音乐知识，学会去读音符、读懂乐谱，这样方能不在“强”与“快”中兜圈子。

在钢琴学习的整个过程当中，我们应避免进入各种学习的误区，无论是《哈农钢琴练指法》弹奏、节拍认识、弹奏记忆，还是音乐审美，都是我们在钢琴学习、演奏中不可忽视的部分，对于它们的正确认识必将对我们的学习、演奏起到不可估量的作用。

参考文献：

[1] 魏延格．钢琴学习指南·答钢琴学习388问［M］．北京：人民音乐出版社，1997.

[2] 汪启璋，顾连理，吴佩华，钱仁康．外国音乐辞典［M］．上海：上海音乐出版社，1997.

[3] 涅高兹．论钢琴表演艺术［M］．汪启璋，吴佩华，译．北京：人民出版社，1963.

[4] 史兰倩丝卡．指尖下的音乐［M］．王润婷，译．桂林：广西师范大学出版社，2006.

[5] 赵晓生．钢琴演奏之道（新版）［M］．上海：上海音乐出版社，2007.

［6］《钢琴艺术》编辑部，华乐出版社编辑部．怎样提高钢琴演奏水平：四［M］．北京：华乐出版社，2003.

［7］张小元．艺术论［M］．成都：四川大学出版社，2000.

［8］刘庆刚．钢琴的演奏与教学：杨峻钢琴教学艺术论［M］．北京：人民音乐出版社，2003.

［9］但昭义．少儿钢琴教学与辅导［M］．北京：人民音乐出版社，2004（01）．

任务驱动教学法在“大学计算机基础”课程中的应用

周芸韬*

（云南师范大学商学院　云南　昆明 650106）

摘　要：针对非计算机专业计算机基础教学中存在的问题，提出把任务驱动教学模式应用于计算机基础教学，结合实例阐述任务驱动教学模式的特点及具体实施过程。实践表明，该方法能够激发和维持学生学习的兴趣和动机，使学生的学习活动与真实的任务结合起来，有利于学生循序渐进地学习计算机知识，有利于学生自主学习能力、创新能力及协作能力的培养。

关键词：大学计算机基础；宣传单；任务驱动教学法

一、任务驱动教学法简介

任务驱动教学法是一种建立在建构主义学习理论基础上的教学法，是实施探究式教学和写作学习的一种教学模式。其显著特征是：以发展学生能力为主，把教师的功能定位在“促进学生学习，引导学生成功”上。教师的教学与学生的学习都是围绕一个目标，基于几项任务来完成的，适合于培养学生的自学能力、独立分析问题及解决问题的能力，尤其适用于实践性较强的理工科教学。通过对教材内容的重新整合，教师把一学期要完成

* 周芸韬（1981—　），女，湖南澧县人，硕士，讲师，研究方向为软件工程。

的教学内容按章节设计成一个或多个具体的任务，让学生通过完成这些任务来掌握教学内容和重点难点，培养解决实际问题的能力和创新能力。它要求师生改变传统的观念和角色，要发挥学生在学习中的主体作用和教师在教学中的组织、引导、促进、控制、咨询作用，将学生认为枯燥的知识转变为生动的学习内容，有利于培养学生的创新能力、自学能力，培养学生的独立意识和团队协作精神。

二、任务驱动教学模式的特点

任务驱动教学法最根本的特点就是“以任务为主线、教师为主导、学生为主体”，改变了以往“教师讲，学生听”，以教定学的被动教学模式，创造了以学定教，学生主动参与、自主协作、探索创新的新型学习模式。近几年，市场上出现了一些任务驱动教学的教材，这就要求教师按照任务驱动的要求，设置案例，分解任务，把计算机基础理论的教学内容巧妙地隐含在每个实验任务当中。需要在有教师机的机房里进行教学，以确保任务驱动教学模式的实施。任务驱动教学模式是先布置任务，然后在课堂上直接对具体项目任务进行讲解，从而引出相关的知识要点，接着学生在教师指导下根据教师提供的素材完成任务，最后归纳总结。这种教学模式是将教、学、做相结合，理论和实践相结合，须将课堂从普通教室搬到机房，教师边上课，学生边动手，教师边指导，只有这样，学生才能充分理解教学内容和掌握相关的技能，任务驱动教学的实施才能得到保障。计算机是一门实践性和综合性都很强的学科，在实施教学活动过程中，将理论知识和实际技能结合起来，可以培养学生的综合素质能力，为后续专业课的学习打下良好的基础。

三、任务驱动教学模式在计算机基础教学中的具体实施

任务驱动法就是教师把一门课程要完成的教学内容设计成一个或多个具体的任务，让学生通过独立完成这些任务来掌握教学内容，培养学生解决问题的能力和独立自主的创新能力。下面以“Word 综合应用——制作精美宣传单”为例介绍任务驱动教学模式的具体实施过程。

（一）设计任务

这是任务驱动教学法的关键，教师要以教材的知识点为依据，精心设计任务，把所要学习的知识点巧妙地隐含在任务当中。任务：小李刚刚到一家茶饮料公司的企划部工作，经理交给他的第一个任务就是为公司制作一个精美漂亮的宣传单。

（二）分析任务

任务设计好后，学生如何设计宣传单？教师要启发和引导学生完成任务的思路、方法，培养学生分析问题和发现问题的能力，可以给出一份样单，让学生在样单的基础上创新设计。任务分析：学生仔细看过样单后，可以根据自己的知识积累，结合字符格式的设置和格式刷的应用、页面背景的设置、图形的插入、艺术字的插入和编辑、文本框的插入和编辑、自定义项目符号的添加等开始设计。

（三）任务实施

这是整个教学过程的重点部分。在任务分析之后，开始任务实施，让学生写出制作步骤，确定先做什么、后做什么，根据步骤一步一步做，做好一步保存一步，培养学生分解任务、执行任务的能力。在这个过程中以学生为主，遇到问题时邻座同学共同讨论，必要时教师给予提示和鼓励。

（四）美化完善

宣传单初稿设计完成之后，可以跟样稿比较或是邻座之间比

较，分析哪些地方做得好，哪些地方是创新，哪些地方不如样稿或邻座的，然后逐渐美化、修改完善直至完成任务。这个环节着重培养学生分析问题、解决问题的能力及同学之间的协作能力。

（五）总结评价

这是学习知识的提高阶段。任务设计结束后，教师要对任务设计过程中涉及的知识点、遇到的问题和相关技能加以总结。对于简单问题，学生通过翻阅教材或向邻座请教解决。对于复杂的、共性的问题，教师应及时引导学生，解答疑惑，讲授新知识，演示操作。让学生既有解决问题的成就感，又有学到新知识、新方法的满足感。如艺术字体插入后一定要设置字体环绕格式，同时给学生演示操作，使学生在理论上有收获、在实践中得到体验。使学生的思路始终跟着教师的授课内容走，跟着任务走，从而达到有目的、有动力自觉地学习的效果。使学生全面掌握知识点，达到了教学要求。

通过回顾和总结还可以开拓学生的视野和思路，扩展学生的知识面。最后，教师应根据每个学生任务完成情况进行客观评价，要多鼓励学生，表扬学生做得好的地方，对做得不足的地方提出改进意见，激励学生更好地完成下次的任务。

四、任务驱动式教学过程中遇到的问题及解决方法

首先，学生的基础及接受能力不一，在同一堂课中布置相同的任务，有些学生能很快完成，并且掌握其中的学习目标，而有些学生因为接受能力相对较弱，在相同的时间内无法完成。这样会导致学生两极分化严重。其次，大一的学生刚刚从高中上来，习惯了应试教育的他们缺乏主动交往的意识和行为能力，在任务面前显得不知所措，感到无从下手，从而不积极参与完成任务。

因此，教师应认真把握教材，分析学生的认知水平和理解能力，以及学生之间的个体差异，把任务分为基本任务、提高任务

和创作任务三种。还是以制作精美宣传单为例，基本任务：按样单的形式原模原样地做出来；提高任务：在样单的基础上根据个人喜好作局部的调整，如背景色、文本框的形状、项目符号的自定义等等；创作任务：做一个与样单不同布局的宣传单，自己创新设计、自己排版布局，但要运用相同的知识点，如文本框、艺术字等。

如此这般，大一新生在几次课后逐渐适应了这种模式的教学，在完成最基本的任务后，根据个人能力对设计作相应的提高完善，达到了教学要求，取得了良好的教学效果。

五、结　语

任务驱动教学属于探究式教学模式的一种。任务驱动教学符合大学计算机基础课程的层次性和实用性。在我院 2008 级至 2010 级“大学计算机基础”课程教学中采用任务驱动教学模式，学生“边做边学”，教师“边导边教”，融“教、学、做”为一体，充分体现了学生学习的主体地位和教师的主导作用。培养了学生分析问题、解决问题的能力，促进了学生的创新意识的培养。通过几年的教学实践，我们发现在任务驱动教学模式下学生学习有目标了，学习气氛浓厚了，学习的积极性提高了，学生的自主学习能力和创新能力大大增强了，综合应用能力也得到了发展。同时，学生的协作学习能力也有一定的提高。随着教学改革的深入，任务驱动教学模式将越来越完善，将越来越广泛地应用到其他专业的教学中。

参考文献：

［1］王司，杨冬云．基于认知规律的实践任务驱动教学模式的研究与实践［J］．科技与管理，2011（01）．

［2］罗春柳．浅谈任务驱动教学法在计算机实操课中的应

用［J］．职业，2011（03）．

［3］涂文婕．任务驱动法在计算机技术与实验课程中的应用［J］．空军雷达学院学报，2010（12）．

［4］贾润亮．计算机基础课程的任务驱动教学研究［J］．福建电脑，2010（12）．

［5］欧阳炜昊．网络技术基础课程任务驱动教学改革探索［J］．创新教育，2010（35）．

独立学院英语专业基础阶段综合英语教学初探

陈亚晶*

（云南师范大学商学院　云南　昆明 650106）

摘　要：作为专业核心课程，综合英语课在英语专业教学中的地位及作用是毋庸置疑的。独立学院因其教学理念和生源特点的特殊性，其教学模式也被赋予了一定的特殊性。本文总结了独立学院综合英语教学各个教学环节的设计和方法，并将其归纳为“六化”，旨在为独立学院英语专业基础阶段综合英语教学提供借鉴。

关键词：独立学院；综合英语；教学；教学方法；教学效果

综合英语（俗称精读）是英语专业的一门主干课程，其主要目的在于培养和提高学生综合运用英语的能力。它包含了语音、词汇、语法、阅读、写作等方面的知识，同时涉及修辞、文化等方面的能力技巧。因此，上好这门课，对英语专业的学生至关重要，对英语专业基础阶段的学生来说更是如此。而独立学院学生的现状在某种程度上使该门课程的教学具备了一定的特殊性。针对独立学院的学生知识基础相对较弱、自律性不强、学习兴趣不高等特点，任课教师不仅要重视对课文当中出现的重点词

* 陈亚晶（1980—　），女，云南宣威人，英语语言文学学士，讲师，研究方向为英语教学法。

汇、长句、难句以及篇章结构，尤其是和考点相关的知识点的耐心讲解，为学生将来的应试作好准备，还要重视对课文当中涉及的文化背景知识的讲解，注意扩展学生的知识面，为学生应用语言能力的提高打好基础。同时，还要注重对学生学习兴趣的培养以及良好人格的塑造。

本文根据上海外语教育出版社的《综合教程》教材，针对英语专业一、二年级综合英语课的教学情况，从词汇教学实用化、生动化，课文导入多样化，复杂句结构分析简单化，课堂提问丰富化，教学方法灵活化，学习效果评估与测试规范化等“六化”，就基础阶段的综合英语课教学谈些体会。

一、词汇教学实用化、生动化

作为综合英语重头戏的词汇教学，可针对不同的词选用不同的讲解法，如真题法、图片法、构词法、真人秀法、名言警句法、短语法等。对于大纲要求的重点词汇进行其用法的详细讲解，可从历年专业四级真题中搜出与之直接相关的题，这无疑刺激了学生的好奇心，而且学生潜意识里会逐渐意识到，其实四级词汇就大量地存在于课堂，存在于老师的教学中，有了这种认识以后，学生就会更加专注于课堂，无形中将提高词汇教学效果。本学期在学习 14 单元“Cultural Encounters”的单词 involve 时，就在 PPT 中插入 2006 年专业四级词汇部分真题“The job of a student accommodation officer ______ a great many visits to landladies.”备选项为“A. concerns B. offers C. asks D. involves”。在学习本单元的另一短语 go off 的词意之一 go away for 时，首先呈现给学生的是一幅大家都异常熟悉的几米作品《向左走向右走》，学生的注意力一下被吸引到图片上，从他们的表情看得出，对于老师的下一个“动作”他们很是期待。随后，图片上方出现：“男的朝一个方向去了，而女的朝另一个方向去了。”学生随即知道他们需要翻译该句。在随机提问两三个学生后，公布参考翻译：“The man goes off in one direction and woman in another.”以“图片法”讲解某一单词或短语的用法，单词学习也变得不再那么枯燥乏味，学生对于所学词汇的印象也得到了加深。如此一举两得的“美事儿”学生当然举双手赞成。对于学生经常混淆的“长相相似”的词，则采用构词法，在学习16单元“My Forever Valentine”的单词succession时采用了“树状”图解构词法：

succeed（v.）success（n.）successful（adj.）

↓

succession（n.）

successive（adj.）

successor（n.）

其中，在实际教学中下划线部分均用红色标示，一方面提醒学生注意词尾的变化，另一方面学生由此可知 -ion，-or是名词后缀，-ive为形容词后缀。此种“树状”图解，使得词尾的变化一目了然，同时学生对词缀及构词也建立了逐步的了解。在讲解giggle一词时，选用了真人秀法，挑选两名性格外向的学生按照老师的要求现场演示各种“笑”——smile，grin，chuckle，giggle，guffaw等，在开心的笑声中，学生习得了上述词的差异。

在课堂上，教师要有意识地引导学生进行词汇积累。在讲授生词时，尽量列举一些同义词、反义词和该词的各种形式。重点讲词的基本组成方式，如前缀法、后缀法、合成词等，以扩大学生的词汇量。

二、课文导入多样化

课文导入在英语教学中的作用是毋庸置疑的。尤其是在学习语言难度大的课文时，导入显得格外重要，有效的导入可简化学生对课文的理解。不同题材、不同难度的文章在导入时其方式是不同的。对于难度较低的记叙文，可采取传统的问答式导入，抽取三至五名学生回答老师的问题。问题可由老师根据课文内容自行设计，需要注意的是所准备的问题应该与课文有较高的相关度。对于说明文，任课教师可根据文章自由发挥，“头脑风暴”式导入、图片导入、电影片段导入、小组讨论导入、现场表演导入均可，关键在于相比较而言哪种导入更佳。在处理第 4 单元“World of the Future”时，文章中出现的 robot playmates 让笔者灵机一动，想到了 Will Smith 主演的影片 *The Robot*，因此在导入时毫不犹豫地截取了 3 分多钟的电影片段成功完成导入。而针对学生最惧怕的议论文 Cultural Encounters，因文中重点介绍了“折中翻译法”，故笔者以此为切入点，尝试了新的导入法：Directions：Fill in each blank with an animal.

as blind as a	as brave/bold as a
as busy as a	as cunning as a
as free as a	as cruel as a
as gentle as (a)	as greedy as a
as strong as a	as timid as
as stubborn as a	as wise as an

通过以上导入，学生对文化差异所导致的翻译差异有了粗浅的认识，对什么是“折中翻译”也有了一些了解，深入浅出的教学方式很大程度上可减轻学生对于全新概念的惧怕感和学习课文时的紧张感和压力感。

三、复杂句结构分析简单化

在语言教学中，分析长句、难句句子结构是必需动作。如何让复杂的句子变得简单，如何让学生弄懂句子中各部分的修饰与被修饰关系，从而基本正确地翻译句子。这都是任课教师在备课时要考虑的。在分析第 6 单元"Towards a Gender Free Society"中的复杂句时，笔者使用如下方法：

No one feels sure [that] certain natural differences [that] exist between

↘ [introduces an object clause] ↘ [attributive clause]

man and woman

S

are relevant to

V

the distinctions between male and female excellence

and a different expectation of their social qualities.

O

该句句子结构为：主语 No one，系表结构 feels sure，后接 that 引导的宾语从句。从句主语为 differences，内含 that 引导的定语从句，该句式也采取了系表结构 are relevant，其功能相当于定语从句中的谓语，介词 to 带了两个宾语，the distinctions and a different expectation，between male and female excellence 和 of their social qualities 作后置定语，分别修饰限定 distinctions 和 expectation.

在课文解析过程中，把长句、难句的句子结构进行分解，简化其句子结构，并事先在多媒体课件中以不同颜色代表句子的不同成分呈现在学生眼前，让学生回答其中的修饰与被修饰关系，学生清楚句子结构后，再让其翻译以检查是否真正理解该句子。此方法可让学生在最短的时间内有效地掌握复杂句子结构，从而帮助其理解句子意思。通过不断的训练，学生对长句、难句的恐惧可日渐消除。

四、课堂提问丰富化

课堂提问是课堂教学中最常用的一种互动形式，也是英语教学中师生交互最常用且最有效的步骤之一，旨在引导学生参与学习进程并启发学生给出其独到见解。在第二语言教学中，课堂交际模式决定着学生通过语言对课堂活动的参与以及目的语习得的机会和成效。作为教师组织课堂教学的重要手段，提问既为学生的语言输入提供了重要的思路，又为学生提供了用目的语交流的机会，从而促进学生的第二语言的输出。此外，通过提问，教师可及时了解学生听课情况，学生也可借此机会发表各自不同的见解。

适时有效的课堂提问是教学的重要手段之一。课堂提问的质量直接影响着教学的质量，影响着学生思维的训练。提问时机的把握应是：提问于学生的疑惑处；提问于学生新旧知识的联系处；提问于教学环节的关键处；提问于学生思维的转折处。课堂提问设计的方式多种多样，主要有直接诱导式、追根溯源式、无中生有式、反弹琵琶式、曲径通幽式、由此及彼式等。教师在与学生互动过程中，可适时选择有效的提问方式，以提高课堂教学效果。

五、教学方法灵活化

从事英语专业基础阶段教学工作的教师在加强基础训练的同时，应采用启发式、讨论式、发现式和研究式等不同的教学法，充分调动学生学习的积极性，激发学生的学习热情，最大限度地让学生参与学习的全过程。引导学生主动积极地利用现有图书资料和网上信息获取知识，并使学生在运用知识的过程中培养各种能力。同时要注意教学方法的多样性，要根据不同的教学对象、教学内容、教学目的和要求，选择相应的教学方法，综合运用，以达到最佳的教学效果。应努力探索以学生为中心、教师为主导的教学模式。运用视听媒体，采用听说法、讨论法、表演等方式调动学生积极性。注意引导学生积极思考，注重知识的归纳和总结，加强学法指导。

综合英语课程信息量大，其所涉及的知识在有限的课堂内根本不可能逐一讲到，而计算机辅助教学的出现丰富了教学内容和教学形式。任课教师在课前可把涉及课文背景的相关知识、重点词汇、语法重点难点、篇章结构、文体特色等制作成多媒体课件，以文字介绍、图片、视频、音频的形式来呈现与课文相关的内容，同时进行词汇、语法、重点篇章段落的精深学习，从而减轻课堂教学的负担，与此同时，学生对所学内容的文化背景有了一定的掌握，学习兴趣和学习效果也得到了提高。制作多媒体课件时，切忌将教科书上的内容直接“搬家”至课件。

六、学习效果评估与测试规范化

评估与测试是教学过程中的重要环节，通常采取“考试”为主要手段来完成。通过考试，教师和教学管理者可以了解和检测学生掌握相关课程教学大纲所规定的语言知识和语言技能的深度、广度和熟练程度，同时，考试也是检查教师的教学工作，了解教学效果、总结教学经验、改进教学方法的重要途径。随着社会的发展和教育理念的更新，教学的重点主要投入在关注如何把学生培养成具有创新精神和实践能力强的、能顺应和满足社会需要的高质量、复合型人才上，因此我们的各项教学也应在如何适应社会要求及教学功能、顺应变化了的内容和方法方面进行改革。而考试方法和内容的选择直接影响到评估与测试的准确性。

除常规作业及期末考试外，每学期需进行 2 ~ 3 次小测试，其成绩纳入平时成绩。测试内容包含精讲课文及自学单元。《综合教程》内容多，每册由 16 个单元组成，而每学期 18 周的教学时间不能对所有课文进行精讲，对于语言难度较低、可读性较强或题材相近的单元采取“学生自学，小测检查”的方式，小测试内容主要涉及精讲单元重点难点知识及自学单元词汇、语法学习和篇章理解情况，目的是培养学生学习的能动性，同时也是对其平时学习以及知识掌握情况的检查和督促。小测试题型可灵活多变。小测试后对全班同学的试卷进行仔细的评阅，并给出相应的得分，对好的或有进步的学生及时进行表扬，不好的学生进行“一对一”教育。对试卷反映出来的共性问题进行集中的详细讲解。

七、结 语

英语教学是一项复杂而系统的工程。作为一名独立学院的专职任课教师，如何针对独立学院学生的特点，通过各种途径，采用多种手段，培养学生灵活运用语言的综合能力，是教师在课前及课后都必须思考的问题，也是整个英语教学要达到的一个重要目标。为了实现这一目标，在教学中我们要秉承科学发展观，与时俱进地实践并更新“六化”的内容，与此同时我们仍需积极开发第二课堂，对学生还需付出更多的耐心、爱心和责任心。只有通过各方面的努力，独立学院的英语教学才能办出自己的特色，从而迈上新的台阶。

参考文献：

［1］许涵．大学英语教学课堂提问原则与策略探析［J］．中国校外教育理论，2009（02）．

［2］王德勋．课堂提问时机及提问方式研究［J］．中国教育学刊，2008（08）．

浅析投掷运动员灵敏素质对专项成绩的影响

——以铅球运动员吴××和腾×为例

熊刚烈　袁中华　薛　斌*

（云南师范大学商学院　云南　昆明 650106）

摘　要：通过文献资料法、数理统计法对云南师范大学体育学院的吴××和腾×两位男铅球运动员的力量素质、爆发力素质等影响铅球成绩的基本素质及灵敏素质进行调查，发现力量水平高低不能决定铅球专项成绩的好坏，铅球成绩与运动员的灵敏素质存在一定的相关性。最后，提出了发展铅球运动员灵敏素质的建议。希望能够为体育教师、铅球教练在平时的铅球训练中提供一些参考。

关键词：投掷运动员；灵敏素质；影响

铅球运动是一项集技术、力量、爆发力、速度以及其他素质为一体的田径运动项目。从我国铅球运动员的体质上看，达到二级标准是比较容易的，但想再进一步提高运动成绩，达到一级或健将水平就有很大的困难。投掷运动员的训练讲究科学性、系统性和实效性，且训练的周期较长，是否能够采用科学训练的方法

---

* 熊刚烈（1961—　），男，贵州兴义人，学士，研究方向为体育理论；袁中华（1984—　），男，河南商水人，硕士，助教，研究方向为体育理论；薛斌（1963—　），男，云南昆明人，副教授，研究方向为体育理论。

和手段，合理地制订训练计划，缩短训练的周期，对提高投掷运动员的专项成绩起着关键性作用，而促进身体素质的全面发展是解决这一问题的关键。灵敏素质作为身体素质的主要内容，在对动作技术要求复杂的投掷运动项目中，灵敏素质的发展水平对提高投掷运动员的技术水平和专项成绩有着重要的意义。本文探讨了直接影响铅球运动员成绩的身体素质指标，研究了各身体素质指标与铅球成绩之间的关系，并对铅球运动员的灵敏素质与铅球成绩的关系进行分析，从中找出灵敏素质与铅球成绩间的关系，期望能为铅球训练提供有意义的参考。

一、研究对象与方法

（一）研究对象

本文的研究对象为云南师范大学体育学院的两名男铅球运动员——吴××、腾×。

（二）研究方法

1. 文献资料法：通过查阅有关灵敏素质的文献资料，对相关的资料进行搜索、整理、分类，作好本研究的文献综述并为本次研究提供理论依据。

2. 测试法：对两名铅球运动员的灵敏协调素质进行跟踪测试。

3. 数理统计法：对两名运动员的灵敏素质相关数据进行统计整理。

二、概念的界定

（一）灵敏素质的概念界定

灵敏素质指人体在各种复杂情况下及时改变体位、转换动作、协调用力的能力，是人体运动技能和各种身体素质的综合表现。它与人体掌握运动技能的数量、熟练程度及大脑皮层反应的灵活性有关。人体掌握运动技能的数量越多，越熟练，大脑皮层灵活性越高，灵敏素质就越好。灵敏素质对人体掌握运动技能、提高运动能力都起着重要作用。

维·莫·萨茨奥尔斯基对灵敏素质所下的定义是："以短促的时间开始，并在精确的时间内，协调、准确地完成种种复杂动作的能力。"短促的时间是指从身体姿势发生改变到开始正式动作之前的那一段时间。

总之，灵敏素质是一个人的综合身体素质的表现。

（二）灵敏素质的重要性

铅球运动是一项集技术、力量、爆发力、速度以及其他素质为一体的田径运动项目。铅球运动成绩好坏与运动员的灵敏协调性和稳定性密切相关，它是以运动员精细分化发展的肌肉关节活动能力为基础，并与其他各种能力协调组合而成的综合能力的表现，因此，要培养一个高水平的投掷运动员，在日常的基础训练中，灵敏素质的培养和训练是不可忽视的重要环节，它对投掷运动员技术水平的提高起着举足轻重的作用。

（三）本研究测试灵敏素质的方法

本研究主要采用十字变向跑、反复横跨、十字跳、30 米跑、4×10米往返跑、立定跳远这几项能够反映运动员灵敏素质的测试方法。

十字变向跑（又称布梅兰跑）：测试在快速移动中转换方向的能力。由于不受被测试者的身高限制，在美国等田径发达国家，通常用来测试灵敏素质的高低。

反复横跨：测定在快速移动中向两侧变换方向和动作协调性。本研究测试运动员在 20 秒内左右各 1.2 米的横跨次数。

十字跳：测定在快速移动中空中变换姿势的能力和动作的协调性，是测试灵敏素质的常用方法。

三、调查结果与分析

（一）影响铅球主要素质指标数据对比分析

众所周知，铅球成绩的好坏主要由运动员的速度素质、爆发力素质和力量素质来决定。深蹲指标有较大的载荷，而这项指标反映了运动员的基本力量水平；卧推、铅球后抛指标有较大的载荷，而在运动员推铅球的过程，包括滑步、转体、送髋、挺胸、球出手的瞬间，腰腹的收缩力及臂力起着直接的影响作用，因而这两项指标对运动员的铅球专项成绩起着直接的影响作用；立定跳远和30米起动跑有较大的载荷，这两项指标反映了运动员的爆发力水平。

表1　影响铅球成绩的主要素质数据对比情况

类别	序号	素质指标	运动员	
			吴××	腾×
速度素质	1	30米起动跑	3秒85	4秒10
弹跳素质	2	立定跳远	2.75米	2.70米
力量素质	3	卧推	120千克	130千克
	4	深蹲	210千克	225千克
	5	铅球后抛	15.40米	15.50米

从表1的数据对比可以看出：吴××的30米起动跑和立定跳远成绩稍好于腾×，但是，不存在很大的差异；而腾×在深蹲、卧推、铅球后抛的素质指标上都明显优于吴××。由此也得出，吴××在爆发力水平上稍微比腾×好，但差别微乎其微；腾×在深蹲、卧推为指标的力量素质上要明显好于吴××，说明腾×在直接影响铅球成绩的力量水平上要明显高于吴××。

（二）两名铅球运动员的基本灵敏素质数据与专项成绩对比情况

灵敏素质是运动员的运动技能和各种素质在运动中的综合表现，对灵敏素质的测试方法也不尽相同，为了体现本次测试研究的意义，在选取测试指标时尽量避免选择与专项训练联系较多的测试项目，在查阅了有关运动训练、生理、心理等相关灵敏素质的测定方法、内容文献资料的分析后，最后确定用具有代表性的灵敏项目进行测试，即20秒反复横跨、4×10米往返跑、10秒十字跳、十字变向跑。

表2　基本灵敏素质数据与专项成绩对比情况

指标名称	运动员（吴××）	运动员（腾×）
20秒反复横跨	22次	19次
4×10米往返跑	12秒	14秒
10秒十字跳	19次	16次
十字变向跑	18秒	21秒
6千克铅球专项成绩	16.5米	15米

从表2中的数据我们可以得出：在20秒反复横跨指标测试中，运动员吴××的为22次，比腾×多3次；4×10米往返跑腾×慢于吴××2秒；10秒十字跳吴××多于腾×3次；十字变向跑吴××的成绩好于腾×3秒；6千克铅球吴××比腾×远1.5米。

（三）灵敏素质可以帮助铅球运动员力量素质、爆发力的协调发挥

从表1和表2中的素质数据对比我们可以得出："腾×在力量素质上明显强于吴××，吴××在灵敏协调素质上好于腾×，

但是腾×在影响铅球成绩关键因素——力量素质绝对优势的情况下，铅球成绩却远远输于吴××，可见，灵敏素质可以帮助铅球运动员在技术、力量、爆发力、速度等素质间进行有效的协调，帮助铅球运动员取得更好、更出色的成绩。”

四、结论与建议

（一）结　论

1. 铅球运动员的成绩好坏不仅仅取决于力量水平的高低。

两名运动员在影响铅球的三大素质对比分析中，30 米起动跑和立定跳远指标不存在明显的差异，腾×在力量水平指标中明显高于吴××。而在 6 千克铅球的专项成绩中，吴××却领先腾×1.5 米。

2. 铅球运动员的专项成绩与铅球运动员的灵敏素质存在一定的相关性。

两名铅球运动员的灵敏素质对比中，吴××的灵敏素质要明显优于腾×，在力量水平处于劣势下，成绩却好于另一位运动员，这不能不说，铅球运动员的专项成绩与运动员的灵敏素质存在一定的相关性。

（二）建　议

1. 多样化地发展铅球运动员的灵敏素质。

灵敏素质的发展与各种分析器和运动器官机能的改善有密切的关系。人体能否在运动中表现出准确的定向定时能力和动作准确、迅速变换的能力，都取决于各种分析器运动器官功能的提高。而人体一旦对某一动作技能熟练到自动化程度时，再用该动作去发展灵敏素质的意义就不大了。为此，发展铅球运动员灵敏素质练习的方法应是多种多样的，而且要经常变换。

2. 铅球运动员整个专项训练中要合理安排灵敏素质的训练，使之系统化。

铅球运动员的灵敏素质的训练时间不宜过长，练习重复次数不宜过多。因为肌体疲劳时运动员力量水平会下降，速度将减慢，节奏感就会被破坏，同时，平衡能力和协调能力都会随之降低，这些因素都不利于灵敏素质的发展。有经验的教练员都是根据不同训练过程的特点来安排灵敏素质的训练。如随着比赛的临近，技术训练比重增加，协调能力的训练也应相应加强。

3. 铅球运动员应熟练掌握多种运动技能。

通常来说，运动技能只有在动作技能掌握熟练到自动化后才能充分地表现出来。铅球运动员掌握的运动技能越多，动作熟练性越好，那么作动作时也就越灵活，表现出的灵敏性就越强。因此，铅球教练员要经常发展铅球运动员的各项综合素质和能力，如反应能力、平衡能力、力量速度水平、协调能力等。

参考文献：

[1] 周国正．中国小学教学百科全书·体育卷［M］．沈阳：沈阳出版社，1993.

[2] 赵厚华．足球运动员灵敏和柔韧素质的培养［J］．沈阳体育学院学报，1999（01）．

[3] 黄明教，杨德芳，陈志强．体育多种评价方法的比较研究［J］．武汉体育学院学报，2001，35（02）：114－115.

[4] 龚大利．乒乓球运动对提高灵敏素质的实验研究［J］．山东体育科技，2001，23（06）．

[5] 李浩．体育院校乒乓球专修与非专修学生灵敏素质水平的对比研究［J］．西安体育学院学报，2009（09）．

[6] 陈彦．影响铅球运动员专项成绩的素质评价模型［J］．武汉体育学院学报，2006（06）．

[7] 李小鹏．乒乓球教学训练中培养运动员的专项灵敏素质应重视［J］．唐山师范学院学报，1995（05）．

[8] 姚金菊，高建中．灵敏素质测定方法的探讨［J］．福建体育科技，1986（03）．

[9] 周震．水球运动员灵敏素质的训练与培养［J］．中国体育教练员，2004（03）．

[10] 王祥．对身体协调性与力量素质关系的调查研究［J］．常州工学院学报，2010（06）．

[11] 姚保兰．浅探田径教学与业余训练中的灵敏素质发展［J］．科技信息，2010（11）．

论案例教学法在法学教学中的运用

王宏军*

（云南财经大学法学院　云南　昆明 650221）

摘　要：法学是实践性很强的学科，案例在法学教学中十分重要，它不仅有助于学生对法律原理的理解和掌握，还有助于培养学生理论联系实际的能力。案例教学法在目前我国的法学教育中已经被广泛运用，但是缺乏科学的理论指导。本文对案例的来源和选取也进行了一定的分析，并在此基础上，对案例在教学中的运用提出了一些指导性的原则。

关键词：案例；法学教学；选取；运用

一种典型的参与式的教学方法，给学生提供了一种近于亲身体验法律实践的机会，是学生所学法律知识的一种综合演练。然而，在模拟审判的过程中，教师要进行科学的组织和引导，在大学生就业难的形势下，提升学生的培养质量就成为一个很重要的问题。对于学生培养质量的提升，固然有很多措施可以采取，但是较为根本的还在于教学本身的改善和提升，教与学永远是大学教育的首要任务，如果能提升教学的质量，那么学生培养的质量也就会得到相应的提高。在法学教学中，提升教学质量的重要方法之一是科学地运用案例教学法。

---

* 王宏军（1971—　），男，河南偃师人，硕士，云南财经大学法学院副教授，主要研究经济法、国际经济法。

一、案例教学法对于法学教育的重要性

案例教学法，俗言之即范例教学法。“范例”一词来源于拉丁语“exemplum”，本为“好的例子”、“典型的例子”之义。通过典型事例进行教学，目的不仅局限于对该例的分析与解决，而重在通过对典型事例的分析和解决思路、方法等的了解和掌握，使学生进一步理解非典型事物与事理，并进而用以解决尤为普遍的特殊问题。为此，我们可以将案例教学法界定为：使学生能通过对特殊事例的分析掌握一般的分析原理并借助这一原理独立分析和解决问题的教学方法。

联合国教科文组织根据对各国有关专家意见的调查，获得了对案例研究、研讨会、课堂讲授、模拟练习、电影、指导式自学、角色扮演、敏感性训练、电视录像等九种教学法教学功能的评价结果。案例研究在这九种教学方法中，对分析能力的培养居第一位，在知识传授、学员对知识的接受程度、知识保留的持久性这三方面占第二位，态度转变和人际关系能力培养占第四位。实践证明，案例教学方法的运用是极富成效的。

案例教学法对于任何学科都是重要的，但是对于法学，却具有更为重要的意义，这是因为法学在本质上是实践性极强的学科。案例教学法由于对学生日后的法律实践至关重要，所以许多国家在法学教育中非常重视，尤以法学教育发达的美国最为典型。当然，美国的情况与我国不同，美国是普通法国家，判例是法律的重要渊源，正规的法学教育又是在法学院（相当于我国的研究生院）中进行，学生已有较高的文化水平和思维能力，注重律师培养，法学教育的基本目标是要求学生“像一个律师那样去思考”。所以，美国的法学教学中，教授在课堂上只作简单的讲授，大多数时间花在教授与学生的对话上面，要求学生参加讨论，并以发言的情况作为学习成绩评定的重要标准。我国的

情况则显然不同于美国，从法系上讲，我国法律基本上属于大陆法系，上级法院的判决尽管常为下级法院审理类似案件时借以参考，但判例不是法律的渊源，这就决定了不能以典型案例取代法律或与法律规范相并列。加上我国法学教育具有广泛性、层次性，专业教育只是其中很小的一部分。所以不能简单地照搬外国的经验，但我们可以从他们的法学教育中得到启发与借鉴。

虽然我国的法学教育中，教师有意无意地都会使用案例进行教学，但是更多地凭直观的感觉运用案例，缺乏对案例教学法的系统的理论思考。

二、法学教育中案例内容的来源及形式的选择

要在法学教育中科学地运用案例教学法，首先应该对案例本身有一个科学的认识。案例教学中的案例并不等同于司法的判例，日常生活中的事例也可以作为教学中的案例。

（一）案例内容的来源

1. 案例与判例。

在我国，案例绝不等于司法判例，而且在很多情况下，完整的司法判例往往不适合于教学，这主要是因为司法判例往往涉及过多的事实性细节问题和过多的法律问题，很难被整合于教学之中。另外，我国的司法判例不是法律的渊源，对法院没有约束力，其价值因此也远远不如英美法系的司法判例。美国的判例是其法律渊源，因此，美国法学院校主要采取判例教学法，又称哈佛教学法。美国判例教学法的基本方式是问答式或讨论式。教师上课不是采用课堂讲授的方法，一般不讲序言、概论、定义之类抽象的东西。一上课就开门见山地组织、引导学生分析案例，提出问题和学生共同讨论，一个案例可以讨论几个星期。这种方法在我国很难行得通，也不应该被盲目照搬。

我们应该采取传统的案例教学方法。传统教学活动主要围绕

着教师讲授某种专门理论知识而展开。教师对教学进程能给予较好的控制，能有条不紊地组织教学，帮助学生较好地理解法律概念、原理以及现行的法律条文。为此，教师要非常谨慎地选取司法案例。原则上，教师应该对司法判例进行适当的提炼和加工，去掉过于细节且与案例主要法律问题不太相关的内容，以突出主要的问题，增加案例的针对性和实用性。

2. 案例与事例。

在理解案例不等于判例，且完整的司法判例往往不适于课堂教学的基础上，还有必要厘清案例与事例的关系。案例的形式应该是多种多样的，案例教学的目的不是为了案例本身，而是为了掌握其中的法律原理和培养学生运用法律的能力。反过来思考，如果一些事例能够帮助学生达到这一目的，那么教师也当然可以在课堂上加以运用。在某些意义上，事例是案例的重要形式。那么，什么是事例呢？顾名思义，事例就是来自于“事”的“例”，这里的“事”，可以是国家大事，也可以是社会上的小事，还可以是教师自己经历的一些事，其来源是非常广泛的，且经常能够给学生留下深刻的印象。事例是重要的教学案例，但是，因为其来源广泛的特点，教师在运用事例时一定要注意事例与所教授内容的相关性，不能变成宣扬教师无关的经历；也要注意事例的恰当性，杜绝不良内容出现在课堂上；还要注意事例的简洁性，不能将案例教学变成漫谈。

（二）案例形式的选择

除了传统的以书面文字为形式的案例外，当前随着科技的发展和法治的进步，出现了视频、模拟审判及旁听法院真实审判等一些较为新颖的案例教学形式。在选择这些新型的案例教学形式时，教师应该充分考虑它们各自的特点，以使其发挥最佳的教学效果。

1. 运用视频案例。

随着电脑和互联网的发展及普及，越来越多的高校在教学硬件上都进行了更新，在教室中安装了电脑，接入了互联网。这就给大学各学科的教学提供了巨大的方便，信息的共享不再是一种梦想，正在变成一种触手可及的事实。对法学教育而言，互联网的便利之一就是其提供的大量的视频案例。与通常的以书面文字为载体或者以口头表述的案例相比，视频案例具有生动、形象及直观等特点，易于激起学生的兴趣。然而，正是因为视频案例生动和形象等特点，反而容易使学生被无关的具体情节和视觉细节所吸引，从而导致案例教学沦落成“看电影”，不仅浪费了课堂上的宝贵时间，还分散了学生的集中力。因此，在视频案例的选取上，教师应该非常谨慎，不能选取有过于暴力和情色的内容或画面的案例，要多选取涉及法律问题较多、法律专业性较强的案例。

2. 组织模拟审判。

模拟审判是在教师的指导下由学生扮演案件当事人，如法官、检察官、律师以及其他诉讼参与人等，以司法实践中的法庭审判为参照，模拟审判某一案件的教学活动。模拟审判时要防止出现“演戏”的现象，将本应强调法律运用的模拟变成一种表演艺术的演练。具体而言，教师要引导学生将重心放在模拟审判的辩论过程，并且要适当控制过度的和过分的表演成分，这样不仅营造了较为庄严的“法庭”气氛，也当然有助于学生通过模拟审判提升法学理论水平和表达及辩论的能力。

3. 旁听真实审判。

这是法学实践教学不可缺少的形式之一。这种形式较模拟法庭容易组织，需事先同司法审判部门取得联系，挑选一些比较典型的或是疑难的案例，组织学生到法院旁听。目的是让学生全面了解诉讼的庭审程序及各个阶段是如何链接组织的，民事、刑事审判的基本制度是如何在诉讼程序中体现的，法官是如何发挥庭审主导作用的，各个诉讼主体在诉讼中的地位及各角色的作用。明白诉讼法是怎样保障实体法贯彻实施的，怎样通过程序公正实现实体公正的。观摩结束后，可要求学生谈谈观感体会，并进行总结点评，以便真正提高学生的理解、认识、分析能力。

三、案例在教学中的运用

在解决了案例选取的问题后，接下来的问题是教师如何在课堂教学中科学地运用所选取的案例，案例运用的时间和方法都会对教学的效果有很大的影响。案例教学并不是单纯地教授法，它实际上是需要以学生行为的转变为前提条件的。

（一）引出案例的时间要恰当

引出案例的时间大致可以分为两种：一种是先讲案例，围绕案例讲法律原理；另一种是先讲法律原理，再引出案例。教师应该结合所讲授的内容，灵活地决定引出案例的时间。一般而言，应该在学生对要讲授的法律原理有所了解后再引出案例，因为我们的法学教育与英美国家的不同，不应该纯粹以案例为主导，案例的作用在于加深学生对法律原理的掌握，并让学生掌握运用法律原理分析实际问题的能力。因此，案例只能作为教学的辅助，在教师对主要法律原理有所讲授后再给学生学习和讨论。

（二）案例问题的设置要科学

引出案例后，教师应该设置相应的问题，对案例进行提炼和提升，以避免学生纠缠于案例的事实细节而忽略案例中对运用法律原理有价值的部分。笔者认为，老师不能只是设置一个是非性的问题，比如，当事人的行为是否合法？该项诉讼请求能否得到法院的支持？等等。相反，教师应该设置一组问题，而这些问题间应该是渐进的关系，且这些问题应该基本涵盖案例材料中主要的法律问题。只有这样，才能使学生在所设置问题的指引下去思考案例的主要法律问题，并避免学生自己被案例的无关细节所吸引。

（三）案例的分析要恰当

当案例的问题设定后，教师的下一步工作就是对案例进行分析，这一过程也有很多值得注意的地方。首先，教师应当避免平铺直叙地讲解案例，这会使案例教学的效果大打折扣，也会使课堂的气氛较为沉闷；相反，教师应当让学生去思考和讨论，然后让学生发表自己的意见。其次，在学生讨论的过程中，教师应当掌握好时间和程度，因为根据笔者的经验，对一些简单的案例，如果教师给学生讨论的时间过多的话，学生会将话题转移，变成闲聊；而对于一些较复杂的案例，如果教师给学生的讨论时间过少的话，学生对案例的思考和讨论会不够深入，不利于锻炼他们的思考能力。

（四）结论与总结要得当

无论是先讲案例还是先讲法律原理，都会涉及老师如何将案例的结论在何时告诉学生的问题。笔者认为，教师不宜直接告诉学生关于案例的结论，应该在前述环节和方法的基础上，引导学生自己得出正确的结论，或者在学生无法自己得出的情况下，再告诉学生案例的结论，通过设置悬念会加深学生的印象，使他们更深刻地掌握法律原理。而案例的结论并不是案例教学的结束，在结论已经出来的情况下，案例教学本身还不应该结束，教师在案例的结论出来之后，首先应当对案例所涉及的法律原理进行总结，以加深学生对该法律原理的掌握，这正是案例教学的首要目的——通过案例学习法律原理。此外，在掌握法律原理的基础上，老师还应该对学生的分析能力进行总结和点评，其目的是帮助学生提高他们的逻辑分析能力和理论联系实际的能力。

参考文献：

［1］周宏．教学方法［M］．北京：中央民族大学出版社，2001.

［2］吴金根．案例教学法在税法硕士中的应用［EB/OL］．(2010－12－11)．中国财税法网．

［3］王利明．合同法要义与案例分析（总则）［M］．北京：中国人民大学出版社，2001.

［4］王晨光．理论与实践：围绕法学教育的难题之一［EB/OL］．(2010－12－02)．北大法律信息网．

［5］卡佩里蒂，等．美国法律制度［M］//沈宗灵．比较法总论．北京：北京大学出版社，1987.

［6］常绍舜．系统科学概论［M］．北京：中国政法大学出版社，1990.

高职会计电算化课程教学改革探讨

宁会珍*

（云南经济管理职业学院　云南　昆明 650106）

摘　要：高职会计电算化教学是培养会计专业学生综合职业能力的重要环节。本文在分析高职会计电算化教学培养目标定位的基础上，对高职会计电算化教学中教学内容、课程体系、教学手段、教学方法及教学实训配套建设等方面的改革作了深入分析探讨。

关键词：高职教育；会计电算化；教学改革

一、引　言

高职会计电算化教学是以高等职业教育培养技术、技能型和应用型人才目标为指导，培养会计专业学生综合职业能力的重要环节。如何通过教学各个环节的改革来更好地培养高职学生会计电算化能力以适应社会对应用型人才的需要，是高职会计电算化教学的重要课题。本文将结合云南经济管理职业学院会计电算化教学实践，在深入分析高职会计电算化教学培养目标定位基础上，就会计电算化教学改革中教学内容及课程体系建设、教学手段及教学方法改革和教学实训配套建设等方面作深入分析和

* 宁会珍（1979—　），女，云南宣威人，学士，中级会计师，研究方向为会计学。

探讨。

二、高职会计电算化教学培养目标的定位

结合云南经济管理职业学院多年会计电算化教学实践以及社会对高职院校会计类毕业生的需求分析，笔者认为，高职会计电算化教学要竭力避免两种倾向，一是把教学重点放在操作技能的培养上，把会计电算化教学变成培养能够熟练操作会计电算化软件的操作员，教学过程弱化甚至脱离会计基础理论支持；另外一种情况是把会计电算化教学定位为培养扎实掌握现代会计科学的理论知识和软件操作甚至开发的系统型、综合型高级人才。基于高职院校教育目标和学生的知识结构，高职会计电算化课程应从实际应用的角度出发，对学生进行理论联系实际的训练，着力于培养学生熟悉会计电算化的基本原理，熟悉财务软件的主要功能及其使用方法，掌握运用计算机进行会计处理的实务操作技能。

高职会计电算化教学也应紧紧围绕上述教学培养目标定位创造性地进行改革。

三、高职会计电算化教学改革探讨

（一）教学内容及课程体系改革

1. 教学内容改革。

高职会计电算化教学中，很多院校都存在教材及教学财务软件单一的情况。很多高职院校都很功利地着眼于让学生通过会计电算化证和会计从业资格证考试。从而，在教材和教学财务软件的选用上都紧紧跟考试挂钩，选用考试指定的教材。如我校现选用的教材为云南省会计从业资格证考试用书《初级会计电算化》，所选用的财务软件也仅有针对考试的用友 U8 软件。在教学实践中发现，考试用书缺乏与会计实训内容的结合，而单一软件的教学缺少横向比较教学，最终导致学生毕业后实务能力缺

乏，就业口径较窄，不能很好满足企业用人需要。另外，部分高职院校选用的教材或自编教材过分侧重财务软件的操作，会计基本原理相关知识很少接触到，就连简单的会计分录，教材中也是给出的。这样很容易导致教师教学和学生学习中重操作、轻理论，把会计电算化教学变成培养软件操作员的课程。

高职会计电算化教学在教材的选用上，除与从业资格证考试用书结合外，应紧扣会计实训内容选择适当的强调会计学原理与会计实训内容的教材，让学生手工账务处理与电算化账务处理同步进行，让学生从审核原始凭证开始，进行相关的凭证填制，再到期末账务处理，直至完成财务报表。一整套账务处理由学生系统地、独立地完成，这样能够极大地锻炼学生独立思考、独立工作的能力，有利于让学生对电算化账务处理的原理有更深刻的理解，避免学生知其然而不知其所以然的情况。

在财务软件的选用上，应采用多种软件的比较教学。虽然各种财务软件有相通的地方，但在高职院校中大多数学生还很难做到触类旁通，缺乏知识的自我延展能力。因而，教学中应尽量让学生接触到各种不同的软件，例如可同时选用用友 ERP－U8、金蝶 K/3 ERP 等软件，增加横向比较教学以拓宽学生的知识面，拓宽学生就业口径。

2. 课程体系改革。

高职院校会计电算化课程体系的改革应紧扣会计电算化课程特点，结合不同院校不同学生实际进行专业基础课程和配套选修课程设置的改革。在我校会计电算化教学实践中发现，很多学生在进行会计电算化学习时缺少先期部分基础课程的支持。例如，部分学生在进行财务软件操作时缺乏相应的计算机基础知识，导致软件操作学习效率太低。另外，还有部分同学不掌握会计基本原理相关知识，从而对于会计分录、财务报表知识不知其所以然。

结合高职院校的实际情况和学生的专业方向，要满足社会对会计电算化人才的需求，会计电算化教学应考虑设置与会计专业相关的公共基础课、计算机文化基础课、会计工具软件操作课等基础课程。这样，让学生在具备相应计算机基础知识的基础上进行财务软件操作学习，既能提高学习效率，也能提高不同财务软件比较教学中学生融会贯通的能力。而会计公共基础知识的掌握能进一步提高学生对会计电算化相关知识和操作的理解，提高学习的方向性和目的性。

另外，为了体现专业设置方向，使学生能够了解和运用最新的会计信息化知识，培养适应现代企业和会计环境要求的运用型会计电算化专业学生，在会计电算化课程设置中还应给有兴趣和学有余力的学生开设部分选修课程。如可考虑把 MRP 和 ERP 原理、财务 ASP、“网络财务”等引入教学当中，追踪会计电算化发展及运用前沿，把企业电算化发展的最新动态及时、准确地介绍给学生。毕竟，正如电算化会计代替手工会计一样，会计电算化随着社会的发展而不断演进也是一种必然。

此外，高职会计电算化教学应兼顾学历教育与资格认证教育，在课程体系设置上应与相关企业资格认证的考试要求衔接，让学生通过会计电算化课程的学习，不仅能取得学历证书和各省（区、市）财政厅组织的会计电算化证、会计从业资格证，还能通过考试取得部分财务软件公司的 ERP 财务管理认证等资格认证证书，增强就业能力。

（二）教学手段及教学方法改革

高职会计电算化教学中，教师应积极采用多媒体课件、模拟演示、电子教案等方法，把账务处理流程与结果形象而直观地介绍给学生，激发学生的学习兴趣。随着各高职院校教学条件的改善，在大多数高职院校会计电算化教学中教师都能运用上述教学手段进行教学。但是，在具有良好教学条件的基础上要真正提高会计电算化教学效果，就要求教师在综合运用上述教学手段的基础上能不断创新教学方法以激发学生的学习兴趣，提高教学效果。

高职会计电算化教学中，在教学方法上应基于会计核算和会计管理岗位工作流程组织教学，突出以实际应用为目标，按电算化会计工作任务和问题中心进行分解和归纳，按应用型人才的培养目标进行教学方法的改革，形成以电算化会计工作任务为导向，以“技能”为单元，一体化教学和模拟实训交叉进行的知识与实践紧密结合的教学行动。

以项目驱动的“实战模拟”教学法是高职会计电算化教学中实践一体化教学和模拟实训交叉教学，增强学生对会计实务的理解深度，培养学习兴趣，提高教学效果的有效教学方法。该教学方法中，师生进行角色扮演和模拟，通过共同实施一个完整的“项目”而进行教学活动，项目的选择尽量来源于企业实际。在“实战模拟”教学中，将学生进行角色划分，分为财务主管、会计、出纳等与账务处理相匹配的角色，并在不同案例中进行角色互换，让同学体验不同的角色。其教学组织过程一般为：以学生为中心进行讨论，教师根据学生达到的程度进行引导、提示和总结，结束后学生针对自己对“项目”的理解进行分析总结。

以项目驱动的“实战模拟”教学法可以培养学生科学的学习方法，调动学生的学习积极性，培养学习兴趣，并能了解一体化账务处理过程中各种岗位的角色职责，使学生置身于探索知识和运用知识的实际情境之中。建立以学生为中心，以学生自主训练为主的教学模式，让学生有“试错”的机会。教师在教学时应侧重于引导学生去思考“为什么要这样做”，而不仅仅是注入式地告诉学生“如何去做”。

（三）教学实训配套建设

基于高职会计电算化教学培养目标定位，要满足高职会计电算化课程教学内容、课程体系、教学手段和教学方法改革就要求必须在高职会计电算化教学中强化教学实训相关配套的建设。笔者认为，就现阶段高职教育教学实际，高职会计电算化教学实训配套建设主要包含两个方面，其一是校内的仿真实训实验室建设；其二是校外实训基地的建设。

高职院校在满足会计电算化基本教学需要实验条件建设的基础上，必须要根据项目驱动的“实战模拟”教学法教学需要，建设能满足来源于企业实际账务处理项目，实现模拟职能岗位、仿真企业流程的仿真实训实验室。校内仿真实训实验室必须要求能满足三个方面的功能，一是会计环境仿真，即按照账务处理流程需要设置岗位，通过这些岗位办理和控制相关业务；二是会计处理仿真，即会计处理流程及处理过程中交往的诸如税务、工商等外部职能部门也要进行仿真模拟；三是会计机构运作仿真，即对所设置的来源于企业实际的“项目”进行完整的会计处理，形成真实的实训资料。

校企合作建设校外实训基地也是高职会计电算化教学改革中重要的一个环节。高职学生在校期间的账务处理都是在老师的指导下完成或是与同学探讨完成，缺少独立完成账务处理的经验。所以很多同学到单位工作后不知如何下手，也不能很快适应工作环境，甚至有部分同学不能独立完成工作。因而，高职院校应和企业合作建设校外实训基地，提供学生校外实践的机会，让学生走出校门就能胜任相关工作，真正为社会培养具有会计电算化专业技术能力的学生。校企合作可以使学校建立比较固定的实习基地，让学生获得真实的账务处理经验。另外，通过校企合作还可以深入了解企业对学生会计电算化职业能力的具体要求，指导高职院校在教学中对教学内容、课程体系、教学手段和教学方法进行调整和优化，不断促进会计电算化课程各个环节的完善，培养学生熟练的职业技能和适应职业变化的能力。

四、小　结

随着经济信息全球化的发展，社会对会计电算化专业人员素质提出了更高的要求，高职院校会计电算化教学也需不断改革和完善。教学内容、课程体系、教学手段、教学方法、教学实训配套建设等方面是各高职院校在会计电算化教学中应重点进行改革的方面。另外，师资力量建设、教材建设及教学评价体系建设等方面也是高职会计电算化教学改革过程中需要思考的问题。

参考文献：

顾惠芳．基于工作过程的高职会计电算化教学改革研究［J］．内江科技，2009（10）．

关于是否适合在高职院校开设法务会计专业的探讨

李红艳*

（云南经济管理职业学院　云南　昆明 650106）

摘　要：通过对我国目前法务会计发展现状和人才需求的对比，说明我国现阶段要大力培养法务会计人才，但因为条件不成熟，在高职院校开设法务会计专业暂时行不通，同时指出了培养法务会计人才的若干途径。

关键词：法务会计；法务会计理论体系；人才培养模式

法务会计是特定主体综合运用会计学与法学知识以及审计与调查的技术方法，旨在通过调查获取有关会计证据资料来解决有关法律问题的一门融会计学、审计学、法学、证据学、调查学等学科的有关内容为一体的边缘科学。其概念包含了三个方面：一是代表国家进行执法的司法部门，要维护国家法律尊严和保护国家利益，利用审计技术对会计事项进行司法鉴定（也可称为司法会计）；二是以企业为代表的社会各经济实体，在会计事项的事前、事中和事后，均要综合运用会计、审计、法律知识和手段维护自身的合法权益；三是社会中介部门，如会计师事务所、税务师事务所、评估师事务所、律师事务所等社会中介机构，站在中立、客观的立场上，对各种会计事项进行真实、客观的取证、

* 李红艳（1975—　），女，云南宣威人，硕士，会计师，研究方向为会计学。

阐述、鉴定，为法律程序的顺利执行和当事人的正当权益的保障提供了有力的法律支持。总的来说，法务会计主要有调查会计、诉讼支持、损失计量和专家证人四个方面的内容；其总体目标也可以概括为：为相关人士或组织收集、整理、陈述和解释会计证据信息，满足法律的需要，解决法律问题。

近年来，财务舞弊、商业欺诈与职务犯罪已经成为困扰各国经济的一大问题，而法务会计所提供的一套理论和技术方法，正是对商业欺诈与舞弊进行预防、识别、发现、调查与打击所必不可少的“武器”，因此，法务会计在美国、英国、加拿大、澳大利亚等西方发达国家得到了快速发展，被认为是21世纪最热门的行业之一。

在我国，法务会计是一门年轻的学科，大约在20世纪90年代末才从美国引进我国。其显著标志为天津财经学院的盖地教授1999年发表的我国第一篇有关法务会计的论文《适应21世纪的会计人才——法务会计》。自那以后，法务会计在我国才开始慢慢受到重视，后来随着市场经济的快速发展和人们法制意识的强化，因会计纠纷引起的法律诉讼日益增多，且大量涉及财务和会计问题，作为处理这些经济纠纷的有力工具，法务会计在我国的需求日益增长。

但是，由于我国法务会计教育起步较晚，我国法务会计人员相对匮乏。最早的法务会计教育始于2001年，当年河北职业技术学院在会计专业下开设了法务会计专业方向，随后一些财经学院、政法大学也相继开设了法务会计课程或法务会计本科专业，但这也仅限于一小部分的高校；2005年，复旦大学、南开大学也开始招收“舞弊审计与法务会计”方向的MPACC（会计硕士）；2006年，中国政法大学举办了法务会计高级研修班，北京大学也举办了法务会计研究生课程高级研修班，但其招生规模毕竟有限。可是仅靠几所本科以上院校四年制及一些研修班的培养，短期之内是很难满足市场对法务会计人才的需求的。因此总体来讲，法务会计教育滞后，远远不能满足市场对法务会计人才的需求。

为解决这一供求矛盾，不少人将目光转向了高职院校，因为高职院校是应用性高技能人才培养的摇篮，其专业设置灵活，教学周期短，市场导向作用更为突出。面对法务会计人才奇缺的状况，高职院校培养的复合型高技能性法务会计人才可以补充市场对法务会计人才需求的不足，因此在高职院校开设法务会计专业是必要的、可行的。但笔者认为现阶段在高职院校开设法务会计专业的条件并不成熟，不能因为高职院校存在众多优点或我国第一个开设法务会计专业的学院是一所高职院校就认为高职院校适合开设法务会计这一专业。可以从以下几方面来分析。

一、从法务会计人员所需具备的业务素质要求看

一般来说，法务会计要具备以下业务素质：

1. 会计和审计知识。精通会计语言是法务会计人员必备的知识之一，审计技术方法是法务会计的重要基础。

2. 具备辨别舞弊的能力。法务会计技术的重要部分就是辨别不同舞弊交易的类型及其知识，在错综复杂的数字海洋里确认会计中的舞弊领域。

3. 法律法规知识。法务会计必须了解刑法和民法，了解舞弊犯罪的动机、如何预防舞弊犯罪及控制与矫正舞弊犯罪，掌握犯罪学知识、侦查学知识，掌握在经济犯罪现场勘查、询问与面谈的技巧等。

4. 调查的精神状态及职业敏感性。法务会计人员要时刻保持“怀疑一切”的态度，要持“有罪假定”的态度看待被调查单位的任何人。

5. 心理学知识和沟通技巧。法务会计人员应该学习如何理

解舞弊者的个人动机，应重视人的心理因素；必须能够控制或指定面谈过程，并从中得到进一步的信息，获得有用的资料。

6. 必要的计算机和网络技术的知识及技能。随着会计电算化、网络化与审计信息化建设的逐步深入发展，在法务会计调查领域里，借助于计算机和专业软件来调查舞弊的线索与证据已经成为反舞弊技术手段的主流。

从上述法务会计人员所需具备的业务素质来看，法务会计人员应为有很强的适应性和市场经济意识、具有一定的专业技能的高素质、复合型人才，不是所有的高校都能培养出这样的法务会计人才的。高职院校主要培养专科层次的人才，一般以三年制为主。我们可以思考一下，三年的时间能够培养出达到上述要求的人才吗？即使高职院校真的能在三年的时间里使学生掌握这些知识，但是会计加法律就等于法务会计吗？法务会计的专业知识并不是将法律和会计等知识简单地融合和叠加。现阶段高职院校会计专业或法学专业的毕业生存在着就业难的问题，其主要原因就是学生的动手能力、适应能力太差，满足不了社会的需求。可见高职院校的学生仅仅学习其中一个专业都达不到社会的要求，要是让他们在学习会计的同时再学习相关法律知识或在学习法学相关知识的同时再学习会计知识，那要达到社会的要求岂不是更难？

二、从法务会计理论体系和制度建设的完善程度来看

法务会计由于发展历史较短，其理论研究也是比较滞后的，主要表现在三个方面：首先，虽然形成了一些法务会计理论，但在内容上仍存在较大分歧，没有形成一套适合教学及应用的系统规范的理论体系；其次，我国法务会计理论多以西方国家成形的理论为基石加以改进而成，缺乏对我国市场经济规律及相关法律的研究，未能形成具有我国特色的法务会计理论；再次，我国的

法务会计理论实践指导性不强，没有形成规范的法务会计准则与制度、工作程序与方法、职业规范与职业道德、经济损失的确认与度量标准。理论研究的滞后导致我国法务会计的教材偏少，尤其是高职法务会计教材更少。

此外，我国法务会计制度建设也不完善。目前我国还没有完整的法务会计人员资格认证制度、法务会计专家制度、法务会计咨询制度、法务会计操作规范等一系列法规制度，这必然会严重阻碍我国法务会计的发展，影响法务会计人才的教育和培养。

法务会计理论体系和制度建设的不完善给高校培养法务会计人才带来了一系列的困难，尤其是对高职院校来说，师资队伍本来就不健全，又没有合适的专业教材，再加上实习基地和经费的欠缺，要培养出合格的法务会计人才困难重重。

三、从其他国家的法务会计人才培养模式看

法务会计最早起源于美国，伴随着美国经济的腾飞与经济法的不断完善，在舞弊与反舞弊的反复斗争中，法务会计日益受到重视并得到发展。尤其是近 20 年来，法务会计更是得到了长足发展。但是在美国，绝大多数开设法务会计课程的学校只是把法务会计当做一门独立的课程向学生开设，只有少数大学将法务会计设置为一个独立的专业或研究方向。据调查，开设法务会计或类似课程的学校多在本科或研究生层次，同时美国有一套完整的法务会计人员资格认证制度。马来西亚的法务会计人才培养主体由官方、大学和职业界组成，培养对象仅限于调查官员（马来西亚主要由反贪局侦查财务诉讼案件），加拿大的法务会计教育主要是面向特许会计师的继续教育。

从美国、马来西亚及加拿大的法务会计教育层次看，均没有由专科层次的院校独立开设法务会计专业的先例，再加上我国由于法务会计的发展较晚，职业教育的快速发展也只是近十多年的

时间，很多条件都不成熟，现阶段也不适合由高职院校来开设法务会计专业培养法务会计人才。

在我国，不可否认的是法务会计人才确实匮乏，但是，我们要牢记“宁缺毋滥”这一原则，不能因为法务会计人才缺乏而认为什么类型的高校都可以开设法务会计专业。要想成为法务会计从业人员并非易事，社会对法务会计人才是有要求的，如果我们培养出来的人才不能满足社会需求，适应不了社会需要，那即使这种“人才”再多，又能起什么作用？只是白白浪费了大量的人力、物力及时间而已。因此，要解决法务会计人才紧缺的问题，只能慢慢来，不能指望“一口吃成胖子”。根据法务会计的人才素质要求，我国的法务会计人才教育应以学历教育为主。同时，为满足经济社会发展要求，应开展面向“公检法”、律师事务所和会计师事务所等机构人员的在职培训及注册会计师的继续教育等。具体来说：

1. 学历教育。主要对象是在校的大学生，通过在高校设置法务会计课程或法务会计专业来进行，可以鼓励现有的会计专业学生攻读法学学士学位，支持现有的法律专业学生攻读会计学学士学位。法务会计人才的培养应以此为主，即在有条件的高等教育机构增开法务会计专业，扩大招收数量，也可以设立法务会计硕博士学位点。

2. 社会培训。主要针对会计师事务所、律师事务所、“公检法”等相关单位的工作人员及企事业单位的高级管理人员，由具有培训资质的高校或社会培训机构进行。通过培训，增加他们的知识含量，提高他们的综合素质和能力，从而不断提高他们的执业水平。同时，还可开设面向注册会计师的继续教育课程，以应对不断增多的各类法务会计业务。

参考文献：

[1] 张苏彤．法务会计研究［M］．北京：中国时代经济出版社，2009.

[2] 谷雪梅，郭蔚．谈在高职院校设立法务会计专业的必要性［J］．辽宁高职学报，2009（09）．

[3] 田九玲．我国法务会计现存问题及发展建议［J］．商业经济，2008（06）．

[4] 朱灵通，陈鸣．培养法务会计人才的思考——马来西亚的经验及启示［J］．现代商贸工业，2008（20）．

直抒己见

从叙事学的角度解读电影《过年回家》

龚石彦*

（云南经济管理职业学院　云南　昆明 650106）

摘　要： 张元被称为中国第六代非常有才华的导演，他的电影作品《过年回家》获得第46届威尼斯电影节最佳导演奖，获联合国教科文组织设立的“和平文化电影特别奖”。本片讲述了这样一个故事：20世纪80年代，于正高带着亲生女儿于小琴，陶爱荣带着亲生女儿陶兰，再婚组成了一个关系微妙的家庭。一天，于小琴偷了家里5元钱，后又嫁祸于陶兰，使父母亲以为是陶兰偷了钱，陶兰在盛怒之下失手将于小琴打死，陶兰锒铛入狱。17年后，监狱特许陶兰回家过年，影片焦点就是这场艰难的会面。

关键词： 性别权力；女性角色；空间与时间

一、作品角色的性别权力

女工陶爱荣带着女儿再嫁给也守着一个女儿的于正高，两口子经常因经济和孩子的问题吵架，权力关系处于一种拉锯状态。分别处身在继父和继母的紧张关系中间的中学生陶兰和于小琴都

* 龚石彦（1976—　），男，云南罗平县人，硕士，讲师，研究方向为文艺理论、少数民族艺术、秘书学。

不喜欢这个家，各自想办法离开。整体上，这类家庭的组合代表一种复杂和紧张的生存状态。不过，在姊妹关系中，于小琴是处于优势的，不仅因为她是父亲的女儿，也因为她比陶兰用功读书。也看不起陶兰和继母。偷了五块钱的她，为了避免受到责备，竟偷偷地把那张钞票放在陶兰的枕头底下，她知道就算陶兰不认，也没有人会相信是她偷的。蒙羞的妈妈大骂了一顿陶兰。在上学路上陶兰追着于小琴问个究竟，却遭于小琴的轻蔑。在气急的情况下，陶兰拿起路边的一根扁担，朝于小琴打过去，没想到却把于小琴打死了。可以说，陶兰是不甘于被妹妹栽赃嫁祸的，她不甘于失去父母的信任，要用行动讨回自己的清白和人格。电影并没有处理陶兰"犯罪"的动机，只是把她放在一个法律意义上的"犯人"和道德意义上的"罪人"的位置上，让她经受肉体和精神上的"炼狱"之苦。

在监狱里"跪"了十七年的陶兰，除了变得只会说"是，队长"之外，还必须得到一个扮演天父角色的人的"宽恕"，才能真正地脱罪而获得重生。这个人就是她的继父。在《过年回家》中，于正高既是受害者，又是掌握"宽恕"权的主体。正是他作为父的痛苦（失去亲生女儿）给他"父"的权威（宽恕继女）。此外，陶兰的母亲陶爱荣，由于觉得自己管教不好女儿而害了丈夫的女儿，十七年来终日以抬不起头的心情伺候着于正高，不敢再争什么，也不敢去看陶兰，以免引起丈夫的痛苦。可以说，陶爱荣的青春和活力消逝在罪感和思念之中，她甚至想把陶兰一辈子留在狱中"赎罪"。成为祭献（死者灵魂与生者伤痛）的羔羊的陶兰，其实也是"受害者"，但她没有辩释的机会（至少影片没有给她），更要承受多年牢狱之苦。

影片中，于正高宽恕了杀死自己亲生女儿的陶兰，当我们在歌颂以父亲的"恕道"为象征的"人性"能提供"感动"、"思考"与"希望"的同时，应该追问，于正高的"恕"是如何成为可能的？很大部分是由于陶兰以“跪”和甘愿一辈子蒙上偷窃之罪来表达她对“赎罪”的“真诚”，而只有这样才能达到“观众的感动是相伴着灵魂的净化与升华”的效果。这样宗教地把“人”的探讨上升到“灵”的层次的解读，无意中带出了影片隐藏的性别权力问题的一个方面。这未必是张元导演意识到或者是有意探讨的问题，但却是由《过年回家》这部作品的“感动”效应引申出来的。

二、作品中的女性意识

影片中，女狱警陈洁在陶兰的“认罪服法、接受改造”的过程中扮演着双重角色：管教员与“姊妹”。前者主要在监狱语境发生作用。如果没有后者的配合，前者是难有成效的。试想，如果陶兰没有碰见陈洁，她的出路只有两条，一是在街上流浪，可能做出一些国家与法律都不能容忍的事情，最后回归监狱；二是自己返回监狱，从此与家庭决裂，这也是对伦理道德的一种叛离。要试验陶兰在监狱内所接受的改造是否奏效，必须有一种合乎规范的环境的配合。陈洁正是在这个环节上发挥了作用：她那集国家监狱里管教员的权威和女人、姊妹、女儿的爱心、温情于一身的角色，“监督”和“引导”已经被驯服的陶兰回到一个她无法面对的“家”中去，接受良心与道德的谴责与考验。在那个“家”里，身边有以宽恕姿态出现的继父、集母爱于内心的母亲和具姊妹情谊的警察，其实代表着各种权威，让她屈服于一种“认罪”的压力之中。

陈洁在妈妈等着她回家吃年夜饭的时候，仍以万般的耐性，领着陶兰找她父母的住处，协助她面对已变得陌生的环境和家人，并表现了她在监狱严格执行劳教和纪律工作时没法流露的亲切，让陶兰犹如再次获得一个“姊妹”一样。导演似乎对表现犯人和警察关系中人性的一面特别感兴趣。女警察离开固有的权力岗位，在一个亲情洋溢或象征团圆的温馨时刻，一种“极度状态下的人道主义精神”在回到一种“探亲”或“回家”的情景中激发出来。在这种似乎更贴近陈洁作为女人的语境之中，陈洁的角色从冷酷的管教员转向热情的照顾者。然而，她仍然可以左右陶兰的意愿，让她受制于自己的权威。例如她打击陶兰宁愿返回监狱也不愿意回家的想法，把陶兰带到父母面前，继而以权威的身份介入复杂的家庭关系，让一个父女和夫妻之间的“宽恕”与“赎罪”的感人场面得以成就，也让陶兰有机会重投“正常”的家庭和社会生活。

三、空间与时间

《过年回家》这个片子的英文名字是*Seventeen Years*，中英文的名字意思虽然不同，但都跟监狱制度有关。“十七年”是陶兰坐牢的时间，而“过年回家”则是一种服刑期间因行为良好而获得的奖赏，可见监狱在影片中占有的核心位置。

在悲剧发生之后，陶兰因为其所犯的过错来到了另一个社会意义上的家：女子监狱。这是一个具有意识形态意味的大家族，那里依靠对自由的限制，以及类似于“人间自有真情在”的说教和规程背诵来改造那些曾经犯过罪错的人。而那些人从某种意义上说，都是因为触犯了国家意志、做了权威规条中禁忌的事，对所谓的秩序造成危害的群体。而他们要重获自由，或者仅仅是极其有限的自由，都要依靠出众良好的表现才能实现。陶兰正是在这样一种情况下在刑满前三年拥有了一次回家的权利。

导演设计监狱场景，是一种极度状态的象征，表现“人道主义精神”力量的语境。虽然影片中监狱场景出现得并不多，但陶兰这个青少年过失犯在监狱里被剥夺了十七年的自由（包括青春）。向社会“还债”的同时，她在接受改造或教养。监狱内，“认罪服法、接受改造”是犯人经常要念的口号。在影片中出现的监狱镜头包括由高墙和铁丝网隔绝的牢房、集体操、高度规律的生活、背条文、听训示等，女狱警陈洁则在严厉地执行训导与监督的任务。全面规训在监狱中意味着绝对权力的就范。被磨掉了十七年青春和个性的陶兰，再次出现在镜头前时，显得木讷和呆滞。监狱中的情节并没有透露陶兰的内心世界，只埋下表现监狱的另一种“人道”——“人间自有真情在”的伏笔：安排陈洁在陶兰领回入狱前的物品准备回家时碰见陶兰，并帮她捡起散落在地上的一支唇膏。

对陶兰来说，“认罪服法”既是“接受改造”的前提，也是结果。在监狱接受改造之前，她认的是误杀罪，服的是刑法。经过十七年监狱改造“深刻的征服”，回到一个由“父”的痛楚作为重组家庭秩序并依据有“国家”的监督和结盟的“家庭”的时候，在“犯人”和“女儿”双重道德压力下，陶兰或许心理上觉得偷钱的是她而不是凌驾于她的继妹于小琴，又或许良心上的谴责让她觉得代继妹认了偷钱这件事会使继父好过一些，也证明她没有枉费国家多年对她的教养，因此她在陈洁面前就偷钱的事向父亲认了错。也就是说，在接受了监狱—家庭这样的“监狱连续统一体”的规训后，陶兰认的是说“不”的罪，服的是“道德”的法。

《过年回家》影片中的警察与犯人之间的关系表面上是和谐的，这与传统影片中二者紧张的关系相反。监狱以外的世界提供了另一种空间，让她们建立感情关系。但陶兰却一直处于被动位置，没有对陈洁构成任何威胁。相反，陈洁一直是主动的，但她却只想把陶兰放回一个原来“属于”她的地方，对身边这个暂时获得“自由”的犯人的内心世界并不感兴趣。

十七年漫长的“赎罪”过程没有让陶兰洗脱冤屈或恢复名声，她还要以自我委屈来补偿继父失去女儿的痛苦。她重投父母怀抱的时候已经是个三十多岁的成年人，但除了等待怜悯以及完成她没有完成的“女儿”职分与道德责任外，影片并没有提供任何有关陶兰未来如何站起来做人的想象或可能性，她甚至要终身守着一个“罪”的印记和一份不能触动的创伤。总的来说，陶兰这个角色成为社会投射或释放同情和怜悯之心的对象，但她那被磨灭的个性和反抗精神以及被“驯化”的羔羊形象，对现实的人（特别是女人）的生存状态或空间提示了什么？

陶兰除了屈从于宗教与社会关系意义上的“父”的膝下外，还受制于另一种经过软性处理或女性打扮的权力，而这种权力又巧妙地与“父”结合为了一种“血缘”关系，进入家庭，或者与家庭制度的“正常”操作共谋，“自然”地发挥了规训的作用。

参考文献：

[1] 张育华. 电视剧叙事话语 [M]. 北京：中国广播电视出版社，2006.

[2] 浦安迪. 中国叙事学 [M]. 北京：北京大学出版社，1995.

从5W模式看突发事件中电视直播报道的发展与突破

管　琼*

（云南经济管理职业学院　云南　昆明650106）

摘　要：我国电视直播报道经过了机械化、程式化和全面化报道阶段后，对突发事件的直播报道逐渐走上了常规化报道的阶段。本文从传播符号的多元化、传播内容的广泛性、传播渠道的多样性、受众情感体验的复杂性和传播效果的有效性等角度分析了电视对突发事件直播报道的发展与突破。

关键词：5W模式；突发事件；电视直播；语言符号；非语言符号

电视直播报道是爱德华·默罗在广播直播发展的基础上设立的一种电视节目形态。由于电视声画合一的特点，使电视直播在设立不久后就超越了广播直播的发展，成为当今最具魅力的节目形态之一。我国电视直播报道经过了机械化阶段、程式化阶段、全面化阶段后，中央电视台对汶川地震的直播使电视直播逐渐走上了常规化的报道阶段。对于重大突发性事件直播，中央电视台不仅在技术上，而且在观念上都取得了很大的进步，在我国新闻传播史上写下了光辉的一页。

---

* 管琼（1984—　），女，云南昆明人，硕士，助教，研究方向为新闻学。

一、传播符号的多元化——语言符号与非语言符号的互补

人类社会是一个充满各种符号的社会。符号总是承载着一定的信息，信息总是表现为某种符号。但是对符号的编码和解码是建立在双方心灵的共同性和共享性的基础上的。罗兰·巴尔特认为："一个心灵不仅能够体验到其他心灵的存在，而且还包含着和其他心灵沟通的意向。"如果双方对某一事件的认知没有共同的背景，则解码者解读的信息与编码者传播的信息就存在一定的区别。因此，不同地域群体和文化群体对于"能指"一样的符号可能解读出存在很大差异的"所指"。

语言符号与非语言符号的关系如同意识与潜意识的关系。语言符号是人们在清醒的意识下的自觉表现，而非语言符号通常是人们模糊的、不自觉的潜意识的外化表现。有意识的语言符号的表达能使受众直接、迅速地理解说话者要表达的信息，而非语言符号能自然地、含蓄地表现出符号发出者的真挚情感。语言学家爱德华·萨丕尔称其为"一种不见诸文字，无人知晓，但大家全都理解的微妙代码"。汶川地震的突发性和严重性，使得政府必须通过媒体第一时间消除公众的恐慌，以免造成社会混乱，所以直播间的主持人与电视机前的观众几乎同时接收到关于地震的各种信息，一方面主播们控制自己的情感，理智地播报地震信息，另一方面他们所表现出来的各种非语言符号给观众传达了更多的信息。

二、传播内容的广泛性——"人"与"事"的融合

由于突发事件的特殊性，我国媒体在报道中的态度特别谨慎。20 世纪 80 年代以前的突发事件的报道主要以"人"为本位，即在报道中站在"人"如何与灾害作斗争的角度来充分肯定人的精神和力量，而之后则以"事"为本位，即客观地反映

灾情。[1] 虽然前后都注意到媒体在报道突发事件中的作用，但是前者注重的是宣传教化作用，后者是媒体基本功能的回归——追求信息价值。

美国学者斯蒂芬·芬克借用医学上的术语提出了危机传播阶段理论，认为危机在不同的阶段具有不同的特征，传播者应在了解不同传播阶段特征的基础上选择相应的传播手段，以达到传播效果的最优化。随着受众权利意识和觉悟的提高，在突发事件的直播报道中，每个阶段传播的信息都会对公众产生很大的影响，如有不慎，甚至还会造成社会的极大恐慌。从汶川地震的直播报道来看，中央电视台不仅注意到了对事件的发生发展的及时报道，而且还注意到了人物形象的报道。

对于重大突发性事件，媒体特别注重对受众注意力资源的管理，即有效抓住公众的注意力，并引导公众的注意力向预期的方向转移。随着受众中理性群体的壮大，在直播报道中，媒体如果仅限于报道某件事或是某类人，则无法满足受众的需求，甚至会造成受众的反感心理，难以获得良好的传播效果。所以，在重大突发事件中，媒体在报道过程中不仅突出了典型人物，还突出了典型事件，二者相辅相成。

三、传播渠道的多样化——发布与整合的结合

随着科学技术的发展，传播媒介也在不断发展。直播中多元信息源的同步参照对比，体现了现代传播的一种新的传播理念，提供多种视角，以开放的姿态、个性的传播培养人们了解、接受和判断多元化解释的能力，这也是一种人本精神的张扬。[2] 传播

① 孙发友．从“人本位”到“事本位”——我国灾害报道观念变化分析［J］．现代传播，2001（02）．

② 朱羽君，殷乐．电视新闻直播的现代品格［J］．现代传播，2003（05）．

渠道的多样化不仅表现在横向的传统媒体与新媒体的合作上，而且还体现在纵向的中央电视台与地方电视台的合作上。

广播的发展，曾经引起媒介的一阵骚乱，以为广播会代替报纸而成为唯一的传播媒介。但是随着电视的出现，报纸、广播、电视三足鼎立的局面依然稳定。20 世纪 90 年代，互联网进入中国并获得了长足发展，与三大传统媒体形成了四分天下的局面。在重大突发事件的直播报道中，由于纸质媒体受到形象性的限制、新媒体受到技术条件的限制，所以电视在重大突发事件的直播报道中的作用目前仍然是其他媒体所无法取代的。

随着网络技术的发展，对于有些突发事件，新媒体较之纸质媒介、电视等的反应快。网络的草根性使得网络新闻的来源具有大众化的特点，许多传统媒体无法获得的新闻都有可能被大众捕捉，并通过互联网得到更多的关注。

1980 年 10 月，第十次全国广播工作会议就确定地方台为中央电视台的集体记者，并通过微波线路互传新闻。如《新闻联播》、《新闻 30 分》等，它们的部分新闻是来自地方电视台的。这说明了中央电视台的新闻网络是不够完善的。美国 CNN 在全美各地甚至是全世界各地的每个角落都拥有自己的记者站，一旦某地发生新闻，便有自己的记者前去报道，这样就避免了新闻背后话语的差异性，特别是重大突发事件，涉及集团利益或是国家利益的新闻，转播新闻是要慎重的。因此，在重大突发事件中，我们要抓住话语权，首先就应该加强各界媒体的合作，壮大新闻从业人员的队伍。

四、受众情感体验的复杂性——参与感与集体归属感的交织

心理学证明，人们的居住状态影响心理状态，潜意识中人们有渴望个人体验社会化倾向，而电视的出现，特别是能够引起普遍共鸣的电视新闻现场直播节目的出现，通过展示凸显出日常生

活的新闻事件强化了同一种情感或价值观，并在相当长的时间固定为一种集体情绪而把人们重新凝结在一起，使人们拥有共同的话题，彼此心灵互动，孤立的个体在单独寻求精神认同的过程中满足自己的集体归属感。这就是“电视意识”——电视满足了人们对现实的关心，同时又使人们产生了感情上的融合和想象上的融合。

美国传播学者托尼·施瓦兹认为，无所不在的电视电波犹如上帝一样，向他的信徒布施相同的感情、知识、情趣和道德观念，使人们的政治观念、道德观念乃至社会的价值观念发生了一系列变化，从而使人与人之间、社会与社会之间也发生了相应的变化。电视将媒介事件作为一种仪式呈现在观众面前，影响了观众的思维以及他们之间的相互关系。中央电视台对国家哀悼日的直播最大限度地彰显了一种集体氛围。人们放下手中的事情，纷纷聚集到广场为死难者默哀。即使没有到现场的人，也通过媒体的直播报道得到情绪的宣泄。

公众在接触电视之前都是一个个孤立的个体，而电视报道，特别是对灾难性突发事件的直播报道，就是把这些孤立的个体引入相互作用的旋涡，发挥推波助澜的作用，从而形成一个情绪群体的过程。在这一过程中，电视以语言符号和非语言符号向人们灌输共同的情绪和情感。它唤起人们的感受性，促进心理的相互作用，从而把人们凝聚成一个情绪的集合体。默顿在对对残疾人和卧床不起的老人伸出援助之手的人进行调查时发现，其中有视听者、24 小时电视广播的播音员以及其他许多人。而通过电视看到这种“爱的三角形”在全国形成的情景，视听者可能认为，如果自己不作出贡献，就会被排除在这种“爱的三角形”之外，不免有强烈的孤立之感，因而要把“爱的三角形”变成“正方形”。

五、传播效果的有效性——政府、媒体、公众的良性互动

（一）政治逻辑向媒介逻辑的转变

埃斯德和斯诺把媒介逻辑界定为："理解和解释社会事件的方法……这种传播的形式成分包括不同媒介和传播形式。形式的要素包括材料怎么组织、材料呈现的风格、关注和强调的重点以及媒介传播的法则。"① 在早期的电视传播内容中，重大政治性宣传占了首位。在"以阶级斗争为纲"的前提下，电视新闻报道面极为狭窄。电子技术手段的落后，使其难以如报纸般独立完成全面的报道任务。于是，深受苏联"形象化政论"影响的中国电视，只好借用电影纪录片模式将着眼点放在时效不强的政治性宣传内容上，电视新闻的信息传递功能难以体现。长期以来，政治逻辑一直在媒介运行中占主导地位。一直以来媒体在遇到重大事件时总是先"上报"，再"播报"。但是现在，特别是在重大突发事件的直播报道中，媒体的议程设置能力日益加强，信息传播的功能也日益凸显，媒介逻辑不再完全受到政治逻辑的影响，信息逐渐成为媒介追求的主体。可见媒介以往的报道模式和制度框架正在发生变化，逐渐转变为以媒介逻辑为主。

（二）媒介情感与受众情感的共鸣

媒介情感属于媒介表达的一部分，是媒介传播事件中所体现出来的总体情感倾向，尤其是在重大事件报道中，包括主持人、主播、记者、被访者、嘉宾、播音员所体现出来的情感内容和效果②。而受众情感是一种个人情感，特指受众在接触媒介时所产

---

① ［英］麦奎尔．大众传播理论［M］．崔保国，李琨，译．北京：清华大学出版社，2006.

② 梁晓涛．震撼：媒体回想——5·12汶川大地震备忘［M］．北京：中国民主法制出版社，2008.

生的情感。施拉姆认为，感情的呼吁较之逻辑的呼吁更有利于态度的改变，情感的传播更有可能给受众传递有效信息，让受众认同并接受。当媒介情感的表达引发受众相同的情感时，媒介情感就与受众情感产生共鸣，并在一定程度上加强受众的情感体验。在突发事件的报道中，一个有人文关怀的媒体都是具有自身情感的，而且在报道中充分发挥“抚慰者”的作用，使受众情感得到宣泄和净化。

对突发事件的直播报道一直是电视新闻报道追求的目标。随着技术的进步、观念的转变和媒介竞争等因素的作用，电视对突发事件的直播报道实现了以上多方面的突破，实现了信息传播的最大化和最优化，充分满足了受众的知情权。

论摄影中快门与光圈如何搭配

詹　勇*

（云南经济管理职业学院　云南　昆明650106）

摘　要：光圈和快门速度除了有共同控制准确曝光的作用外，还各有自己的“专业分工”。光圈可控制景深，快门速度能将动体在底片上“凝固”下来。根据拍摄要求，要使胶片准确曝光，摄影者必须学会选择适当的曝光组合。倘若是拍摄运动物体，你要使照片清晰，首先要选择能将运动物体捕捉下来的快门速度，然后再配以相应的光圈；倘若要表现出景物一定的景深，就要先确定光圈的大小，然后再配以相应的快门速度，你必须用某一种具体的快门速度和光圈的组合。

关键词：快门；光圈；进光量；曝光度；景深

一、快门速度

快门速度是数码相机快门的重要考察参数，各个不同型号的数码相机的快门速度是完全不一样的，因此在使用某个型号的数码相机来拍摄景物时，一定要先了解其快门的速度，因为按快门时只有考虑了快门的启动时间，并且掌握好快门的释放时机，才能捕捉到生动的画面。所谓快门速度快，表示快门开启到关闭的

＊ 詹勇（1980—　），男，云南曲靖人，学士，助教，研究方向为广播电视新闻。

速度快，那么接收光线的量自然就会少。相反，开启快门的时间越长，接收的光线就会越多。开启快门的时间越长接收的光线越多，但是对抖动更加敏感。通常，不受手的抖动影响的快门速度约为1/30s。当然，这并不说明所有人都一样，只能代表人们的平均水准。总之，快门速度越快，抖动的影响越少，焦点越准，照片越清晰。

快门的作用主要有以下几点：

1. 控制相机感光元件的曝光时间。当光圈为定值时，快门越快，进光量就越少，感光元件所捕获的信号就越少，反之就越多。快门以秒为单位，一般的相机在1/4 000s～30s，专业的会更高。

2. 表现影像运动或静止。讲虚与实，运动很好理解，会产生运动轨迹，典型的就是有拖影，那反过来静止的就不应该有拖影或重影，否则就不能说是表达静态。

快门分正级数快门，用30除2然后不停地除，会得到一组数值近似值：30，15，8，4，2，1，1/2 ……1/4 000；还有半格分割副级数，和三分之一分割副级数，目的是为用户提供更精确的曝光控制。

还有一种比较特别的就是B门，B门不受时间限制，你爱曝多久都可以，只要有电就行。它主要应用于夜景拍摄，星芒效果就是B门利用快门线来控制曝光时间的。

除了上面两个作用外，快门的速度同光圈一样对画质也有影响。长时间曝光会产生噪点，也会造成色温的改变。高速快门则会控制噪点的产生，对色温没有太大的影响。

另外，快门速度不正确的副作用就是产生色彩偏移，太快太慢均会产生色彩偏移现象，因此快门的重要性是不容忽视的。

在实际使用中我们应当考虑主体的特性，主体是静是动完全由自己控制，你也可以把动的拍成静态的——尽可能使用高速快门来凝固动作，也可以把静态的拍成动的。有人不理解，静的怎么拍成动的啊，静物是不会动的，但是不要忘了相机是可以动的，在拍静物的时候摇晃几下相机，然后静物就拖尾巴了，这样就产生了动态效果。

总结：快门不宜太快也不宜过慢，对色彩要求高的用户要注意这一点，拍好了后期就少费点工夫。

二、光　圈

光圈是在相机的镜头内部用于调整进光圆孔直径的装置。光圈通常由 5 ~8 个叶片组成，可以通过改变其围成的圆孔的直径大小来控制进入镜头的光线的多少。在明亮的户外环境中，保持原快门速度的同时降低曝光度或保持原曝光度的同时减慢快门速度就要使用光圈功能。

光圈口径越大，进入的光量越多。光圈值可以表示为 F2. 0、F2. 8、F4. 0、F8. 0 等，还可以采用如 f/2、f/2. 8、f/4 在数值前增加“F (f)”的方法。光圈数值越小其口径越大，如 F2. 0 时进入的光量就多于设为 F8. 0 的光量。

光圈在摄影实践中的作用归纳为三点：

1. 控制曝光量。这是光圈的基本作用。光圈调大，进光照度增大；光圈调小，进光照度减少，它与快门的配合解决曝光量的需要。

2. 控制景深的大小。这是光圈的重要作用。灵活运用景深是摄影常用的重要技术之一。那么，什么是景深呢？景深是指在摄影时，对被摄物体调好焦后，除焦点上的物体清晰外，被拍摄物前后还形成一个较为清晰的范围，这较为清晰的景物纵深距离就称为景深。景深大，即指景物这种纵深距离大；景深小，即指景物这种纵深距离小。

影响景深大小的因素有以下三个：

（1）镜头的光圈的大小与景深成反比。光圈口径大，景深小；光圈口径小，景深大，如 F8 的景深大于 F4。

（2）镜头的焦距。在拍摄同一景物时，在光圈大小相同的情况下，镜头焦距的大小与景深成反比。镜头焦距越长，景深范围越小；镜头焦距越短，景深范围越大，如焦距 100mm 的镜头其景深小于焦距 28mm 的镜头。

（3）摄距，即镜头离被拍主体的距离。摄距的远近与景深成正比。摄距远，景深大；摄距近，景深小，如聚焦于 10 米的景深大于聚焦于 1 米的景深。

由此，在拍摄大场面的照片时，为了使整个画面都比较清晰，可以使镜头光圈口径开小些，使用短焦镜头，离被摄场面远一些。反之，拍摄景深的主体时，采用大光圈、缩短摄距、使用长焦镜头，能获取尽可能短的景深效果，但调焦要十分严格，否则，会造成景物脱离景深范围。

3. 影响成像质量。这是光圈易被忽略的作用。任何一个相机的镜头，都有某一档的成像质量是最好的，即受各种像差影响最小，这档光圈俗称“最佳光圈”。它一般位于该镜头最大光圈缩小 2～3 档处。

三、快门与光圈的关系

若把快门速度和光圈比为“水龙头”，那么光圈值是水龙头的大小，而快门速度就表示开放水龙头的时间。这个例子很恰当地比喻了快门速度和光圈值之间的关系。水龙头的口径越大（光圈值越小），在相同时间内能够接到的水量（进光量）越多。同样，水龙头的开放时间越长（快门开启时间越长），就能够接到越多的水（光）。阳光四射、天空明朗的晴天，以 1/125s 的快门速度、F8.0 光圈值拍摄出了曝光恰当的照片，那么在更为明亮的海边就要选择 1/125s 的快门速度、F11 的光圈值，从而调整曝光度。阴天摄影时通常选择 1/50s 和 F5.6，当然要在该基础上根据环境适当加减光圈值。

例如，天气晴朗，但光照较强的中午 12 点至下午 3 点，选择 1/125s、F11 就可得到更加适合的图像。乌云密布的阴天最好设为 1/60s、F5.6 或 F8.0。所列举的参数也只是理论值，实际摄影中还需适当调整参数，善用快门速度和光圈值对曝光度的影响。比如要捕捉弹跳中的人像，适当调整了快门速度和光圈值后得到了曝光得当的照片。但是，我们发现即便曝光度适当，活动中的被摄体还是表现出了不同的效果：1/400s、F1.6 的照片中人物是静止的，而 1/13s、F8.0 照片中的人物却展现了弹跳的轨迹。对于运动的被摄体，快门速度具有决定的作用。拍摄运动中的对象时，应想好是要以较快的快门速度拍摄某个瞬间的动作，还是以较慢的快门速度表现动作的轨迹。尽管合理分配了快门速度和光圈值，得到了曝光得当的照片，其表现的图像还是有可能完全不同。以流水为例，两张照片展现的均是以适当的曝光度拍摄的画面，只是快门速度和光圈值的设置不同。这两幅照片中表现出的水的流势完全不同。要想表现水的流势就应选择较慢的快门速度，若想捕捉水珠滴落的瞬间场景，就应以较快的快门速度拍摄瞬间影像。镜头在光圈 F2.0、快门 1/60s 的条件下拍摄出的图像焦点正确对准了人物，但背景变得模糊；而 F16、1s 的条件下拍摄出的图像中人物和背景上都准确对准了焦距。人像照片的摄影目的在于塑造人物，因此通常模糊处理人物周围的背景。人像摄影中要重点调整光圈值，即先把光圈开至最大，再调出适当的快门速度。

总而言之，可通过调整快门速度和光圈值的方法来获得适当的曝光效果，但是即便其他设置相同，曝光程度还受摄影环境和表现主题的影响。

民族影像与跨文化传播

郭璐瑶*

（云南经济管理职业学院　云南　昆明 650106）

摘　要： 民族影像是跨文化传播的重要载体，在跨文化传播带来的文化侵略的现实面前，发展民族影像已成为刻不容缓的事情。商业化运作的背景下，面对好莱坞大片的巨大冲击，民族影像必须寻找到有效的跨文化传播的策略。

关键词： 民族影像；跨文化传播；译制；策略

跨文化传播学是应时代发展而产生的一门新兴的学科。美国是跨文化传播学的发源地，美国政治和经济霸权地位在世界的确立，使美国人认为世界都在他们的掌控中，然而在处理与东南亚关系的问题上，美国屡屡遇阻，致使美国人开始重新反思自己。随着美国移民的增多，美国社会的人种结构发生了巨大的变化，各种文化在美国相碰撞，这一切就促成了跨文化传播学的诞生。霍尔对跨文化传播学作出了很大的贡献，他的贡献在于：从关注单一文化到对两种文化的比较；从文化的宏观层面转到文化的微观层面；将文化同传播过程相联系；让人们认识到文化对行为的影响。

全球经济一体化的到来使全世界文化的交流更加频繁，跨文

---

* 郭璐瑶（1985—　），女，江苏徐州人，硕士，助教，研究方向为广播电视艺术学。

化交流的形式也多种多样，影像交流是当前跨文化交流的一种常见形式。影像作为视听的艺术，能给人直观的感受，观众可以通过画面和声音对文化信息进行解读。跨文化传播在使各民族文化交流的同时也带来了文化殖民的问题。这在影像艺术中体现得很明显。

一、跨文化传播对民族影像的影响

跨文化传播为世界各民族的文化交流提供了平台。民族影像作为民族文化的载体在跨文化交流中扮演着很重要的角色。以中国民族影像的发展为例，中国的民族影像已在跨文化交流的形式下逐渐形成自己独特的话语表现。以张艺谋、陈凯歌为代表的中国第五代导演将中国民族电影带到了国际电影节上，让世界其他国家的人为中国的文化所吸引，从一定程度来说是国际电影节成就了中国电影艺术的发展。《大红灯笼高高挂》、《红高粱》、《霸王别姬》在国际电影节上获得大奖，是世界对中国电影的认可，也是对中国民族文化的认可。同样，伊朗电影的崛起、印度宝莱坞的声名大噪都足以说明民族影像在跨文化传播中为世界所认可。但是民族影像在国际的赞誉声中却遭遇国内的一片谩骂，这是许多国家都面临的共同的尴尬局面。从“文化相对主义”的角度来看这样的现象是合乎情理的。有着不同文化背景的民族对同一个影视作品的解读是不同的，因为他们基于不同的民族认知习惯和不同的审美习惯。民族文化背景的差异在跨文化传播中会对影像的解读有一定的限制，但不影响对民族影像的整体理解。观众在观看的过程中能够直观地从画面中的服饰、建筑等方面来理解这种异族文化，然后通过画面和语言来进一步理解，最后才达到调动文化背景来理解异族文化的层次。在解读的过程中也许会有个别情节和画面让观众无法理解，但从整体的把握上可以弥补这少许的不理解。从这个方面来看跨文化传播促进了民族影像的发展。

跨文化传播带来文化交流的同时也带来了文化殖民。从民族影像这一方面来看，目前影像市场出现了严重的不平衡，跨文化传播的“不公平”在民族影像方面表现得异常明显。好莱坞电影的独霸地位，使美国文化渗透到世界各地。这种文化侵略是非常可怕的，这也引起了世界各国的强烈抵制。在这场抵制“好莱坞大屠杀”的战役中，法国成了这场战斗的先锋。法国在欧洲甚至整个世界，一直以来都能够保持自己本土电影的优势，它曾经占据过世界电影市场的80%。第二次世界大战期间，法国的电影设施和人才受到重创，美国因此向法国输出大量的影片，在这期间，好莱坞的电影占据法国市场的60%。之后，法国意识到不能像美国那样将电影作为商品一样交易。法国政府开始了对本国电影的扶持，从20世纪50年代开始就拨专款支持法国电影，为法国电影的发展提供了良好的环境。英国、意大利这样的电影大国同样遭遇美国大片的冲击。英国、意大利也开始了拯救民族电影的运动。世界其他国家也意识到了这种通过民族影像进行文化殖民的危害性，世界各国的民族影像也都在不同程度上发展起来以抵制美国大片的全面侵略。但这种文化殖民已经渗透到本民族的文化中，从中国目前的影像市场来看，美国片依然有很大的市场占有率，近几年美国大片在我国的高票房足以说明美国大片强有力的攻击力。随着网络的普及，这种文化侵略变得无孔不入，美国电视剧在中国的风靡再次证明了这种文化殖民的现象。如何在跨文化背景下既要交流又要保护本民族的文化是值得我们深思的一个问题。

二、译制片对民族影像跨文化传播的重要性

影像在跨文化传播中还要面临语言的问题。语言作为文化的载体，可以传播文化信息。不同的文化有不同的符号系统，这也

是阻碍对文化理解的原因。因此，对于引进的异族影像要经历一个译制的过程，达到跨文化的交流。对影片的翻译会直接影响到观众对作品的理解。“翻译有很多种，根据方法分类主要有口译和笔译。根据对象分类，有文学作品翻译、一般公文翻译、特殊学科领域文献翻译、影视作品翻译等。”影视作品翻译与其他翻译有很大不同，影视作品的翻译不仅要将语言翻译出来，还要根据剧情和人物的形象、性格等方面的因素来找到最适合的语句来翻译。影视的翻译不是简单的语言的转换，而要将文化通过语言翻译出来，这是非常不易的一件事。这对译制人员提出了很高的要求，译制人员不仅要精通被译的语言，还要精通被译语言的民族的文化，同时还要对被译的影视作品有深刻的理解，翻译的过程其实也是译者二度创作的过程。

以电影译制片为例，中国自改革开放以来引进了许多国外的影像作品，对于翻译来说最为头痛的应该是对片名的翻译。片名是一个影视作品的灵魂，不仅要反映影片的内容，还包含了影片创作者对影片的评价和态度。所以译制人员要对影片有深刻的理解。例如好莱坞的经典影片《飘》（*Gone with the Wind*）、《魂断蓝桥》（*Waterloo Bridge*），从这两部片名中很容易看出我们的翻译人员在对片名的翻译上下了很大的苦心。

在现在的影视作品中大都采用字幕翻译的办法，字幕翻译有空间的限制，考虑到空间的因素，翻译的词语就要简化。在影片《甲午风云》中，邓世昌出征之前说：“我邓世昌绝不辜负威海百姓的希望!”这句话听起来是那样的感人，令人激动。但翻译成英文就只有短短的“I will not let you down.”这样就失去了汉语中的意义。由于这种情况的出现，现在的影视作品都会配有本民族语言的字幕，以满足那些懂该种语言的观众。这也算是避免翻译偏差的一种方法。民族影像的译制是基于跨文化传播的背景下的，译制在民族影像的传播中扮演着很重要的角色，译制的偏差会直接导致观众对作品理解的偏差。翻译作为跨文化传播的一个重要环节，译制人员一定要有责任感，毕竟承载的是文化传播这样的重任。

三、民族影像的跨文化传播策略

自全球化浪潮席卷世界以来，电影和电视作为一种文化产业，在产业的运作上也逐渐与国际接轨。随着科技的进步，影视作品逐渐以VCD、DVD的形式出现，并且，观看的环境也是多种多样的，不像以往看电影只局限在电影院，看电视就一定在家，现在随时随地都可以欣赏影视作品——公交车上可以看，电脑上可以看，手机上也可以看。影视产品在注重精神消费的现在俨然是一个大产业。

民族影像承载着向世界传播本民族文化的重任，民族影像的发展应该受到民族的高度重视。不妨分析一下中国民族影像目前的发展，从中总结出民族影像传播的策略。目前中国的新生代导演，肩负了发展中国电影事业的重任，第五代导演依然活跃在这个领域，但新生代导演明显占据了更广阔的空间。在新生代导演身上我们可以看到一些共同的特点。首先，他们的作品内容基本上是反映边缘人和小人物的生活，通过小人物来直接展现目前中国社会的现实。其次，他们中有很大部分在拍“地下电影”，这一部分人的作品一般非常受到国外的关注，因为这类导演在艺术上追求非主流的“纯粹现实”的电影。这种电影一般是由独立的制片商或国外电影公司投资。具有代表性的这类导演有王小帅、贾樟柯、张元、管虎等。再次，这些影片一般在国内的反映都很平淡，票房都很低。甚至有很多电影都是因为在国外获奖了之后，才为人们所关注。作为中国的新生代导演，应该直面国际市场的冲击，用自己的电影来抵制跨文化带来的文化殖民，为中国电影赢得在世界电影界的话语权。但是，新生代电影人在票房上的成就一直不尽如人意，就拿2005年来说，国产电影票房依然靠张艺谋和陈凯歌导演支撑着，《无极》以2 300万元的票房雄居榜首。而在同一时期上映的新生代导演小江指导的影片《电影往事》和张扬的呕血之作《向日葵》都刻意避开了同《无极》一起上映，但票房仍然非常低。值得欣喜的是《电影往事》得到了第13届金鸡百花电影节导演处女作提名。造成这样的矛盾局面是有原因的，首先是因为新生代导演所反映的影片的题材都比较边缘化，是小众的。其次是由于他们的作品都是低成本、小投资的电影。电影作为一个商业运作的文化产品，每一个环节都需要财力和人力的投入，对于小投资的电影就只能照顾影片拍摄和制作本身，至于发片宣传等只能投入很少一部分。这跟大片的运作相比显然宣传力度就太弱。影片《向日葵》投资了1 200万元，花在宣传上的费用只有50万元，导演吴天戈的《暖冬》总投资270万元，宣传费用只有15万元。面对这样的一个现实局面，中国新生代导演应该根据自身的特质来进行跨文化传播。那就是要大量地将作品送往国外参展，争取在国际电影节上获得殊荣，形成“墙内开花墙外香”的局面。但由此也让人担心中国电影会不会走向以猎奇赢得关注的误区。另外，新生代导演还应该放下自己的孤傲和固执，毕竟影视是大众传媒，应该是给大众看的，小众的东西是不能长久的。在新生代导演身上可以看出中国年轻一代的性格，那就是桀骜不驯，非常自我。新生代导演应该多听听大众的声音，虚心接受各方面的批评，他们似乎也已经意识到了这一点，于是大学生电影节上他们的作品频频出现，他们的身影也出现在了各种座谈会上，这一点让我们看到了他们的成熟。

在目前全球化的形势下，国家之间的合作拍摄也是民族电影跨文化传播的重要战略。先是两岸三地的合作，内地演员不断在香港电影节上捧杯；然后到国家之间的合作，如《艺妓回忆录》，故事讲述的是发生在日本的关于艺妓的故事，剧中的对白是全英文的，但主演却是三位中国演员，再如电影《玉战士》是由挪威和中国合拍的，这些都是一种跨文化的战略。民族间的合作逐渐消减了竞争，目的是为了达到双赢。由此可见，跨文化传播是民族影像发展的必然趋势。

参考文献：

［1］罗雯，何军．跨文化传播学的发展及研究传统［J］．湖北社会科学，2004（04）．

［2］钱春莲，邱宝林．论新生代导演的跨文化传播策略［J］．杭州师范学院学报（社会科学版），2006（04）．

［3］邵培仁，潘祥辉．论全球化语境下中国电影的跨文化传播［J］．浙江大学学报（人文社会科学版），2006（01）．

［4］彭吉象．全球化语境下的中华民族影视艺术［M］．北京：北京广播学院出版社，2003.

［5］王宁．全球化语境下中国电影的文化批判［M］//孟建，李亦中．冲突·和谐：全球化与亚洲影视．上海：复旦大学出版社，2003.

［6］姚金红．影视中的跨文化传播［J］．唐都学刊，2006，22（03）．

试论马克思主义发展的历史趋势

金 桃 周 韬*

（云南经济管理职业学院 云南 昆明 650106
云南大学 云南 昆明 650091）

摘 要： 关于马克思主义发展的历史趋势的探讨，是出于一种对马克思主义未来命运关注的本心，其共同的发展主题就是紧扣时代脉搏，探讨人类社会进步的可能途径。在这一主题主导下，笔者尝试从西方马克思主义的发展、马克思主义中国化和马克思主义经济学大发展、马克思主义哲学大发展几个方面来把握马克思主义发展的历史趋势。

关键词： 马克思主义；中国化；发展趋势

作为一种科学的意识形态，马克思主义以其坚定的革命性和实践性至今仍巍然屹立。然而在全球化的背景下，马克思主义也面临着严峻的挑战，20 世纪后期的社会主义实践迫使人们对马克思主义体系的命运、趋势进行深入思考和探索，力求能够使之真正地、科学地把握当今这个世界，把握国际国内社会的时代性质。马克思主义发展的历史趋势大致可以从以下几个方面来把握：

---

* 金桃（1981— ），女，四川西昌市人，硕士，云南经济管理职业学院讲师，研究方向为马克思主义哲学；周韬（1977— ），男，云南昆明人，学士，云南大学行政人员。

一、西方马克思主义作为一个主渠道在西方发达资本主义社会存在并发展

苏联解体、东欧剧变无疑是一个强烈的冲击波，给每一个马克思主义者或者自称是“马克思主义者”的人一次严峻的考验。在这个考验面前，“一种开放的、非教条的和更质朴的批判性马克思主义依然存在，它将继续为现时代的批判理论和激进政治学提供理论的和政治的源泉”。在21世纪，西方马克思主义将不再作为马克思主义的一个旁门左道，而是作为一个越来越重要的主渠道在西方发达资本主义社会存在并发展。

1. 注重对马克思学说的学术研究，其中包括运用分析哲学的明晰性和精确性标准来研究马克思的社会历史理论。20世纪70年代中期以来，马克思主义开始向政治、经济、文化、历史等领域开拓，并密切关注生态、妇女、种族等全球性的问题，并取得了明显的进展。创立一种马克思主义的文化，把马克思主义变为一种不可避免的存在，从而有力地批判当时流行的“马克思历史模式冲突论”观点。21世纪，马克思理论的学术性研究仍然保持升温的势头。

2. “重建马克思主义”，对马克思主义的研究进入新体系结构建设阶段。在承认马克思主义的理论价值的基础上，集中研究了历史唯物主义问题。现在，“重建马克思主义”在西方特别是美国已成了一种引人注目的学术倾向，西方马克思主义对马克思主义理论的研究已由部分修正进入新体系结构建设阶段。在21世纪有可能出现一种有自己特色的并能得到绝大多数西方左翼学者认同的西方马克思主义。

3. 更重视马克思关于资本主义的理论，对资本主义社会弊病进行治疗。与其重视马克思关于社会主义的设想，不如更重视马克思关于资本主义的理论。只要资本主义继续存在，马克思主

义就存在，就还有意义。正如德里达所说，“地球上所有的人，所有的男人和女人，不管他们愿意与否，知道与否，他们今天在某种程度上说都是马克思和马克思主义的继承人”。

二、马克思主义中国化继续将建设有中国特色社会主义伟大事业推向前进

作为社会主义社会的中国在世界舞台的地位不断提高，马克思主义的中国化也显得尤为重要。马克思主义中国化，就是把马克思主义普遍原理同中国实际相结合。这是马克思主义的题中之义和本质要求，也是中国革命和建设的历史和现实发展的迫切要求。马克思主义中国化发展的趋势主要有：

1. 要解决我们国家所面临的紧迫问题，就得围绕经济建设为中心，需要我们以马克思主义的观点和方法去解决。比如公有制的主导地位问题，深化国有企业的改革问题，市场机制和国家宏观调控问题，争取国际和平环境，反对霸权主义，维护国家独立和尊严的问题，等等，对这些现实问题的解决都可能提供理论上的新的飞跃契机。

2. 它将提供研究马克思主义的新体系和新版本。社会主义中国在当代世界历史发展中处于特殊的地位，客观上要求我们必须为马克思主义的理论宝库增添新的内容，为构建新的马克思主义理论体系提供宝贵的思想材料，建成现代化的马克思理论大厦，为人类思想文化发展作出新贡献。

3. 它将体现鲜明的中国风格和气派。“中国化”不仅指内容的“中国化”，在形式上也要体现中华民族文化传统的鲜明特点，适应中国人民的审美习惯和心理需求。毛泽东曾经讲过：“是马克思主义在中国具体化，使之在其每一个表现中都带有必须有得功过的特性，即是说，按照中国的特点去应用它，成为全党亟待了解并亟须解决的问题。洋八股必须废止，空洞抽象的调

头必须少唱，教条主义必须休息，而代之以新鲜活泼的为中国老百姓所喜闻乐见的中国作风和中国气派。”

4. 它将融入人们的日常生活意识中。对马克思主义基本原理的宣传、普及仍然是马克思主义中国化的一项内容。马克思主义中国化不是一句空洞的口号，它应成为一种自觉的思维方式，成为人们日常生活中每一行为的指导原则。学会用这些观点和方法看待事物，处理问题，我们就会避免走许多弯路，社会主义建设就会更有成效。

必须实现马克思主义同中国实际相结合，依据马克思主义的一般原理，在革命斗争实践中形成自己的理论，并在这一理论的指导下制定适合中国实际的路线、方针和政策。

三、马克思主义经济学不断推动理论创新和发展

马克思主义经济学来源于英国资产阶级古典政治经济学，对揭露资本主义的本质和推动社会主义运动起到了极其重要的作用。进入21世纪后，马克思主义经济学呈现四大发展趋势：

1. 呈现与西方经济学融合的趋势。马克思主义经济学与西方经济学之间存在着很强的继承性、共同性、互补性和可借鉴性。要全面认识和把握客观事物，必须把它们的历史与现状、本质和现象、规范与实证、质和量的分析综合起来。资本主义国家发展市场经济中的许多有益经验值得我们学习，所以21世纪的马克思主义经济学必然不断汲取西方经济学的有益经验，不断发展、完善自己。

2. 逐步由市场争夺转向对全球性稀缺资源争夺的研究。人口、劳动力作为生产者、消费者和科技的载体，同自然资源一样，对经济社会发展起着重要作用。中国政府已经在认真研究中国国情的基础上，加强发展与资源发达国家的关系，加大在世界范围内对稀缺能源的开发，不断创造优厚的物质文化生活条件，

从国外广泛引进科技、经营、管理人才，以保证中国的社会主义经济持续、健康、稳定发展。

3. 加大关于经济发展与环境保护的研究。20 世纪六七十年代西方出现了主张建立稳态的社会主义经济模式，意欲寻找一条既能消除生态危机又能走向社会主义的道路。当前中国构建生态马克思主义经济学的实践目标，就是要为中国从工业文明向生态文明的转型提供全新的思路，从而全面发挥马克思主义经济学对落实科学发展观、建设社会主义和谐社会、推动社会主义文明全面协调可持续发展的指导与促进作用。

4. 逐步融入全球经济一体化。面对当前世界经济一体化这一不可逆转的发展大趋势，马克思主义经济学历来主张采用计划的手段，促进世界经济一体化。经济发展实践证明，将计划的宏观调控功能与市场的资源优化配置功能有效结合，形成以公有制为基础的宏观调控下的社会主义市场经济体制，才能取得突出的经济建设成就。当前，马克思主义经济学必须吸收西方经济学中的有益成分，不断完善社会主义市场经济体制。

进入 21 世纪的马克思主义经济学只有保持与时俱进的理论品质，以马克思主义的基本框架为基础，体现马克思主义经济学的特色，吸收西方经济学市场理论的有益成分，不断研究新情况，解决新问题，推进理论创新，逐步构建新的马克思主义经济学体系，才能重新焕发生机和活力。

四、马克思主义哲学进一步丰富和发展

马克思主义哲学的实践性、科学性、批判性、开放性、创新性等理论品格使马克思主义哲学的当代价值日益凸现，这是 21 世纪马克思主义哲学在中国发展的理论依据。时代特征的深刻变化要求马克思主义哲学向现代形态发展，这是马克思主义哲学不断发展的现实基础。马克思主义哲学的发展趋势表现为：

1. 继续深入挖掘马克思主义哲学的理论内涵和实践价值，挖掘马克思主义哲学的本真精神，深入探索马克思主义哲学研究问题的方法，弄清马克思主义哲学的基本理论和基本方法，发现蕴涵在经典著作中马克思主义哲学的本真精神，也就是通过创新学习、创新理解、创新解读马克思，达到对马克思主义哲学实质的全面准确把握。

2. 对社会实践的全面关注和反思将成为马克思主义研究中的重头戏。这种关注与反思主要是对社会主义市场经济体制下的政治体制、思维模式、文化模式的演化趋势及整个民族文化、民族精神、社会理想的影响进行整体把握。

3. 和中国传统哲学及现代西方哲学的斗争与融合将继续深化。马克思主义哲学、中国传统哲学和现代西方哲学是20世纪中国哲学界研究的三大流派。由于社会主义在中国取得了胜利，马克思主义哲学具有绝对的理论统治地位，但以新儒家为代表的中国传统哲学和现代西方哲学随着改革开放国门打开以后也空前活跃起来。并且，三大派别在交锋中交流，在斗争中合作，各方都在吸收他方有益成分的同时发扬自身。

关于马克思主义发展的历史趋势的探讨，都是在马克思主义基本理论的基础上探讨人类社会发展的资本主义替代模式，都是出于一种对马克思主义未来命运的关注的本心。在这些不同的形态背后我们依然可以把握到其共同的发展主题：紧扣时代脉搏、探讨人类社会进步的可能途径。

参考文献：

［1］马克思，恩格斯．马克思恩格斯全集［M］．北京：人民出版社，1995.

［2］德里达．马克思的幽灵［M］．北京：中国人民大学出版社，1999.

[3] 卫新华．正确对待马克思主义经济学与西方经济学的关系［J］．理论视野，2006（03）．

[4] 陈承明．论马克思主义经济学与西方经济学的相互关系［J］．当代经济研究，2006（04）．

[5] 沃勒斯坦．苏联东欧剧变之后的马克思主义［M］//俞可平．全球化时代的“马克思主义”．孟鸣歧，译．北京：中央编译出版社，1998.

试从不同角度对思维概念进行解析

金　桃　周　韬*

（云南经济管理职业学院　云南　昆明 650106
云南大学　云南　昆明 650091）

摘　要：思维一直是相关学科日常讨论的一个主要议题，同时思维也是一个哲学概念。正确理解思维的概念，有利于我们正确认识整个物质世界。本文通过从不同的角度把思维进行各种类型分类，更全面更深刻地理解思维的概念，从而有利于我们正确认识整个物质世界。

关键词：思维；主体；客体；意识

思维一直是相关学科日常讨论的一个主要议题，同时思维也是一个哲学概念。无脊椎动物只有感觉；脊椎动物发展出了各种感觉器官，能够对事物的外部属性达到比较全面的认识，因此有了知觉；灵长类动物不仅有了知觉，而且能够认识到事物之间的外部联系，但是灵长类动物的心理发展只能说是达到了思维萌芽的阶段，还不能说具有真正的思维；只有人类，有了健全发达的大脑，有了高级思维能力。人是怎么思想的，各种观念、想法、意向又是怎样形成的，决策、判断又是如何产生的，等等问题都离不开人的思维或思维活动。

---

* 金桃（1981—　），女，四川西昌市人，硕士，云南经济管理职业学院讲师，研究方向为马克思主义哲学；周韬（1977—　），男，云南昆明人，学士，云南大学行政人员。

本文尝试从不同角度把思维进行各种分类，从而更全面更深刻地理解思维的概念。

一

根据《辞海》的解释，思维有两层含义：（1）相对于存在而言，指精神、意识。（2）是人脑的机能和属性，是客观存在的主观印象，也就是理性认识。这种说法反映了辩证唯物主义的观点。

二

在《中国大百科全书》中，关于思维有比较详细的定义："思维是客观现实的间接和概括的反映。以感觉和知觉为基础的和更高级的认识过程。它运用分析和综合、抽象和概括等智力操作对感觉信息进行加工，以存储于记忆中的知识为媒介，反映事物的本质和内部联系，这种反映以概念、判断和推理的形式进行，带有间接和概括的特性。"这个解释从思维的内容（感觉、知觉）、思维的一般操作特点（智力操作、信息加工、记忆媒介）以及思维对个体的意义（间接、概括地反映客观现实）三方面对"思维"一词进行了界定。

三

在心理学上只要讨论人的心理活动，就不可避免地要触及思维问题。他们把思维分三种：知觉、回忆和组合。当你看到月亮，你就认识了它，这就是知觉。如果记住了它，这时的月亮在你大脑里的投影就是记块，以后你在大脑里回忆起该次月亮的情况，这时在你大脑里所出现的影像就是忆块。你将这次月亮所形成的记块用来思维，当它跟其他记块组合后，所形成的就是思块。

四

在一般的科普类书籍中，认为思维是人类大脑能动地反映客观现实的过程，是人类开动脑筋认识世界的过程中进行比较、分析、综合的能力，是人类大脑的一种机能。思维是复杂的、多形态的，一个人同时并存着几种不同形态的高度发达的思维。一般把思维分为三种类型：（1）直观动作思维：这种思维指思维时能直接感知思维对象，并通过思维者自身的动作去影响思维对象的那样一种思维活动，例如工程设计师、体育运动员等的思维活动都具有直观动作特点，教练员讲解有关体育战术如足球、篮球、排球等也要用直观思维。（2）形象思维：这种思维指在思维时用唤起形象并在想象中对形象进行加工改造的那样一种思维活动。艺术家和文学家在进行思维活动时（在进行艺术构思时）就充分地进行着这种形象的加工改造和组合的活动，比如构思一幅画、一座雕塑、一个情节、一个戏剧场景等，都要进行形象思维。（3）抽象思维：也叫逻辑思维，指人们对客观事物进行抽象概括分类，形成概念，并运用概念进行判断和推理的那样一种思维活动。通常我们所说的思维、思维能力，主要是指这种思维，这是人类最普遍的一种思维类型。

五

在哲学理论中，思维是主体发现客体对自己有所影响后，为了获得处置客体的意识，做好消除客体影响的准备工作，思维组织在生存意识的主导和思维意识的指挥下，对感知组织获得的知识进行分析处理的行为。思维的目的就是在主体（物质）内部不断加强对立性的同一。这种对立性同一的不断加强，使主体（物质）内部各部分间的对立性不断向内转化。

思维意识是主体意识的具体形式，是思维的本质、内在规定和组成部分，是思维行为的指挥者和领导者。思维意识是生物主体的生存意识同感知组织获得的知识经过思维融合产生的结果。

主体意识是主体发现客体对自己有所影响后，神经指挥中枢产生和发出的指挥主体进行活动，以消除客体对自己的影响、实现生存和发展目标的意向、意念、方法、方案和命令。主体意识不仅包含着主体先天具有的生存意识，而且还包含着主体后天获得的知识。主体意识是生存意识同知识经过思维融合的结果。行为一般是主体意识的表现形式。思维是主体意识的具体形式——思维意识的表现形式。思维是我们从主体的日常行为中分解出来的，具有自身特殊规定的行为。它不仅是主体生存意识主导下的行为，而且是主体思维意识指挥下发生、发展和结束的行为，是生存意识和思维意识的共同表现形式。思维是思维命令的执行，是思维意向的实现，是思维方案的落实，是生存意识和思维意识在现实生活中的自然展现。

（一）潜意识思维和有意识思维

思维可分为潜意识思维和有意识思维两种类型。

潜意识思维是主体不知觉的有思维意识指挥的思维方式。潜意识思维也被称为无意识思维、被动性思维，它是各种生物普遍具有的原始思维方式，是生物的思维组织或准思维组织中发生和进行的生化变化和反应，它不但遵循生物主体具有的生存意识规律，而且还遵循我们已知和未知的物理学、化学和光学的规律。潜意识思维是生物主体发现客体对自己有所影响后，为了保障自己的生存和发展，思维组织或准思维组织作出的应激反应和变化，是思维组织或准思维组织对感知组织获得的信息知识自动快速进行分析和处理。潜意识思维是思维意识的表现形式之一。潜意识思维的结果是主体的思维组织或准思维组织中产生了指挥主体发生某种变化和运动的主体意识。生物的生长、发育、繁殖、代谢、进化、分泌、自愈、趋光、行为都是在潜意识思维产生的主体意识的指挥下发生和进行的行为，潜意识被动思维是生物进化的秘密所在。对于人类和高级动物来说，潜意识思维除了产生指挥他们的有关组织和器官进行有规律运动的命令外，还产生了指挥他们的思维组织对感知组织获得的信息知识进行分析处理，以做好处置客体准备工作的思维意识。人类和其他高级动物，经过了长期的潜意识思维，逐步提高了自己分析处理感知组织提供的信息知识的能力，升级了自己的思维方式，他们不仅能进行原始低级的潜意识被动思维，而且还能进行在思维意识指挥下的有目的的主动性思维。

有意识思维是主体知觉的有思维意识指挥的思维方式。有意识思维也被称为主动性思维，它也是思维意识的表现形式之一。指挥主体的思维组织主动对感知组织获得的信息知识进行分析处理以实现思维目的、思维意识，是主体发现客体对自己的影响后，思维组织经过潜意识思维及有意识思维产生出来的，指挥主体思维组织正确高效地进行活动实现思维目的的意向、方法和方案。有意识思维是人类和其他高级动物具有的思维方式之一。客体对主体的作用和影响是有意识思维发生的外部原因，主体生来具有的生存意识和潜意识思维及有意识思维产生的思维意识是有意识思维发生的内部原因，当有意识思维的外部原因和内部原因结合后，有思维意识指挥的有意识思维便开始了。有意识思维是主体以生存意识为主导，以思维意识为指挥，以感知组织获得的知识为原材料，以逻辑分析和逻辑推理为生产手段，生产指挥主体如何处置客体的意识产品的生产活动。知识原材料同思维生产出的意识产品有着直接的关系。知识原材料的数量和品质，决定着意识产品的质量和性能。

(二) 思维意识、认识意识和实践意识

受知识原材料的限制和制约，有意识思维通过对感知组织获得的知识进行分析处理所生产出来的意识产品可划分为三种类型：思维意识、认识意识和实践意识。

思维意识是思维组织经过潜意识思维和有意识思维产生的，指挥思维组织对感知组织获得的知识进行合理有效的分析处理，以获得处置客体的意识，为主体进一步实施处置客体的行为做好准备工作的意向、方案、方法和命令。

认识意识是在感知组织提供给思维组织的知识原材料不能使思维组织判明客体所具有的价值和意义，不能使思维组织通过对感知组织获得的全部知识的分析处理，发现正确处置客体的行为意识时，思维组织根据生存意识的主导和思维意识的指挥生产出来的，指挥主体的感知组织主动收集和获取更多的客体知识，以满足思维组织生产意识需要的命令、意向、方法和方案。

实践意识是在感知组织提供给思维组织的知识原材料足够满足思维组织判明客体所具有的价值和意义，足够让思维组织经过对已有知识原材料的分析处理，发现处置客体的正确有效的意向和方案时，思维组织经过思维生产出来的，指挥主体的肌肉组织和运动器官进行活动，改造事物、变化环境、解决主体遇到的生存矛盾和问题的命令、意向和方案。

（三）正确意识和错误意识

受知识原材料的限制和制约，思维通过对感知组织获得的知识原材料的分析处理生产出来的意识产品，有一部分能够指挥主体通过自身行为实现预定的目的，有一部分不能够通过指挥主体通过自身行为实现预定目的。根据意识产品能否指挥主体行为取得预期目的标准，思维所生产的意识产品可以划分为两大类：正确意识和错误意识。

正确意识是以正确知识为原材料，经过思维分析处理生产出来的意识产品，是对主体具有正面意义和价值的、能够指挥主体通过自身行为实现预期目的满足主体需要的意识、意向、方案和命令。

错误意识是以错误知识原材料经过思维分析处理生产出来的意识产品，是对主体生存具有负面意义和价值的、不能够指挥主体通过自身行为实现满足主体生存和发展需要的目的、意向、方法、方案和命令。例如，搬起石头砸自己的脚。

还可以从更多的角度对思维进行各种类型分类，从而更全面更深刻地理解思维的概念。正确理解思维的概念，将有利于我们正确认识整个物质世界。

参考资料：

宝成关．政治思想史［M］．长沙：湖南教育出版社，2004.

建筑施工企业的工程造价管理

杨忠杰*

(云南经济管理职业学院　云南　昆明650106)

摘　要：施工企业工程造价管理是建设工程项目管理的重要组成部分，其管理的核心是施工成本控制，工程造价管理直接关系到项目成败和企业生存。工程造价管理的目标就是合理地确定造价和控制成本的过程，达到提高建筑施工企业的经营效果，实现最终盈利的目标。施工企业工程造价管理主要包括工程招投标阶段、施工实施阶段、竣工结算阶段的工程造价管理。

关键词：施工企业；工程造价；过程控制；成本控制

施工企业建筑工程造价管理是建设工程项目管理的重要组成部分。企业通过项目实施，最终目的是盈利。施工企业工程造价管理的目标就是通过科学的管理方法合理地确定造价和有利地控制造价，以提高建筑安装施工企业的经营效果。工程造价管理始终贯穿于建设项目的全过程，从工程招投标开始，至整个工程竣工结算为止。基本顺序为：工程招投标，中标，施工中变更、索赔等施工预算管理，竣工结算，成本分析。

---

* 杨忠杰（1980—　），男，云南大理人，学士，研究方向为工程造价与建筑监理。

一、招投标过程工程造价管理

工程招标成为建筑市场争取任务的主要途径。选择的客观必将导致施工企业优胜劣汰，适者生存。要想在激烈的竞争中求得生存，一要把握机会，立足市场，加大承揽任务的力度；二要加强施工企业的管理，向管理要效益。

在投标活动中，报价十分重要。各投标单位分数接近时，技术标与企业综合得分将起决定性作用。企业的施工状况及企业的资质等将影响标书的综合得分。这要求施工企业在施工过程中，一定要严把质量关，争取优质工程，在综合竞争中形成良性循环。要想在众多实力相当的投标人中脱颖而出，一举中标，科学合理的报价技巧相当关键。在其他各方面相同的情况下，报价技巧是指在报价中采用一定的手法或技巧使业主可以接受，而中标后又能获得更多的利润。

在实际工作中，常用的报价技巧主要有：

1. 不平衡报价法。不平衡报价法指总报价基本确定后，通过调整内部各个项目的报价，以期既不提高单价、不影响中标，又能在结算时得到更理想的经济效益。

2. 计日工单价的报价。一般可稍高于工资单价，因为零星用工不属于合同总价的范围，实报实销，可多获利。

3. 多方案报价法。对一些招标文件，如果发现工程范围不明确、条款不清楚或很不公正、技术规定要求过于苛刻时，则要在充分估计投标风险的基础上，按多方案报价法处理。即按原招标文件报一个价，然后再提出，如果某条款作某些变动，报价可降低多少，由此可报一个较低的价，以此来降低总价，从而吸引业主。

4. 增加建议方案。有时招标文件规定，可以提一个建议方案，投标者应抓住机会，对招标文件的设计和施工方案仔细研究，提出更为合理的方案吸引业主，促成自己的方案中标。这种建议方案可以降低总造价或是缩短工期。但要注意对原招标方案一定也要报价。建议方案一定要比较成熟，有很好的操作性。

5. 补充投标优惠条件。在投标报价时，除按招标文件的要求和规定进行报价外，还可以根据自己企业的情况补充投标的优惠条件，如缩短工期，提高工程质量，降低支付条件要求，提出新技术和新设计方案，以及提供补充物资和设备等，以此优惠条件争取得到招标人的赞许，争取中标。

二、施工过程中的工程造价管理

施工过程造价管理有着重要的意义：造价管理是施工阶段的重要组成部分，是施工企业内部在工程合同的价格控制下依法得到合理利润而开展的管理活动，是施工管理的核心。造价管理是当今施工企业区别于计划经济下的施工企业的主要方面，计划经济下的施工企业以完成任务为目标，势必造成材料的大量浪费，工人的施工效率较低。

施工过程造价管理的实施：施工前，要结合施工图纸及现场实际情况、自身的机械设备、施工经验、管理水平和技术规范验收标准，编制一套切实可行的施工方案。该施工方案是工程实施的行动纲领。因为可能会存在中标价格较低或设计概算先天不足等情况，这就要求必须合理组织施工，节约成本，向管理要效益。现场经营管理预算人员必须与施工技术人员、材料机械人员密切结合，互相了解，以经营管理为核心，以节约成本为目的。

施工过程中成本控制是工程造价管理的核心，应该做到：在确定了施工项目成本计划后，必须定期进行施工项目成本计划值与实际值的比较，当实际值偏离计划值时，分析产生偏差的原因，采取适当的纠偏措施，以确保施工项目成本控制目标的实现。其步骤如下：

1. 比较。按照某种确定的方式将施工项目成本计划值与实际值逐项进行比较，以发现施工项目成本是否已超支。

2. 分析。在比较的基础上对比较的结果进行分析，以确定偏差的严重性及偏差的原因，从而采取有针对性的措施，减少或避免相同原因的再次发生或减少由此造成的损失。

3. 预测。根据项目实施情况估算整个项目完成时的施工项目成本。预测的目的在于为决策提供支持。

4. 纠偏。当施工项目的实际施工成本出现了偏差，应当根据施工项目的具体情况、偏差分析和预测的结果，采取适当的措施，以期达到使施工项目成本偏差尽可能小的目的。纠偏是施工项目成本控制中最具实质性的一步，只有通过纠偏，才能最终达到有效控制施工项目成本的目的。

5. 检查。检查是指对工程的进展进行跟踪和检查，及时了解工程进展状况以及纠偏措施的执行情况和效果，为今后的工作积累经验。

总之，施工现场要加强索赔意识及熟悉索赔程序，索赔首先要建立在合同的基础上。这就要求现场层层机构及有关人员应对合同基本条款、涵盖内容深入了解，增强全员的合同意识。按照合同的约定履行义务，组织施工生产，切实维护合同赋予的权益。参与施工现场管理的技术、机械、材料人员在工作上要与经营人员共同合作，在满足施工顺利实施的前提下，尽可能地节约成本。

三、施工企业工程项目成本控制

施工成本管理就是要在保证工期和质量满足要求的情况下，利用组织措施、经济措施、技术措施、合同措施把成本控制在计划范围内，并进一步寻求最大限度的成本节约。

1. 施工成本预测。根据成本信息和施工项目的具体情况，运用一定的专门方法，对未来的成本水平及其可能发展趋势作出科学估计。

2. 施工成本计划。以货币的形式编制施工项目在计划期内的生产费用、成本费用、成本降低率及为降低成本所采取的主要措施和规划的书面方案。它是建立施工项目成本管理责任制、开展成本控制和核算的基础。

3. 施工成本控制。在施工过程中，对影响施工项目的各因素加强管理，采取各种有效措施，将各种消耗和支出严格控制在成本计划范围内。计算实际成本与计划成本之间的差异并进行比较分析，消除损失浪费。在施工项目开工前，对影响施工项目成本的诸因素进行事前预测和计划，即事前控制；在施工项目施工过程中，对施工项目成本的形成和偏离施工项目成本目标的差值进行分析，查找原因，并采取各种有效措施进行纠偏和控制，即事中控制（过程控制）；在施工项目通过竣工验收交付使用、竣工决算后，对施工项目成本计划的执行情况加以分析总结，找出做得好的方面，同时也寻查有些分部分项工程实际成本超出计划成本或合同价的原因，对施工项目成本控制进行全面的综合分析与考核，以便找出加强施工项目成本控制、改进施工项目成本控制的对策，即事后控制。

4. 施工成本核算。按规定开支范围对施工费用进行归集，计算出施工费用的实际发生额，并根据成本核算对象，采用适当的方法，计算出该施工项目的总成本和单位成本。

5. 施工成本分析。在成本形成的过程中，对施工成本进行对比评价和总结工作贯穿于施工成本管理的全过程。

6. 施工成本考核。将成本的实际指标与计划、定额、预算进行对比和考核，评定项目成本计划的完成情况和各责任者的业绩，并以此给以奖励和处罚。

总之，施工企业工程造价管理工作自始至终贯穿于企业整个生产经营活动中，它是一项涉及面广，综合性强，需要有关部门各负其责、密切协作配合的工作。企业想要发展，建筑工程项目想要达到较好的经济效益目标，工程造价管理是十分重要和艰巨的，直接关系到项目成败和企业生存。

参考文献：

[1] 徐大图．建筑工程造价管理［M］．天津：天津大学出版社，1989.

[2] 孙义．施工企业工程成本管理［J］．合作经济与科技，2005（08）．

[3] 尹贻林．工程造价管理相关知识［M］．北京：中国计划出版社，2000.

[4] 沈祥华．建筑工程概预算［M］．武汉：武汉工业大学出版社，2003.

试论形声字声旁表意

石艳芝*

（云南经济管理职业学院　云南　昆明 650106）

摘　要：形声字在汉字中占有很大的比重，形声字由形旁和声旁组成，形旁是指表示字和意义的部分，声旁是表示字的读音的部分。有些形声字的声旁兼有表意作用，本文试从形声字的表意声旁的特点和规律，对声旁表意的原因、规律和探讨规律的意义加以粗浅的分析。

关键词：形声字；声旁；表意

形声字是六书的一种，许慎《说文解字·叙》中说："形声者，以事为名，取譬相成，'江'、'河'是也。"取表示事物意义的字为义符，取表示事物读音的字为声符，义符、声符合在一起形成的字就是形声字。形声字中的义符和声符，顾名思义，义符就是表示形声字意义的部分，声符是表示形声字读音的部分。义符的表意作用和声符的表音作用本文不作详述，这里主要探讨声旁的表意作用。有些形声字的声旁兼有表意作用，又称之为有义的声旁。

---

* 石艳芝（1965—　），女，云南大理人，学士，云南经济管理职业学院讲师。

一、表意声旁的特点和规律

（一）表意声旁的特点

1. 表意声旁的界说。

和形声字的概念相同的声旁是表意声旁。或者说和形声字同义的声旁是表意声旁。所谓同义，就是形声字的概念和声旁的概念完全相同。如形声字“溢”义和声旁“益”的本义，两个概念完全相同，声旁“益”就是形声字“溢”的表意声旁。形声字“燃”义和声旁“然”字的本义，两个概念相同，声旁“然”就是形声字“燃”的表意声旁。

2. 同样的声旁，有的可以表意，有的不能表意。

如“莫”是“暮”、“漠”、“寞”等字的声旁，其中只有“暮”字的声旁“莫”是表意声旁。因为“莫”是“暮”的本字，在“傍晚，太阳将落的时候”这个意义上，“莫”和“暮”是同义的。其余的几个形声字的声旁“莫”，只能表音不能表意，因为它和形声字的概念不相同。

3. 形声字的两个部件——形旁和声旁，只有声旁能作表意声旁，形旁是不能表意的。

形旁只能定类，不能表意。如江、河、海的形旁“水”，只能定江、河、海是属于水类，江、河、海和水是同类，不是同义。水只能表江、河、海的所属范畴，不是相同概念。

（二）表意声旁的规律

1. 声旁本义就是形声字的字义。

枝，从木，支（古字像手持树枝。“枝”本字）声，字义即树（竹）的枝条。柢，从木，氐（古字像下扎的树根，指树的主根）声，“柢”字本义是树木的主根。

2. 以声旁的本义点明形声字的字义。

樵，从木（树），焦（四点是“火”的变形，“隹”是鸟，意为以火烧烤鸟到黄枯或黑的程度，此指燃烧）声。联系形旁“木”，不难联想到是树木中供燃烧的枝杈或不成材的散木，即木柴，引指砍木柴的樵夫。

3. 以声旁的引申义点明字义。

糇，从米，侯声，联系形旁“米”，字义为供哨所里军士食用的干饭或粮。糗，从米，臭（犬鼻擅嗅气味；引指气味）声。联系形旁“米”，字义为有香味的干粮或炒面。古人将米、麦等炒熟、捣碎，拌上动物油，以供行人或行军途中食用。

4. 以声旁义所指事物的性质点明字义。

糯，从米，需（古字像人的胡须；需，本指胡须被雨濡湿；引指因雨湿而黏滑）声。联系形旁“米”，字意为米粒煮熟后滑软而性黏的稻谷。

5. 以声旁所指事物的方位、状态等点明字义。

栋，从木，东（太阳升起的方向。日东升而光西射，呈东西向）声，联系形旁“木”，字义为正房承载椽、盖儿的东西向的脊檩，与南北向的柁相对；喻起重要作用的人或事物。杠，从木，工（工字形矩尺）声。联系形旁“木”，字义为连接床前两腿的横木；引指搭在溪涧两岸构成“工”字形的独木小桥等。榱，从木，衰（古字像草织的蓑衣，蓑衣的外层草茎根朝下，自下向上递缩以沥水）声。联系形旁“木”，字义为房屋顶上用来覆盖茅草屋瓦的木椽，外观看去如人穿蓑衣似的。

6. 以声旁义所指事物的比喻义点明字义。

俪，从人，丽（古字像两鹿并行，指成双成对；后作“蓬”。因鹿的头上有枝状的角，肤色有圆斑，外观很漂亮，故有美丽的意思）声。联系形旁“人”，喻指成双成对；引指并列，美好夫妻、配偶。

7. 以声旁所指事物的特点点明字义。

情，从人，青（草初生时的颜色，稚嫩而富有生机）声。

联系形旁“人”，字义为像初生的草那样美好而富有朝气的青年男子；引指美好、俏丽。娇，从女，乔（树高大；树的高处枝端柔嫩）声。联系形旁“女”，字义合指女子姿态柔媚，美丽；引指因自谓美好而撒娇邀宠。

8. 用省略的声旁原字的字义点明字义。

菁，从草，精（纯净的米；泛指事物的精华）省声。声旁“精”联系形旁“草”，字义为形似草叶的韭菜上的精华部分，即韭菜花；引指事物的精华部分。

二、探讨声旁表意的原因、规律的意义

（一）声旁表意的原因

形声字声旁为什么会有表意功能呢？清代黄承吉说：“古人制字之义，必起于声者，何也？盖语原自性生，而字本从言起”，“从言制即从声制，可见字义皆起于右旁之声也。由声而有字，由字而后加以偏旁，偏旁原即是字，然必先取此字而后以偏旁加之，则可见凡制字必以为声之字立义在前，而所加之偏旁在后”（《字话义府合按》）。近代刘师培在研究汉字字源时也说：“古代之字，只有右旁之声，而未有左旁之形。近世恐其无区别也，乃加旁之形以示区别，故右旁之声，纲也；左旁之形，目也。”（《文章原始》）并举例说：“仑字含有‘分析条理’之意，上古之时，只有仑字。就言语而言则加言而作论；就人事而言则加人而作伦；就丝而言则加丝而作纶；就车而言则加车而作轮；就水而言则加水而作沦……是论、伦、纶、轮、沦诸字，皆由仑字之义引申也。”（《小学发微》）这些论说已涉及汉字形声字的形成途径。有很多最初的形声字就是由于在本字基础上再加形旁而构成的，这样本字变成声旁，自然也就表意了，加形旁通常是为了明确字义的类型。“声义同源”也已被现代语言学研究证实。事物的内容存在于形式，一定的形式决定于一定的内容。因

此，对形声字的形义关系的研究，除应该重视形旁的表意性外，还应该重视结合声旁的形音义来探讨，这既是深入理解字的形义关系，也是深化“基础”与“素质”教育的需要。

（二）探讨声旁表意规律的意义

1. 理解声旁的表意作用，便于准确掌握字的本义和字的词义系统，利于丰富词汇，打好坚实的语言文字的知识基础。

2. 对声旁表意性的分析，是以象形、指事、会意字为基础的，有助于培养见形知意、因声求意的能力，以及提高准确用字和深刻理解文意的读写能力。

3. 对声旁表意性的分析，有助于充分揭示汉字表意结构中所蕴涵的丰富历史文化知识，从而进一步展示汉字独特的象形魅力。

4. 对声旁表意性的分析，有助于揭示古人认识反映生活的思维规律，从而也有助于进行逻辑思维训练，培养分析问题、解决问题的能力。

汉字声旁表意的事实，给我们这样两点启示：一是在理解汉字的意义时，不能仅仅盯住形旁，还应该注意它的声旁，并将表示意义类别的形旁和表示具体意义的声旁结合起来，才能全面地理解汉字的意义；二是同声旁的形声字字义往往相通，因此，汉字的意义不是孤立的。

总之，形声字声旁表意的方式内容，以及表意上的同一性，是古之造字“因义赋形”、“音同义通”的规则所决定的；其表意的直接与间接、鲜明与婉约，是造字时所选声旁义与形声字字义所表示的事物之间联系的直接或间接所决定的。

参考文献：

[1]（清）王筠．说文释例［M］．北京：中华书局，1983.

[2] 马叙伦．说文解字六书疏证［M］．上海：上海书

店，1985.

[3]（清）段玉裁．说文解字注［M］．上海：上海古籍出版社．1981.

[4]（清）朱骏声．说文通训定声［M］．北京：中华书局，1984.

[5] 徐中舒．汉字大字典［G］．成都：四川辞书出版社，武汉：湖北辞书出版社，1981.

[6] 丁忱．黄卓文集［M］．武汉：湖北人民出版社，1990.

[7] 黄文龙．汉字声旁表意性问题研究［J］．河南师范大学学报（哲学社会科学版），2003（03）.

[8] 裘锡圭．文字学概要［M］．北京：商务印书馆，1988.

[9] 陈梦家．中国文字学［M］．北京：中华书局，2006.

[10] 高小芳，等．古汉语研究导引［M］．南京：南京大学出版社，2006.

[11] 高更生．汉字研究［M］．济南：山东教育出版社，2000.

[12] 荆贵生．古代汉语［M］．武汉：武汉大学出版，2005.

[13] 张桂光．汉字学简论［M］．广州：广东高等教育出版社，2004.

“人肉搜索”侵权法律问题探析

马　嘉*

（云南师范大学商学院　云南　昆明 650106）

摘　要：“人肉搜索”是随着网络普及化进程而产生的一种新兴网络现象，该现象的出现，有利于网络社会的德治与现实社会法治的结合，但也对他人隐私权、名誉权及肖像权等权利造成了一定的侵害。本文从“人肉搜索”引发的侵权问题出发，探讨我国现行法律对于“人肉搜索”侵权规制存在的缺陷并提出了相关的改善措施，力图使“人肉搜索”这一网络行为能在合理合法的范围内发挥其积极的舆论监督作用。

关键词：人肉搜索；侵权；法律规制

“人肉搜索”作为一种新兴的网络行为，越来越多地充斥着我们的生活。从“虐猫事件”到“周老虎”事件，“人肉搜索”让我们了解了很多事件的真相，知道了许多无良行为的始作俑者，但是，“人肉搜索”的合法性也越来越多地引起了人们的怀疑。

一、“人肉搜索”概述

究竟什么是“人肉搜索”？百度百科给出的答案是：“人肉

---

* 马嘉（1981—　），女，云南昆明人，法律硕士，讲师，主要研究方向为合同法、刑事诉讼法及宪法。

搜索”是指利用人工参与来提纯搜索引擎提供信息的一种机制，实际上就是通过其他人来搜索自己搜不到的东西，与知识搜索的概念差不多，只是更强调搜索过程的互动而已。按照笔者的理解，“人肉搜索”就是通过在网络上提出问题，由来自全国的网友进行回答，集合各种信息从而得出该问题完整而全面的答案。

“人肉搜索”自诞生之日起就遭受争议。“人肉搜索”是一把双刃剑，一方面，“人肉搜索”有利于个人情绪的自由表达；有利于网络社会的德治与现实社会法治的结合；更有利于舆论监督，促进政府行政效能的提高。另一方面，我们却看到越来越多的“人肉搜索”事件正在向私刑的性质发展，演化为“网络暴力”。被搜索对象的个人隐私被毫无保留地公布在网上，使得被搜索对象的精神受到巨大的伤害，有悖社会道德，更重要的是，它引发了很多侵权问题。

因此，我们对“人肉搜索”应该有所规制，而所有规制手段中最为有效的当属法律手段。

二、我国现行法律对“人肉搜索”规制的缺陷

我国与网络相关的法律起步较晚，目前我国法律规范对民事权利的传统保护模式散见在宪法、民法、刑法、诉讼法等领域。但几乎所有的规定均未能预见网络环境下侵权行为的特殊性，导致在法律适用上存在很大的障碍。具体来说，主要是我国法律对相关的公民权利的保护缺乏明确的标准，体现在以下几个方面：

（一）隐私权缺乏明确的界定和保护

我国《民法通则》将公民的民事权利分为人身权和财产权，人身权中的人格权仅包括生命权、健康权、姓名权、名称权、肖像权、名誉权和荣誉权等，这些权利是民事法律保护的主要对象。但是对于何谓“隐私权”，法律却没有明确的界定。但隐私权又是“人肉搜索”最主要的侵权对象，因此，由于于法无据，

我们在保护被搜索人的隐私权时就显得非常无奈。

（二）名誉侵权没有明确的认定标准

什么是名誉权？名誉权是指权利主体所享有的维护社会对自己的良好评价不被非法贬损、诋毁的权利。名誉权主要表现为名誉利益支配权和名誉维护权，权利人有权利用自己良好的名誉获得更多的利益，有权维护自己的名誉免遭不正当的贬低，有权在名誉权受侵害时，依法追究侵权人的法律责任。但是不是只要在网络上发布当事人的基本信息或者事件的基本情况，就会造成当事人社会评价的降低，就会导致名誉侵权？这些基本的评价标准，我国法律并未给予明确的界定，这也是我国法律的一大缺失，也使得我们在处理相关案例的时候难以确定侵权成立与否。

（三）侵犯肖像权的判断标准不符合网络侵权的实际

我国《民法通则》第一百条规定："公民享有肖像权，未经本人同意，不得以营利为目的使用公民的肖像。"可见，民事法律将"营利"，作为侵犯肖像权的一个构成条件，对此理论界与司法部门存在争议。公民的肖像权是一种人格权，其体现的主要是精神利益。法律保护公民的肖像权，最主要的是保护公民肖像权所体现的精神利益，同时也保护有精神利益转化、派生的财产利益。"人肉搜索"中上传照片行为很多时候并非是为了"营利"，但显然与《民法通则》保护公民人格尊严不受侵犯的立法宗旨相悖，那么按照法律的规定，不"营利"就不能认定为侵权，但公民所遭受的精神损害又如何来确认呢？

三、"人肉搜索"侵权法律规范的完善建议

（一）明确隐私权的概念及范围

隐私权，应该是自然人所享有的个人生活安宁与私人信息秘密依法受到保护，不被他人非法侵扰、知悉、收集、利用和公开的一种人格权，该种权利为权利人独占性、排他性地完全享有。

隐私是个人信息的一种，“人肉搜索”常用的手段就是将被搜索者的个人信息完全披露在网上，使网友可以知道他的真实身份，从而展开网络攻击，更有甚者，会利用这些信息对被搜索者的现实生活加以干扰。这就是“人肉搜索”侵犯隐私权的主要表现。这种侵权行为已经严重干扰了被搜索者正常的学习、生活，不利于社会秩序的稳定，因此应该由法律加以严格的规制。

但笔者认为并非所有的个人信息都属于隐私的范畴。只有那些一旦公布即会造成主体人格尊严受损、社会评价降低或者私人生活被严重侵扰的个人信息才应当属于隐私，例如生理缺陷、私生活、未成年子女的信息等内容，同时还应当考虑被公布者的职业和身份等因素来综合定义隐私的范围。例如人大代表候选人的个人基本信息就不应视为隐私，因为这是选民了解他的重要信息，但其家人的基本情况或者他的私生活情况就应属于隐私，因为这与他的职务没有直接的关系，公布后会造成其家人生活的不便。由此可见，与人格尊严没有直接关系的信息取决于当事人是否愿意公布或者可以与其职业、职责等特定标准结合后予以确认。

（二）明确侵犯名誉权的判断标准

对于“人肉搜索”而言，名誉侵权更多地表现在论坛中网民的议论和评价过程中，采取侮辱、诽谤、披露隐私等方式来发表自己对被搜索者的评价，这种言语超出了言论自由和舆论监督的合理界限，构成了对被搜索者的名誉侵害，即属于所谓的“网络暴力”。笔者认为，对于是否侵犯他人名誉权，要进行个案分析，其最重要的判断标准是看有没有歪曲或捏造事实，从而导致被搜索者的社会评价降低或名誉受损。如果只是对事件的真实披露，只是呈现事件的原貌，并未通过捏造、歪曲或者人身攻击的方式，则不构成对他人名誉权的侵害，特别是对于一些政府官员或公众人物的腐败行为或不道德行为进行真实的曝光，则应认定为正当行使舆论监督权的行为，而非侵权。

（三）明确侵犯肖像权的认定标准

我国《民法通则》第一百条规定："公民享有肖像权，未经本人同意，不得以营利为目的使用公民的肖像。"《最高人民法院关于贯彻执行〈中华人民共和国民法通则〉若干问题的意见（试行）》第一百三十九条规定："以营利为目的，未经公民同意利用其肖像做广告、商标、装饰窗橱等，应当认定为侵犯肖像权的行为。"由此可以看出，我国对于肖像权的保护范围是比较窄的，无论是《民法通则》还是司法解释均把"以营利为目的"作为构成肖像侵权的一个必要条件。如果按照上述法律规定，目前的"人肉搜索"现象由于大多不具备以营利为目的，则很难被认定构成肖像侵权。

笔者认为，在"人肉搜索"中，不应将以营利为目的作为肖像权侵权的必要条件。因为"人肉搜索"中，行为人发布他人的照片，并不一定要营利，而是基于曝光、报复或者其他目的。所以在未经权利人同意而使用其肖像的情况下，在认定是否构成侵权时也应区别对待，只要不是以歪曲、侮辱、丑化等有损个人形象及其他非正当方式使用他人肖像的，不应认定构成对权利人肖像权的侵害，反之如果行为人发布他人的照片是为了进行侮辱、诽谤、丑化，则构成肖像权侵权。譬如，未经他人同意，擅自将他人的照片 PS 到动物身上，再予以发布，有损权利人形象的，应认定为构成肖像权侵权。如果网民只是对他人在先公布的肖像下进行文字性攻击、诋毁等点评的，则应归为名誉侵权。

综上所述，"人肉搜索"这一网络现象的存在有其合理性和积极性，我们不应予以一味的制止，对于如何管理处于互联网规范与法律监管真空地带的"人肉搜索"，使其做到既维护互联网言论自由和共享的精神，又不侵害他人的隐私等人格权，从制度保障上需要政府及立法机关出台相应的政策及法律。作为网民，在运用“人肉搜索”实现其知情权、言论自由和舆论监督权时，也需要遵守相关的法律法规，不违背社会的公序良俗和道德规范，以暴制暴绝不是一个法治社会应当出现的。

参考文献：

［1］东方尔．人肉搜索已成网络世界的暴政［J］．现代计算机（普及版），2008（07）．

［2］杨诚，宁清同，黄凯宁．侵犯网络隐私权的民事责任浅析［J］．学术界，2009（03）．

［3］王利明．人格权法新论［M］．长春：吉林人民出版社，1994.

［4］胡建．“人肉搜索”必须接受法律的规制［J］．法制资讯，2008（01）．

［5］张新宝．互联网上的侵权问题研究［M］．北京：中国人民大学出版社，2003.

On Delineation of O'Neill's Dramatic Language

杨　琼*

（云南师范大学商学院　云南　昆明 650106）

Abstract: O'Neill depicts natural and ordinary people living in real and typical surroundings with rich inner mind through delineated language, exposing serious life of these people and their struggle. Such language also exposes O'Neill's aims: getting through the surface of things, searching for a philosophy which can give order and meaning to the inevitable inner conflict.

Key Words: O'Neill; Drama; Language; Delineation

Ⅰ. Introduction

Eugene O'Neill (1888—1953) an America's leading and foremost dramatist, is internationally recognized as the quintessential America dramatist of the world stage in twentieth century. In the thirty years of his creative life, he completed drafts of sixty – two plays. His many plays were translated and staged all over the world; He won Pulitzer Prize four times and is still the only dramatist to win a Nobel Prize (1936) in America.

---

* 杨琼（1971—　），女，云南会泽人，硕士，云南师范大学商学院讲师，研究方向为英美文学及大学英语教育。

O'Neill's high expressive force is one of his indispensable genius which is an organic unity of his achievements. This thesis, will analyze the features of O'Neill's dramatic language— delineation in his two Pulitzer Prizes plays—*Beyond the Horizon* and *Long Day's Journey into Night* to expose O'Neill's aims: getting behind the surface of things, searching for a philosophy which can give order and meaning to the inevitable inner conflict.

It is well accepted that he is at his best an artist who uses the theatre as a medium for the expression of his attitude toward life in terms of character. He sweeps the old away, and uses a fresh mixture of language that has not been heard before on stage. As Michael Hinden holds that "O'Neill invented a new grammar of stage presentation that mixed realistic means" (Hinden, 1990: 4). Time magazine declared in 1953, "Before O'Neill, the U. S had theatre; after O'Neill, it had drama". All his life O'Neill seeks to explore human soul and tries to create a kind of "new language of O'Neill's".

Ⅱ. Two Aspects of O'Neill's Delineated Dramatic Language

Detailed and elaborated stage direction embodies O'Neill's technique of delineation, through which characters' expression and inner thought are depicted. O'Neill's dramas focus on ordinary people and in particular, on their inner psychological lives. O'Neill demands and receives high praise for his elaborated stage directions, through which characters are delineated with great subtlety: inner struggle are directly presented, the intense reality of the private lives beneath the mask is dramatized, the complexity of its major characters and the progressive unfolding of their psychological richness and the absorbing emotional rhythm of their interactions are conveyed.

2.1 Delineation of Setting

Stage direction is an example of O'Neill's novelistic approach to detail, he avails himself of a novelist's privilege to permit his characters to express unspoken thoughts. In *Beyond the Horizon*, the stage direction of setting in four acts forms an indispensable part of the development of the story. It conveys to the reader the Mayo family's development from comparatively prosperity to decay and finally poverty. In Act One, Scene Two, through the description of newly carpeted floor, a red covered table, and in its exact place, the atmosphere is one of the orderly comfort of a simple, hard-earned prosperity, enjoyed and maintained by the family as a unit (O'Neill, 2007: 1). We know everything is going well through the hard work of Mr. Mayo and Andrew and the care of Mrs. Mayo until Ruth and Robert's revealing love to each other and Andrew's decision to leave.

Three years later, with Andrew's leave and Mr. Mayo's death and Robert's misfit for the farm, the family members are disappointed with Robert, especially Ruth and her mother. There is carelessness and inefficiency in this family: shabby chairs, spotted and askew table cover, one-armed doll and cluttered up desk. Five years later, things become worse: torn and dirty curtains, dust-accumulated desks and blotch and damp wallpaper present decay, dissolution and poverty of the family.

It is an evident contrast that the family develops from comparatively prosperity to decay. Ruth does not love Robert, and even despises him. She finds the man she really loves is Andrew, but Andrew tells her he loves her no longer.

Five years later, things go miserably. Mary and Mrs. Mayo

died. Robert is dying, too. Words below show the family's decay and disillusion:

Torn and dirty curtain, dust - covered desk, Blotches and damp wallpaper, threadbare trails, faded carpet, The top of the coverless table is stained with the imprints of hot dishes and spilt food. The rung of one rocker has been clumsily mended with a piece of plain board. The whole atmosphere of the room, contrasted with that of former years, is one of an habitual poverty too hopelessly resigned to be any longer ashamed or even conscious of itself (O'Neill, 2007: 1).

Besides depicting the family's decay and disillusion, O'Neill employs these delineated words—faded carpet, shabby chairs torn and dirty curtain and dust—covered desk to reveal the main characters' profound psychological change—from having faith in life to being hopeless and indifferent.

2.2 Delineation of Inner Mind

Geddes singles out O'Neill's stage direction for special comment, "most of the time he write for the readers, O'Neill describes rather than dramatizes" (Geddes, 2000: 220). O'Neill relies on the methods of novelist, readers can visualize characters' psychological lives in reading. His drama is called "Drama of Soul".

In *Beyond the Horizon*, O'Neill depicts wonderfully two brothers' sadness before Robert's leave and their subtle state of mind—both love Ruth, but unwilling to talk about it. They fall silent when mentioning Robert's leave. Andrew goes on, "awkwardly attempting to speak casually". Hearing that Andrew want to go home to prepare for Ruth and her mother's coming for supper, the tone of Robert is "pointedly, almost bitterly". Andrew's expression is confused—looking everywhere except at Robert—trying to appear unconcerned. "Robert appears to be fighting some strong inward emotion—impulsively, he stops abruptly, biting his lips, his face colouring." Robert would like to say something about Ruth but he stops, Andrew "facing him half defiantly" waits him to speak out what they know. Robert "confusedly" says nothing (O'Neill, 2007: 6). Andrew leaves. They think Ruth loves Andrew. Robert wants to talk about it but Andrew does not because he thinks they cannot help those things.

Ruth comes telling Robert they'll miss him awfully, thinking she and Andrew are in love with each other, Robert presents "a wry attempt at a smile". (Ibid., 7) Robert offers his view that he'll soon be forgotten, but Ruth disagrees with him "indignantly". When Robert "softly" asks her to promise that she'll never forget, Ruth's attitude is "evasively". Robert responds "disappointedly". (Ibid., 8) Ruth is eager to have Robert know her love but does not want to conceal it directly for her shyness; Robert is disappointed because he thinks Ruth does not love him.

Hearing Robert's reason for leaving, Ruth is "charmed by his low, musical voice telling the dreams of his childhood and spellbound". (Ibid., 9) Robert and Ruth cannot refrain from revealing love to each other, the result is a surprise and happiness to them.

After revealing love, Ruth requests Robert not to go. Robert's process of thinking has three stages: Robert is first "bewildered", (Ibid., 10) then "face to face with a definite, final decision, betrays the conflict going on within him", later "conquered by this appear—an irrevocable decision in his voice". (Ibid., 11) His two lookings at the horizon expose he is reluctant to betray his dream: "he turns as though for a last look at the hills and the dying sunset flush, his eyes are fixed again on the horizon." (Ibid., 11) Robert decides to stay thinking he can find the mystery and wonder on the farm.

After supper, Robert offers to wheel Mrs. Atkins back, the other three wait for him listening to the Captain's talk "pretending an interest which is belied by the absent—minded expression on their faces". Andrew's is "his chin sunk forward on his chest, staring at the carpet, preoccupied and frowning". (Ibid., 1) Mr. and Mrs. Mayo are waiting for Robert's return anxiously for they want to talk with him before his leave. Andrew is worrying and guessing what may take place between Robert and Ruth. When Robert reports his new and important decision, Andrew "remains standing by the door, his arms folded, listening to Robert with a repressed expression of pain on his face". (Ibid., 1) Till then Andrew's worries are confirmed. It is a great blow to him and he loses hope to live on the farm and chooses to run away.

O'Neill's concern is not with the physical but with the spiritual existence. He expresses these profound hidden conflicts of the mind and disclose them to readers. As Fagin says, "His words carry the tragedy of man's decay and the pathos of his helplessness". (Fagin, 1961: 424) In *Beyond the Horizon*, we see the decay of the household, the tragedy of the misfit, the waning of love, the birth of disappointment, the corrosion of poverty and spite and disease. As Woollcott (1961: 136) points out the woman grow drab and dull and sullen, the man wasted by the consumption that in another life might have been avoided, crawl at last out of the hated house to die on the road he should have traveled, straining his eyes toward the hills he never crossed.

In *Long Day's Journey into Night*, Mary's nervousness, bitterness, detachment and reminiscence are centered, to which other family members' reaction is exposed. Her nervousness is showed by the motion of her hands:

What strikes one immediately is her extreme nervousness. Her hands are never still. One avoids looking at them, the more so because one is conscious she is sensitive about their appearance and humiliated by her inability to control the nervousness which draws attention to them (O'Neill, 1995: 1902).

She keeps silence at Tyrone's words of guessing the reason of two brothers' laughing, but "Her hands appear on the table top, moving restlessly". (Ibid., 1903) When hearing their laughing and Edmund's coughing, "Mary listens worriedly. Her fingers play nervously on the table top". (Ibid., 1904) Tyrone reminds her not to worry too much about Edmund and take care of herself. Mary's expression is "forcing a smile, with sudden tenseness". (Ibid., 1904) She is sensitive, coming in from the back parlor, she doubts Tyrone and Jamie are talking about her. "She gives a quick, suspicious glance from one to the other, her manner nervously self-conscious." She "hastily" urges them to start to work, and says about the sunshine "strangely, as if talking aloud to herself, suddenly she is self-conscious aware that they are both staring fixedly at her—flurriedly, raising her hands". (Ibid., 1914) They "stare at her with a growing dread". Relapsing into drug addiction and worries about Edmund' illness bring Mary great nervousness. She is in her hard struggle, the other family members worry about her, fearing the possibility of her taking morphine again.

She struggles hard but gives in, when she comes downstairs, two brothers "grow tense with a hopeful, fearful expectance." "She appears less nervous. With one probing look." Jamie's suspicions are justified, his eyes fall to stare at the floor, his face sets in an expression of embittered, defensive cynicism." (Ibid., 1921) Edmund asks "frightenedly with a desperate hoping against、hope" to make sure of his mother's taking drugs again, Mary responds "keeping her eyes averted, then her eyes meet his stricken, accusing look." Edmund "looks sick and hopelessly." "Tyrone knows now. He suddenly looks a tired, bitterly sad old man." (Ibid., 1924) Seeing Mary's appearance, James, Jamie and Edmund know Mary has taken drug, they feel bitter and hopeless.

Long Day's Journey into Night is concerned with the Tyrones' journey to truth: Through accusation, self-blame and self-justification, they seek forgiveness and understanding, which gives them strength to live. Characters live through their words, they appear before us vividly full of personality and life. We visualize them and their inner life.

Ⅲ. Conclusion

As America's leading and foremost dramatist, all his life, he seeks to create a "New kind of language of O'Neill's", his language is considered as one of his most successful factors. Each character must face himself and others without hope, but with a measure of tolerance and pity after gradually stripping away every protective illusion. O'Neill's characters' inner struggle is presented directly and the intense reality of the private lives beneath the mask is dramatized. Through O'Neill's delineated language, O'Neill exposes to us his pursuit of the meaning of life: getting behind the surface of things, searching for a philosophy which can give order and meaning to the inevitable inner conflict.

Bibliography:

[1] C. W. E. Bigsby. A Critical Introduction to Twentieth - Century American Drama, Volume One 1900—1940 [M]. Cambridge: Cambridge University Press, 1989.

[2] Bogard, Travis. Contour in Time: The Plays of Eugene O'Neill [M]. Oxford: Oxford University, revised edition, 1988.

[3] Geddes, Virgil. The Melodramadness of Eugene O'Neill [M]. Pennsylvania: The Norwood Press, 1977.

[4] O'Neill, Eugene. The Plays of Eugene O'Neill [M]. New York: Random House, 1954.

[5] O'Neill, Eugene. Beyond the Horizon [EB/OL]. http: //www. eoneil. com/texts/bth/I - i. htm.

[6] Hinden, Michael. Long day's journey into night: Native eloquence [M]. Boston: Twayne Publishers, 1990.

浅谈居家灯光设计

李运谱*

（云南师范大学商学院　云南　昆明 650106）

摘　要： 灯光是室内设计中最具表现力和感染力的因素，它是装修中的灵魂，营造一个和谐的居家环境要求我们从色彩应用、光源调配、功能布局等方面进行综合考虑。

关键词： 普通照明；功能照明；氛围照明

现代家居设计不断发展及完善，设计也更加注重细节，而灯光设计作为其中不可分割的一部分，也越来越被人们所重视，对它的设计要求也越来越高。光不仅仅简单地满足照明的需求，更是作为一项柔性的装修元素出现，给人舒适、温馨和空间感觉，不知不觉中触及使用者。因为通过灯光的设计可以调节室内氛围，丰富家居的内涵，制造出饱满的空间情绪，可以说是最不占空间的装饰品。有了光线，家才有了温度和感觉，有了丰富的表情，合理布置的光源能使家散发出灵性，尽展家庭装修的风格与魅力。所以，现代居室装修之美，在一定程度上是依靠光线的变化来修饰的。

在常规的家居设计中，多数业主对灯光设计的理解还仅局限于灯具的选择设计，而对光源的应用及设计提及较少，即使是利用也仅局限于满足一定的采光要求即可，对于把光源作为一种设

* 李运谱（1977—　），男，云南昆明人，工程师，研究方向为室内设计。

计手段来营造空间效果的重视不够。这里所要谈及的灯光设计更主要是灯具所发出的光源的设计。

室内灯光一般划分为普通照明、功能照明及氛围照明几大类。第一，普通照明的作用是为整个房间提供均匀的光，满足人们生活及工作的基本照明要求，所以也可以称为基础照明或者普照光源。普通照明也可用来确定整体基调，与功能和氛围照明融合起来，比如吸顶灯、配半透明灯罩的吊灯以及向上照射的灯都能照亮整个空间，均匀投射光芒。第二，功能照明的作用比较重要，特征也比较鲜明，就是围绕人们某项具体的活动提供的照明，考虑的核心就是人们在室内进行的一切活动，如阅读、娱乐、吃饭等，然后根据每项活动的具体需求提供合适的光源。如具有集中光束的落地灯放在沙发旁可作为阅读灯来使用。因此这种光源也可称为集中式光源。第三，气氛照明用于营造舒适的氛围。要制造气氛照明，就要选用不同高度的灯具。如，低矮的落地灯，彩色灯罩的台灯，或者再添一些漂亮的蜡烛，便可营造夜晚浪漫的气氛。从房间其他部分远远播撒过来的功能照明也能起到营造气氛的作用。使用一些柔和的暖光会让人感觉待在家里很舒服。由于它的作用是以营造氛围为主，照明为辅，所以也可以称之为辅助性光源。对于这类的灯，灯具选择侧重于外形、所发光源的色泽等。

了解了以上灯光功能的分类后，就可根据自身的需求再结合房间功能的划分来进行灯光的设计及规划了。有的室内设计师会建议布置灯光时要按照5∶3∶1的室内光源设计黄金定律。所谓“5”是指光亮度最强的集中光线，如射灯；“3”是指给人柔和感觉的辅助式光源，如暗藏灯；“1”则是提供整个房间最基本照明的灯光光源，如主灯。三者最好交叉组合运用，其亮度比例大约为5∶3∶1。按这个比例搭配，基本上能满足功能和情调等多方面的光调需求，并且能够为空间带来丰富的灯光层次变化，塑造出多重居住意境。但由于每个人的生活习惯、生活方式不尽相同，以及现代家居格局户型的差异较大，所谓的光源设计黄金定律也只能起到指导性的作用，具体还需以使用者的实际需求为主，避免出现安装了的灯基本不用，造成直接经济损失或者需要灯的地方又未安装等不切合实际的做法。所以，在灯光设计中应以人为本，以实际需要出发，并兼顾装饰、气氛营造等功能。灯具选择上还应以环保低碳为原则。了解了以上基础知识后，就可以根据具体空间功能区划来设计光环境了。

客厅是一家人活动最为频繁的场所，也是功能需求较多的一个区域，另外它还承担着接待亲朋好友的任务，也是给人家的第一印象，属于面子工程。因此灯光设计相对复杂，并要与室内设计相协调。所以客厅光源的设计应采取多种形式，综合考虑。不但要以个性为主要考虑因素，还要让人感觉到舒适，考虑到适用性以及灯具及灯光的装饰效果，体现家装品位、生活格调。过于暗淡的灯光易使人产生压抑感，所以客厅的基础照明灯应尽量使光线能照射到整个房间，光线扩散均匀、柔和自然，可产生一种友好亲切的气氛，利于双方的情感交流。根据客厅的大小即可选择相应的灯具，可参照每10平方米要白炽灯80~100瓦的标准来合理布局，当然亮度还要考虑墙面色泽，如装修总体感觉偏深，亮度应更高一些；如整体偏淡雅明快，则可适当降低亮度。灯具的外形则根据家装的风格、定位、居室条件来确定，如果客厅空间比较高，可考虑选用吊灯，更容易获取均匀柔和的光源，也相当易于营造氛围；层高低于2.8米就应考虑其他灯形，否则会使人感到空间过度压抑。有的客厅具有多重使用功能，还需要功能区域有效布置灯光，如沙发旁放置台灯，看书时就可只开此光源，这样既可以有效照明又能节约能源。有的客厅还兼有视听空间的作用，看电视时，电视的光线很强，而且变化过快，非常损害眼睛的健康，宜安装一盏气氛灯，增加一个灯影的过渡，以缓减视觉疲劳。在客厅里，很多家庭都会设置一个放光碟、书、装饰品等的多功能柜，在柜体适当的地方装设灯光成为隐藏式光源，除了作为此区的照明，方便寻找物品，还能兼当过道灯、装饰品聚集灯等，功能多元。当一切活动都结束之后，也可以只留这个灯，当空间的照明主角由客厅的主灯移到这里时，可让人享受片刻的宁静，同时也可节约用电。当然，如果客厅使用了较多的光源，在满足使用的同时应尽量保持整体风格的协调一致。同时，灯光色彩也应切合装修色彩，避免出现突兀效果，一般一个房间忌出现三种以上色彩的灯光。

书房是读书学习的地方，也是主人使用较为频繁的区域，可在这里读书、看报、思考、写文章、查资料、听音乐，甚至规划未来或者完成一部分工作，此空间的气氛讲究沉稳安静，宜于思考学习，因此灯光设计也应依循此方向设置。灯光直射易造成视觉炫光伤害，而间接照明则能避免出现这种问题，因此在设计书房时设计师都会建议以间接光源处理，例如在天花板的四周安置隐藏式光源。间接光源也应保证一定的亮度，如果书房长期照度不足，会使人眼睛疲劳，甚至造成近视。如果需要在书桌前阅读写作等，间接光源就有了亮度不够的缺陷，所以一般应在书桌上设置一盏灯作为重点照明。如果书房中还考虑放置计算机，则还要考虑到使用计算机时的照明。由于计算机屏幕本身会发出强烈的光，若空间的灯源太亮，打到屏幕上会反光，眼睛会不舒服，甚至看不到屏幕上的字；但是若只让计算机屏幕亮，而四周较暗，则会容易导致视觉疲乏。因此，正确的做法是不能让计算机周边的墙壁过暗，要让两者的亮度差不多，以减少室内亮度对比，避免长时间阅读计算机里的文字时引起眼睛疲劳。

卧室属于私密空间，主要功能就是让人摆脱劳累、休整身心、养精蓄锐。所以灯光的装饰性远高于实用性，要注重氛围的营造。卧室的灯光应以柔和为主，最好不要用刺激的灯光色彩，而且应避免色彩强烈对比，以免影响睡眠。还应选择眩光少的深罩型灯具，尽量避免人躺于床上直射光造成的炫光。在卧室床头应该多准备一盏床头灯，一般人习惯在睡前看书或整理思绪以及进行皮肤保养等，因此它承担着局部照明的作用。如果布置得当，还能起到调节卧室情调、美化居室的作用。可以说，床头灯是集普通照明、局部照明、装饰照明三种功能于一身的照明，最好选择带有调光器的，可根据需要调整亮度。因此，床头灯的光照效果应当明亮且柔和，能够营造一种温馨的格调。刺眼的灯光只会打消您的睡意，令眼睛感到不适，但应保证适合阅读的亮度。一般床头灯的色调应以暖色或中性色为宜，比如鹅黄色、橙色、乳白色等。另外，灯具的造型要与卧室整体装饰的风格一致。儿童的床头灯可选用拍拍灯之类，不需直接插电源，以保证儿童用电的安全。

卫生间灯光设置应以明亮柔和为主，尽量采用暖光源，以免显得过度清冷。除了基础的照明灯之外，一般要设置镜前灯，以方便洗漱及化妆等。有条件的可以在镜子边装壁灯，如空间不够的话，也要在镜子的顶部尽量拉长灯光。由于卫生间相对潮湿，所以最好选择具有一定防潮功能的专用灯具，避免产生安全隐患。而且此区域灯的使用频率高，开关频繁，使用时间不是很长，故可采用白炽灯等，避免使用频繁开关易损坏的灯具，以降低使用成本。

厨房的灯光明亮为宜，不但让厨房看起来清爽整洁，更有助于洗涤、烹煮动作，让人尽享烹饪乐趣。主光源一般集成在吊顶上，多以吸顶灯形式出现。部分厨具本身已带光源，但只能作为重点式照明用，对其他地方的照明是不够的，因此厨房中的基础照明必不可少。另外，使用厨房时大多都是背光操作，所以建议橱柜下方加装一条形灯具。

餐厅一般使用造型吊灯，因为近距离的聚集光照，会使食物显得更美味可口，风格独特的吊灯也会为就餐环境增色不少，让用餐者心情更为愉悦。

参考文献：

[1] 杜丙旭．室内灯光设计[M]．沈阳：辽宁科学技术出版社，2011.

[2] 金珏．室内设计与装饰[M]．重庆：重庆大学出版社，2011.

[3] 赵振民．实用照明工程设计[M]．天津：天津大学出版社，2003.

On O'Neill's Natural Dramatic Language

杨　琼*

（云南师范大学商学院　云南　昆明 650106）

Abstract: O'Neill depicts vivid, natural and ordinary people with rich inner mind by natural and plain colloquial English, meanwhile, natural and real conflict and plot unfold before readers, exposing these people's serious life and struggle. Such language of O'Neill's also exposes O'Neill's aims: getting behind the surface of things, searching for a philosophy which can give order and meaning to the inevitable inner conflict.

Key Words: O'Neill; Drama; Language; Natural

Ⅰ. Introduction

Eugene O'Neill (1888—1953) an America's leading and foremost dramatist, is internationally recognized as the quintessential America dramatist of the twentieth century world stage. In the thirty years of his creative life, he completed drafts of sixty-two plays. His many plays were translated and staged all over the world; He won Pulitzer Prize four times and is still the only dramatist to win a Nobel

---

* 杨琼（1971—　），女，云南会泽人，硕士，云南师范大学商学院讲师，研究方向为英美文学及大学英语教育。

Prize (1936) in America.

O'Neill's high expressive force is one of his indispensable genius which is an organic unity of his achievements. This thesis, will analyze the feature of O'Neill's dramatic language— the natural language in his two Pulitzer Prizes plays—*Beyond the Horizon* and *Long Day's Journey into Night* to expose O'Neill's aims: getting behind the surface of things, searching for a philosophy which can give order and meaning to the inevitable inner conflict.

It is well accepted that he is at his best an artist who uses the theatre as a medium for the expression of his attitude toward life in terms of character. He sweeps the old away, and uses a fresh mixture of language that has not been heard before on stage. As Michael Hinden holds that " O'Neill invented a new grammar of stage presentation that mixed realistic means" (Hinden, 1990: 4), Time magazine declared in 1953, "Before O'Neill, the U. S. had theatre; after O'Neill, it had drama." All his life O'Neill seeks to explore human soul and tries to create a kind of " new language of O'Neill's" .

Ⅱ. Two aspects of O'Neill's Natural dramatic Language

As O'Neill began to write, the theatre was controlled by producers driven primarily by commercial, rather than artistic interests. O'Neill demonstrates decisively that drama can be an art. His works are both artistically and commercially successful. O'Neill dislikes the form and content and routine tricks of American drama of the past. All his life, he seeks to create a "New kind of language of O'Neill's", his language is considered as one of his most successful factors, among which naturalness is worth mentioning first.

According to Bogard (1988: 118), the reviewers were satisfied with *Beyond the Horizon's* central character, its theme, its realism and its dialogue. Bigsby (1989: 102) points out that from the beginning O'Neill attempted to write dialogue which was authentic in language. In *Beyond the Horizon*, words of Mr. Mayo and Andrew are typical of colloquial; the talk between Robert and Ruth are true to their feelings, revealing first their love, later their hatred and indifference. In *Long Day's Journey into Night*, family members' talks are moving and unforgettable with sincere care and love, with the causes of each people's suffering unfolded before us, their dialogue is filled with strong emotion and extreme bitterness.

2.1 Natural Colloquial English

The naturalness lies in the everyday language of ordinary people. Hinden (1990: 4) points out that his fresh mixture of language colloquial English has not been heard before on stage. Take those of Andrew and Mr. Mayo as example. When Andrew sees Robert reading a book, he says, "I see you've toted one of the old books along with you. Want to bust your eyesight reading in this light?" (O'Neill, 2007: 1) to show his care. James Mayo greets his sons happily and humorously, "Whoa there! Hello boys! What are you two doing there roosting on the fence like a pair of hens?" (Ibid., 3) Hearing his words two brothers cannot help laughing. His words of saying goodbye exposes his sanguineous character and his thought of Ruth and Andrew's love, "Time'll tell. Well. I'll be moving along home. Don't you two stay gossiping too long. 'Specially you, Andy. Ruth and her Maw is coming to supper, and you'd best be hurrying to wash up and put on your best Sunday-go-to-metting clothes.'" (Ibid., 4) What happens surprises and makes him extremely sad and disappointed, because it is Ruth and Robert who love each other, Andrew decides to leave instead of Robert, which makes him extremely angry, because he thinks it improper for Andrew to leave as he is in great need of Andrew's help, he says: "What you're saying you intend doing is just skulking out o' your rightful responsibility." (Ibid., 10)

Andrew does not change his mind, Mr. Mayo gets angry and shouts out cruelly and directly that Ruth is the reason for Andrew's leave, "You're running away, cause you're put out and riled, cause your own brother's got Ruth, stead o'you". (Ibid., 11)

Andrew is irritated, he bursts out his hatred of farm, which makes things worse. Mr. Mayo, heart - broken, pours angrily, and furiously: "You go—tomorrow morin'—and by God—don't come back—by God, not while I'm living—or I'll" ... (Ibid., 12)

It's a clash between conflicting spiritual powers forming one of the climaxes of the play and those words filled with deepest emotion through which lively and natural colloquial speech unfold vividly. Images of Andrew and his father Mr. Mayo are conveyed vividly: Mr. Mayo is "his son Andrew over again in body and face", (Ibid., 3) he loves his farm and belongs to it by nature; he declares proudly: "Work never done a man harm yet—leastways, not work done out in the open. There's more satisfaction in the earth than ever was in any book." (Ibid., 3) He cannot stand Andrew's leaving their farm for failing to get Ruth's love. Mr. Mayo is heart broken ordering Andrew not to come home while he is alive. Three years later, he dies without seeing Andrew though deep in his heart he has forgiven Andrew.

Andrew chooses to leave, learning the fact that Ruth loves Robert not him. As his father says that his 'running' is against his nature, after working with his uncle for a few years, he tries speculation and fails. He is a realist while Robert a dreamer. Robert envies him for he has been to places—Hongkong, Yokohoma, Batavia, Singapore. They are the places Robert used to dream about, but Robert thinks Andrew's letters read like the diary of a farmer, because Andrew thinks Singapore "a dirty hole of a place and hotter than hell." Especially he thinks what a sailor does "tacking back and forth in these blistering seas is a rotten job." (Ibid., 10) What they speak out is fit for situation and their personality.

What Andrew and Mr. Mayo say come from their everyday life, full of personality. Their words are true to life as farmer, representing O'Neill's aim to depict real and ordinary people through colloquial English. Beyond the Horizon tells about these characters base their lives upon illusion: Each of the main characters is obsessed by his desire for what he can never have—for what lies beyond the horizon.

2.2 Natural Dialogue

Comparing two dialogues between Robert and Ruth, we can see their love, happiness and Ruth's love to Andrew and her contempt and dislike to Robert. Before Robert leaves, Robert reveals his love for her, Ruth accepts his love excitedly and she declares that she does not love Andrew, "I don't love Andy! I don't! Oh, Rob! Don't go away! Please! You mustn't now! You can't! I won't let you! It'd break my—my heart!" (Ibid., 10)

Three years later, she loves Robert no longer and is disappointed with his inability to manage farm well. She finds the man she loves is Andrew and hopes that his coming home may change the worse condition and have a new start. She speaks it directly, cruelly and boldly to Robert.

You finding fault with your own brother who's ten times the man you ever was or ever will be. If I could have seen how you were in you true self—like you are now—I'd have killed myself before I'd marry you! Well, you can go, the sooner the better! I don't care! (Ibid., 10)

This speech is a most strong and memorable one forming the other climax. Cruel and excited words flow from her authentically and naturally. Ruth shows her contempt for Robert and her love for Andrew without hesitation, which forms a sharp contrast with her words of admire for Robert in Act One Scene One. Besides, that evening before Robert's leaving, Ruth is eager to expose her love for Robert not frankly but in a euphemistical way, which forms an ironic effect compared to her cold and heartless words above. Ruth asks Robert for the reason of his leaving with "sudden intensity". When Robert asks her why "turning to her quickly, in surprise". Ruth slowly "dropping her eyes before his searching glance." These words convey to us their delicate state of mind: Robert is eager to find out what Ruth is thinking about.

When Andrew comes home, what he says is a heavy blow to Ruth who thinks Andrew still loves her, "Ruth, before the ship got to Hong Kong I'd near forgot all that part of it. I don't want you to think once a fool always a fool." (Ibid., 6)

O'Neill was praised as good at groping the deep and true feeling of people. O'Neill's art discloses a new breadth and depth of life. Kenneth Macgowan wrote after the premiere of Beyond the Horizon in O'Neill's career, "He is always getting down to the big emotional root of things..." (Macgowan, 1920: 15) James O'Neill, O'Neill's father, a famous actor, attended the performance and was seen to leave the theatre wiping tears of pride from his cheeks. Doris V. Falk thinks, "*Beyond the Horizon* was an exciting and important event in the development of American drama. It was a play with a serious, true, significant message, appearing at a time when the stage was cluttered with trivialities and platitudes." (Doris V. Falk, 1958: 42)

Long Day's Journey into Night is regarded as one of his best works of art that can stand with the very best in modern drama. As Jean Chochia (2000: 193) points out, dialogues in O'Neill's late plays are naturalness of the densely packed, artful and expressive ones, especially *Long Day's Journey into Night*. Hinden (1990: 70) speaks highly of O'Neill's master of language, he emphasizes the admirable ring of naturalness that any credo of realism might demand that the Tyrones' speech have. O'Neill gives each character a distinctive, personalized voice. As long as Mary is in control of herself, Mary has a command of phrasing. She plays jokes on Tyrone's snore, when Tyrone says "I wasn't able to get much sleep with that awful foghorn going all night long. It's like having a sick whale in the back yard." (O'Neill, 1995: 1904) Mary affectionately amused and says, "Did it? You had a strange way of showing your restless. You were snoring so hard that I couldn't tell which was the foghorn!" She comes to him, laughing and pats his cheek playfully. "Ten foghorns couldn't disturb you." (Ibid., 1904) In Act One, after breakfast hearing two brothers' laughing, Tyrone thinks they speak ill of him, Mary speaks, "It's terrible the way we all pick on you, isn't it? You're so abused!" (Ibid., 1904) to comfort him. Seeing the air is tense, she pleads, "James! You mustn't be so touchy." (Ibid., 1906) Edmund complains his father's blaming of Jamie for his having no ambition in life, Mary reproves him, "Your father wasn't finding fault with you. You don't have to always take Jamie's part. You'd think you were the one ten years older." (Ibid., 1906) When Tyrone has no intention to stop blaming Jamie, she puts an arm around his shoulder coaxingly, "James, do be quiet. You must have gotten out of the wrong side of the bed this morning." (Ibid., 1906) She acts as a peace maker and is the source of the family's happiness and sorrow. As Tyrone tells Jamie that Mary's been well in the two months since she came home, it's been heaven to him, because this home is home again. With Mary's condition going worse, the three men were heart broken depressingly. Each of them tries in vain to require Mary not to relapse into the former state, each of them change from being hopeful to hopeless, hatred and pitying.

In Act One, Jamie and Edmund try to persuade Mary to be careful and avoid taking drug again.

Jamie: We're all so proud of you, Mama, so darned happy. You mustn't worry so much about Edmund. He'll be all right. (Ibid., 1914)

With a stubborn, bitterly resentful look, Mary evades it and Jamie has to apologize to her.

Edmund pleads her mother sincerely:

Mama! I'm trying to help. You know I hate to remind you. I'm doing it because it's been so wonderful having you home the way you've been, and it would be terrible... (Ibid., 1916)

Edmund also gets the same answer as that of Jamie which elicits Mary's bitter words, because she senses and resents their suspicion.

In Act Two, Scene One, Jamie returns home knowing what happens after observing Mary's expression and hands, his mother feels his cynically appraising glance and asks him tensely, "Why do you stare like that?" Jamie says, "Do you think you can fool me, Mama? I'm not blind." (Ibid., 1921) Edmund wants to get answer from her, "He's a liar! It's a lie, isn't, Mama?" (Ibid., 1923) Mary keeps her eyes averted, "What is a lie? Now you're talking in riddles like Jamie." (Ibid., 1923) Edmund gives her stricken, accusing look. When Tyrone knows it, "his eyes are on her, sad and condemning." He complains, "I understand that I've been a God-damned fool to believe in you!" (Ibid., 1925) Mary replies, "James! I tried so hard! Please believe—!" Tyrone helplessly and grief-strickenly begs her, "For the love of God, why couldn't you have the strength to keep on?" (Ibid., 1926)

Their heartbroken words contain the most moving sincere care and love. As Hofmannsthal asserts that O'Neill's dialogue "is powerful, often direct, and frequently endowed with a brutal though picturesque lyricism." (Hofmannsthal, 1961: 250) Mary is the center and hope of the family, their happiness and sorrow come from her. They plead Mary to drop her drug addiction, when failed, they seek comfort from drinking, which made all of them heart broken and depressed. As Mary says Edmund is their little baby, he is closer to his parents than Jamie, he can talk more freely and directly to them. Mary gets worried and tense because of his illness. What she usually says is: "It's so lonely here." The three men love her, seeing Mary's state becomes worse, each of them prefers to avoid meeting her because they cannot bear the sight of Mary's suffering.

When O'Neill expresses those innumerable nuances, those delicate shades of joy and grief, of delight and distress, of despair and ecstasy, his language contains the strongest emotional elements. What readers get is not a single or simple emotional state, in Cassiere's (1979: 212) words "It is rather the whole gamut of human life, the continuous oscillation between all its extremes—between joy and grief, hope and fear, exultation and despair." Long Day's Journey Into Night is concerned with the Tyrones' journey to truth: Through accusation, self - blame and self - justification, they seek forgiveness and understanding, which gives them strength to live. Characters live through their words, they appear before us vividly full of personality and life. We visualize them and their inner life.

Ⅲ. Conclusion

As America's leading and foremost dramatist, all his life, he seeks to create a "New kind of language of O'Neill's", his language is considered as one of his most successful factors. O'Neill depicts vivid, natural and ordinary people with rich inner mind and activity by natural and plain colloquial English, meanwhile, natural and real conflict unfold before readers, exposing these people's serious lifc and struggle. It also exposes O'Neill's aims: getting behind the surface of things, searching for a philosophy which can give order and meaning to the inevitable inner conflict.

Bibliography:

[1] C. W. E. Bigsby. A Critical Introduction to Twentieth - Century American Drama, Volume One 1900—1940 [M]. Cambridge: Cambridge University Press, 1989.

[2] Bogard, Travis. Contour in Time: The Plays of Eugene O'Neill [M]. Oxford: Oxford University, revised edition, 1988.

[3] Cassirer, Ernst. Symbol, Myth, and Culture [M]. New Haven and London: Yale University Press, 1979.

[4] V. Falk, Doris. Eugene O'Neill and the tragic tension [M]. New Jersey: Rutgers University Press New Brunswick, 1958.

[5] O'Neill, Eugene. The Plays of Eugene O'Neill [M]. New York: Random House, 1954.

[6] O'Neill, Eugene. Beyond the Horizon [EB/OL]. http://www.eoneil.com/texts/bth/I-i.htm.

[7] Hinden, Michael. Long day's journey into night: Native eloquence [M]. Boston: Twayne Publishers, 1990.

[8] Manheim, Michael. The Cambridge to Eugene O'Neill [M]. Shanghai: Shanghai Foreign Language Education Press, 2000.

保险诈骗罪犯罪停止形态若干问题研究

林怀满*

（云南师范大学商学院　云南　昆明 650106）

摘　要：保险诈骗与保险制度相伴而生并同步发展，严重危及保险事业的健康发展。目前在保险诈骗罪犯罪停止形态的立法上还有不完善之处，在司法适用中对犯罪停止形态的认定还存在一些争议。通过对保险诈骗罪是否存在犯罪未遂的探讨，实行行为的开始——“着手”的认定，犯罪既遂的认定，以及该罪以结果犯来认定的立法不足之处等保险诈骗罪犯罪停止形态若干问题的分析，以期对该罪的正确定罪量刑有所裨益。

关键词：保险诈骗罪；犯罪停止形态；着手；既遂；未遂

保险制度是基于分散风险与互助共济的原理而建立起来的，分散危险，消化损失，使之化于无形，从而保障经济安全和社会安定的一项制度。自保险制度产生伊始，保险诈骗与之便相伴而生，并且与之同步发展，严重危及保险事业的健康、有序发展。为有效打击该项犯罪，我国 1997 年修订《刑法》时，将诈骗保险金的行为从普通诈骗罪中分离出来列为独立罪名。但是，在保险诈骗罪的立法规定和司法适用中还存在许多值得研究的问题，

---

* 林怀满（1980—　），男，福建南平人，硕士，云南师范大学商学院讲师，主要研究方向为保险法、婚姻家庭法。

比如在该罪的犯罪停止形态的立法上还有不完善之处，在司法适用中对该罪犯罪形态的认定还存在一些争议。通过对保险诈骗罪犯罪停止形态的研究，有助于正确的定罪量刑，有力打击保险诈骗犯罪活动。

根据故意犯罪停止形态的一般理论，保险诈骗罪的停止形态是指保险诈骗罪在其产生、发展和完成过程及阶段中，因主客观原因而停止下来的各种保险诈骗犯罪状态。具体可以分为两种类型：一是保险诈骗罪的完成形态，又称保险诈骗罪既遂。二是保险诈骗罪的未完成形态，包括保险诈骗罪预备、保险诈骗罪未遂和保险诈骗罪中止。

一、保险诈骗罪是否存在未遂形态

犯罪既遂是指行为人所实施的行为已经齐备了刑法分则对某一具体犯罪所规定的全部构成要件的犯罪形态。依据我国现行《刑法》第一百九十八条的规定，构成保险诈骗罪，除主客观要件符合法律规定外，还需要以犯罪人骗取数额较大保险金为其必要构成要件，也就是说构成保险诈骗罪的既遂，犯罪行为与危害结果须同时具备。那么，构成保险诈骗罪既然以实际取得保险金为其构成要素，接下来的问题是保险诈骗罪是否存在犯罪未遂。犯罪未遂是指已经着手实施犯罪，由于犯罪分子意志以外的原因而使犯罪者未达既遂形态。保险诈骗罪是否存在未遂，我国理论界对此存在争议：一种观点认为，我国刑法中的保险诈骗罪实际上仅存在既遂形态，没有未遂形态。“从犯罪构成来看，行为人必须出于故意对保险公司实施了欺诈行为并非法获取了保险赔偿金，给保险公司造成了实际损失的情况才能构成保险欺诈犯罪。……因此，是否取得保险金只是罪与非罪的界限，而不是保险欺诈行为成立与否的条件。”另一种观点认为，我国刑法把保险诈骗规定为结果犯，即行为人实施了保险诈骗行为，骗到了保险金的构成既遂，没有骗到保险金的为未遂，即肯定保险诈骗罪存在未遂形态。对此，笔者支持保险诈骗罪存在未遂形态的观点。理由是：

首先，刑法分则规定的都是各种犯罪的典型、完整的形态，而没有规定不完整形式的犯罪。保险诈骗罪也不例外，《刑法》第一百九十八条规定的是保险诈骗罪既遂状态下的标准模式。实际上，实施保险诈骗行为骗取数额较大的保险金，这只是构成保险诈骗罪既遂的条件，该条文的规定并没有将未遂排斥在外。我国刑法中的犯罪未遂是指行为人已经着手实行具体犯罪构成要件的实行行为，由于其意志以外的原因而未能完成犯罪的一种犯罪停止形态。对照来看，保险诈骗未得逞的行为完全符合我国《刑法》关于犯罪未遂的规定：行为人已经着手实施意图骗取数额较大的保险金的保险诈骗行为；诈骗保险金的目的未得逞即未实际骗取保险金；骗保未得逞是由于被保险人识破，保险诈骗行为及时被揭穿，即犯罪未得逞是由于犯罪分子意志以外的原因。因此，从刑法规定上看，保险诈骗罪存在未遂也是应当肯定的。

其次，从司法实践中的做法来看，尽管由于未遂情况下的犯罪数额难以确定，对保险诈骗罪处罚未遂形态的很少，但这只是刑法适用中的问题。从刑法规定上看，保险诈骗罪存在未遂这是应当肯定的。一些司法解释也明确肯定了保险诈骗罪的未遂形态。如 1996 年 12 月 16 日，最高人民法院《关于审理诈骗案件具体应用法律的若干问题的解释》规定：“已经着手实行诈骗行为，只是由于行为人意志以外的原因而未获财物的是诈骗未遂，诈骗未遂情节严重的，也应当定罪依法处罚。”最高人民法院 1998 年 12 月 17 日《关于保险诈骗未遂能否按犯罪处理问题的答复》也指出：“行为人已经着手实施保险诈骗行为，但由于其意志以外的原因未获得保险赔偿的，是诈骗未遂，情节严重的，应依法追究刑事责任。”上述两个司法解释说明保险诈骗罪是存在未遂的。依据上述司法解释，行为人犯保险诈骗罪未遂，情节严重的，也应当依法追究刑事责任。

再次，从保险诈骗罪和普通诈骗罪的关系看。保险诈骗罪是从普通诈骗罪中分立出来的，在普通诈骗罪中，行为人是否非法占有他人财物是区别犯罪既遂和未遂的标准，也就是说普通诈骗罪是存在未遂形态的，那么保险诈骗罪也同样应该具有这一特征。如果行为人仅仅实施了《刑法》一百九十八条第一款规定的五种保险诈骗罪的法定行为方式向保险人诈骗保险金而没有达到“骗取数额较大的保险金”之目的，则构成犯罪未遂而不是不构成犯罪。

最后，从预防犯罪的角度来讲，如果对保险诈骗罪未遂形态不予以处罚，也不利于预防和控制保险诈骗犯罪。对于那些企图进行保险诈骗的人而言，若诈骗成功，那么是“捞”了一把；而被识破，骗保未成功，也没有什么损失，也不用担心会受到刑罚处罚，这样对打击保险诈骗犯罪显然是非常不利的。

二、保险诈骗罪“着手”的认定

“着手”是实行行为的开始，只有“着手”实行犯罪以后才能形成犯罪的未遂，这是犯罪未遂形态必须具备的特征之一，也是犯罪未遂与犯罪预备相区别的主要标志。因为犯罪未遂和犯罪预备都是由于行为人意志以外的原因而被迫停止，未完成犯罪，因而二者的区别的关键就在于“着手”实行犯罪与否，也即对“着手”时间点的确定直接影响保险诈骗罪未遂的成立范围。

关于犯罪之实行行为的“着手”，我国刑法理论的通说一般认为“是指行为人已经开始实施刑法分则规范里具体犯罪构成客观方面要件中的犯罪行为。如故意杀人罪中的杀害行为，抢劫罪中的侵犯人身行为和劫取财物行为等”。根据该种观点，只要行为人以骗取保险金为目的，开始实施《刑法》第一百九十八条所规定的虚构保险标的，对已发生的保险事故编造虚假的原因或者夸大损失程度，编造未曾发生的保险事故，故意造成财产损失的保险事故，故意造成被保险人死亡、伤残或者疾病等，就属于已经着手实行保险诈骗行为。但是，这种观点并没有从实质上回答本罪的实行行为。因为实行行为只能是具有侵害法益的紧迫危险性的行为，只有行为人开始实施欺诈行为，才能对保险诈骗罪保护的法益造成实际的威胁，也即应将行为人开始实施具有侵害犯罪客体即保险人的财产保险金与保险制度的紧迫危险性的行为时，才能认定为保险诈骗罪的“着手”。否则，这将在许多场合有可能使保险诈骗罪的“着手”时间不当地提前或推迟，并且还很可能将本罪的预备行为认定为犯罪未遂。因此，从法益侵害的观点而言，到保险公司开始实施索赔的行为或者提出支付保险金请求的行为，才是实行行为，而此前的行为充其量属于为诈骗保险金创造条件的行为，即保险诈骗的预备行为。其理由如下：

首先，实行行为并不是必须符合构成要件的行为，而是直接侵害或者威胁法益的行为，是为完成该种犯罪所必需的行为。就保险诈骗罪来说，虽然我国刑法将虚构保险标的、编造保险事故、制造保险事故等五种设定索赔原因的行为规定为犯罪客观方面的构成要件，但这五种行为的实施并未直接侵害或威胁到保险秩序和保险人的利益，因而开始实施这五种行为不能认定为是保险诈骗罪的实行行为的“着手”，而只能认定为是保险诈骗罪的预备行为。因而实行行为的“着手”就应当是开始实施具有侵害法益的一定程度的危险性的行为，只有联系法益侵害这一事实才能正确理解实行行为。从“着手”本身的特点来看，“着手”实质上是刑法上危害行为的开始，而这种危害行为具有三个基本特征：一是危害行为是行为人的身体动静；二是行为人的身体动静是由行为人的心理态度所支配的；三是由行为人的心理态度支配的身体动静必须对社会具有危害性。缺少上述任何一个特征，危害行为就不能成立。由此可见，由于“着手”行为处于危害行为的开始阶段，因此，它应该能够比较明显地反映行为人的犯罪意图，并且对刑法保护的法益虽然没造成现实危害，但具有紧迫的威胁。针对保险诈骗罪而言，行为人的手段行为，比如纵火，既可能是出于报复或者泄愤而单纯地毁坏财物，也可能是为保险诈骗罪作准备。因此纵火行为不能直接反映犯罪意图，并且这种行为也没有直接指向犯罪对象——保险金，对刑法所保护的法益没有紧迫威胁，不能认定为保险诈骗罪的“着手”行为。相应的，如果以行为人向保险人提出给付保险金的请求作为本罪的“着手”行为，则其完全符合上述特征，既直接反映了行为人诈骗保险金的犯罪意图，又对刑法所保护的法益造成了现实的紧迫威胁。

其次，我国《刑法》第二十二条规定：为了犯罪而准备工具、制造条件的，是犯罪预备。而行为人在签订保险合同时虚构保险标的，在发生保险事故后编造保险事故的虚假原因，在签订保险合同后制造保险事故等行为，是为向保险公司骗取保险金制造条件的行为，完全符合我国刑法有关犯罪预备的规定。此外，保险诈骗罪是诈骗罪的一种，其行为构造与普通诈骗罪并无区别，而普通诈骗罪是以开始欺骗他人处分财产为实行的“着手”的，因而保险诈骗罪也应以开始对保险公司进行欺诈即向保险公司提出索赔请求，作为实行行为的“着手”。

再次，从保险实务方面分析，保险合同所规定的保险索赔程序通常以通知出险和提出索赔请求为起点，投保人、被保险人或者受益人必须在保险事故发生后的规定时间之内向保险公司通知出险，然后根据有关法律和保险合同的规定，向保险人提供相应的索赔单证，正式申请索赔，保险人才会接受其索赔，进入理赔程序。例如，投保人出于防范风险考虑，以自己为被保险人，为厂房和机器设备投保火灾险，后因资金周转不灵，萌生了骗保的念头，在放火烧毁了厂房和机器之后，向保险公司通知出险，随后递交理赔申请及相应单证。在这个案例中，应以投保人向保险公司通知出险后的索赔时间作为“着手”时间来认定。一般情况下，通知出险是索赔行为的开始，但是实践中并不能排除通知出险后未索赔的情形。另外，在通知出险阶段保险人还未进行勘验定损，不可能确定索赔数额，因此对保险人的财产法益没有形成侵害的紧迫性，如果以通知出险作为“着手”的时间点，也会出现指向数额认定的困难。

三、保险诈骗罪既遂的认定

要想判定保险诈骗罪既遂的标准，首先要研究本罪是行为犯还是结果犯的问题。关于这个问题，理论界观点不一。有学者认为，本罪是行为犯，在本罪罪状中所指的“数额较大”并不是指行为人实际已经骗取的金额，而是指行为人实施保险诈骗活动意图骗取的数额。因此，行为人是否实际骗取到数额较大的保险金，并不影响本罪的成立。而理论界的通说则认为，《刑法》第一百九十八条所规定的保险诈骗罪是结果犯，只有在行为人实际骗取到相当数额的保险金后，才成立本罪的既遂。也就是说，只有行为人实际取得骗取的保险金时，才能构成本罪的既遂。否则，则为未遂。

根据我国刑法对保险诈骗罪的定性来看，笔者赞同保险诈骗罪是结果犯。理由如下：

首先，从本罪在刑法典中的行文来看，《刑法》第一百九十八条第一款对每种法定行为方式中都规定有“骗取保险金”，而罪状是对具体犯罪构成的描述，因此，这里的“骗取保险金”应当被视为本罪的构成要件之一。根据行为犯和结果犯的相关理论，即行为犯是指法条只规定行为而不要求以危害结果的出现作为既遂标准的犯罪形态；结果犯是指以行为危害结果的出现作为既遂标准的犯罪形态，保险诈骗罪的既遂并非只要求行为人实施刑法规定的五种行为，还要求实际骗取到一定数额的保险金，显然是符合结果犯的特征。

其次，我国刑法明确规定了“数额较大”是构成保险诈骗罪的必备要件，同时也是区分罪与非罪的重要标准之一。尽管何谓“数额较大”刑法典没有明确规定，但是，1996 年 12 月 16 日最高人民法院《关于审理诈骗案件具体应用法律的若干问题的解释》第八条规定：“个人进行保险诈骗数额在 1 万元以上的，属于‘数额较大’；单位进行保险诈骗数额在 5 万元以上的，属于‘数额较大’。”最高人民检察院、公安部《关于经济犯罪案件追诉标准的规定》第四十八条也采用了同样的数额标准。保险诈骗属于诈骗罪或经济犯罪的一种，因此，根据以上两个法规，进行保险诈骗活动，具有以下情形之一的，即满足保险诈骗“数额较大”的要求：第一，个人进行保险诈骗，数额在 1 万元以上的；第二，单位进行保险诈骗，数额在 5 万元以上的。

另外应明确，犯罪数额应以行为人通过实施诈骗行为而实际得到的财物数额为准。因为行为人诈骗所得数额的多少反映出了行为人的行为对社会危害程度的大小，根据所得数额进行定罪量刑，更符合罪责刑相适应原则。另外，最高人民法院《关于审理诈骗案件具体应用法律的若干问题的解释》第二条也规定：“利用经济合同进行诈骗的，诈骗数额应当以行为人实际骗取的数额认定，合同标的的数额可以作为量刑情节予以考虑。”

综上所述，行为人实施《刑法》第一百九十八条第一款五种情形的保险诈骗活动，骗取的保险金达到“数额较大”标准的，即达到本罪的既遂。

四、建议将保险诈骗作为行为犯加以规定

通过对国外关于保险诈骗罪的立法的观察，国际上的普遍做法是将保险诈骗罪作为行为犯加以规定，只要行为人实施保险诈骗行为，如虚构保险标的、故意造成财产损失等，向保险人索赔的，就构成保险诈骗罪的既遂，骗取到保险金的，加重处罚。而我国刑法将保险诈骗罪作为结果犯加以规定，构成本罪不仅要求行为人实施特定保险诈骗行为，而且要求行为人实际骗取保险金，并达到数额较大的标准。这会产生两个不利后果：一方面打击了保险人调查保险诈骗，维护自身合法权益的积极性，另一方面使保险诈骗者很难受到制裁，暗合了保险诈骗者的投机心理，这对惩治保险诈骗犯罪极为不利。建议将保险诈骗罪作为行为犯加以规定，只要行为人实施了保险诈骗行为，无论其是否骗取到了保险金，都应构成保险诈骗罪的既遂，骗取到保险金的，加重处罚。

参考文献：

[1] 马克昌．犯罪通论［M］．湖北：武汉大学出版社，1999.

[2] 李玉泉．保险欺诈及其法律对策［M］．北京：人民法院出版社，1999.

[3] 陈兴良．刑法新罪评释全书［M］．北京：中国人民公安大学出版社，1997.

[4] 高铭暄，马克昌．刑法学［M］．北京：北京大学出版社，高等教育出版社，2008.

[5] 张明楷．保险诈骗罪的基本问题探究［J］．法学，2001（01）．

[6] 高西江．中华人民共和国刑法修订与适用［M］．北京：中国方正出版社，1997.

[7] 李文燕．金融诈骗犯罪研究［M］．北京：中国人民公安大学出版社，2003.

[8] 顾肖荣，倪瑞平．金融犯罪惩治规制国际化研究［M］．北京：法律出版社，2005.

非政府组织与政府关系的研究

杨得志*

（云南师范大学商学院　云南　昆明650106）

摘　要：非政府组织是我国和谐社会的重要组成部分，是我国现阶段政府职能实现转移的关键，同时也是现代社会服务体系的重要构成。因此，对非政府组织和政府之间关系进行理论研究和分析，并提出两者之间关系改善的相关建议和对策，对于目前我国社会管理和建设上的创新和改革、促进非政府组织的发展具有十分重要的现实意义。

关键词：非政府组织；政府；关系；公共事务

一、非政府组织概述

就目前我国非政府组织的组织运行模式、资金来源、法律地位、社会功能以及组织的价值取向等要素而言，可以给我国的非政府组织下一个这样的定义：非政府组织就是由一定社会成员所自愿组成、具有特定法律地位以及稳定组织形式、可以独立于企业和政府而实现独立运作的、不以营利为目的但能发挥社会功能的社会公益性组织。其主要特征包括以下几个方面的内容：(1) 非政府性，即属于民间组织，不属于政府或者是政府的附

---

* 杨得志（1978—　），男，博士，云南师范大学商学院教师，主要研究方向为行政法学。

属机构，也不代表国家或者政府，以民间形式出现的组织；（2）自愿性，在非政府组织中各个组织成员的加入都是建立在自愿基础上的，因此，非政府组织属于志愿组织；（3）自治性，非政府组织有其一定的成员、管理机构和组织机构，同时有其成文的章程制度，能够实现组织的自我管理和自我发展；（4）合法性，非政府组织并不是随意设立的，而是应该经过合法的注册和登记，同时接受社会公众监督和政府监督的公众组织；（5）非营利性，非政府组织需要体现的是一种公共服务以及公益职能，而不以获取利润作为组织的主要宗旨和目的。

二、非政府组织与政府之间关系的理论分析

（一）关系构建的理论基础

对于非政府组织和政府之间的关系构建，目前主要存在以下两种理论：

1. 契约失灵理论和志愿失灵理论。

契约失灵理论认为，在目前一些经济领域中，由于很多服务或者商品的消费者以及相关提供者之间存在信息不平等现象，比如捐献者对于所捐献的慈善机构，如果让一个营利性机构来对相关产品以及服务进行提供和经营，那么捐献者就必然会担心营利性机构会不会为了谋求其自身权益而无法提供更好的服务，而非政府组织的非营利性可以更好地得到消费者的信赖。

志愿失灵理论属于第三方管理理论。非政府组织可以实现对政府固有的制度刚性以及高层化上的弥补，但由于非政府组织在运行的过程中存在自身难以克服的缺陷，比如慈善机构在组织上的业余性、狭隘性以及供给上的不足，需要政府来实现对这些不足的弥补。因此，非政府组织和政府之间应该是一个互补的关系，前者提供服务，后者提供资金。

2. 公共治理理论。

公共治理理论注重对多元主体治理的强调，并且打破了政府对公共物品的垄断。在公共物品提供商上，除了政府提供，非政府组织也能实现。因此，加强非政府组织和政府之间的合作，实现私营部门和公营部门之间的合作，是实现公共物品在数量和质量上提高和改善的有效途径。

虽然这两种理论都体现出了不同的侧重点，但有一点是相同的，他们都认为非政府组织和政府之间存在某种程度上的依赖和联系，无法独立存在。主要的方式就是非政府组织提供服务，然后由政府来提供资金等方面的资助。同时，由于非政府组织和政府之间具有不同的运行方式和组织特点，且都具有一定的局限，因此，只有实现两者在成本组织、运行方式以及资金来源上的互补，才能更为有效地建立起非政府组织和政府之间的良性关系，也能更为有效地满足社会公众对公共物品和服务的多元化需求。

（二）非政府组织与政府的关系

从现代公共管理理论中我们可以看出，非政府组织和政府之间都属于社会公共事务的管理主体，两者之间良好关系的建立有利于更好地进行公共管理。对于两者之间的关系，主要由以下几种类型：（1）竞争关系，也就是说非政府组织是以政府的对立面形式出现的，并表现出了两种体系之间的竞争，是政府权威和社会权力之间的制衡。（2）相互独立关系，这里表现出的是两者之间的平行关系，无论在权利、利益以及权责方面都互不干涉，这种关系类型在我国目前并不多见。（3）依赖关系，主要表现在非政组织对政府的单项依赖上，在这种关系中，政府占据绝对的主导地位，非政府组织无论是在生存，还是在发展上所需的合法性、资源获取、社会功能的发挥等方面都会受到政府的制约。依赖关系导致非政府组织在主体独立性上的丧失，甚至会成为政府公共管理的一个组成部分，无法实现其正常社会功能的发挥。最理想的关系是合作伙伴关系，表现为非政府组织和政府之间在实现公共管理和服务的过程中，彼此信任，相互独立又相互协作，彼此起到积极的补充作用。具体表现为：非政府组织和政府之间在组织形式上可以相互独立，在职能发挥上可以相互补充和协作，实现相互促进、依存、监督、补充和协作。

从宏观意义上来说，非政府组织和政府之间的合作伙伴关系既有利于促进非政府组织的改革，也有利于政府改革的推进；而从微观方面来看，非政府组织和政府之间的互动协作不仅表现为政府对非政府组织在公共事务管理上所进行的扶持，同时也表现为非政府组织对公共事务的广泛参与。

三、非政府组织与政府关系的优化建议

就我国目前非政府组织和政府之间的关系来看，主要表现为政府对非政府组织的控制较多，非政府组织自主性不强并过度依赖于政府。但是，这些问题并不代表两者关系的最终形态，在未来的发展过程中还可以实现这两者之间的关系优化，具体优化措施笔者认为可以从以下几个方面入手。

（一）政府社会化管理理念的确立

1. 政府需要对工作理念进行改进。

从目前的社会开放性来看，传统的行政方式已经无法有效满足各种社会矛盾解决的需要，反而会造成矛盾的积累，而这种现象在基层表现得更为明显。因此政府需要对工作理念实现改进，在建立责任政府的基础上，注重对全新社会机制上的启动和培育，并且依靠实时动态数据以及相关制度和政策实现宏观管理，同时加强社会组织的培育，让其在市场经济体制发展过程中实现自我管理。

2. 政府通过体系建设推进社会化管理。

在目前多元化的社会结构当中，政府将社会事务的管理由行

政管理方式转变为社会化管理方式，一方面可以实现政府职能的转变，将其转变为产品和服务的提供者而不是所有事务的包揽者；另一方面可以在实现社会资源优化配置的基础上促进社会组织对社会管理的积极参与，从而形成全新的社会管理机制。这对于多元化管理体系的构建、创设多元化公共服务格局具有十分积极的现实意义。

（二）非政府组织需要加强自身的自主性

非政府组织目前存在的最大问题就在于对政府的过度依赖而丧失了自主性，而一个组织在对其内部资源实现利用和配置的过程中应该具有自主决策和选择的能力。因此，非政府组织应该加强自身自主性的建设。

1. 非政府组织需要加强和完善内部机制。

非政府组织想要改变过于依赖政府的现状，首先，必须要注重加强自身内部机制的建设和完善，保证内部运行健康有序，才能更好地进行社会工作，并获得政府的肯定和认可。目前很多非政府组织都开始建立起一定范围内统一的规章制度，扩大制度内容上的涵盖范围，并尽可能地实现细化，对组织成员管理、内部建设等方面都能做到有章可循和严格规范。其次，还可以利用一些专家和学者的意见，制定一套有针对性同时易于操作的工作流程和管理制度。

2. 加快非政府组织的专业化进程。

非政府组织在专业化进程中必须要引进专业人才，专业人才不仅可以给非政府组织带来利润，也可以促进非政府组织实现自己的目标和价值。目前非政府组织的管理和运作所出现的一系列困境，让经济界人士深深地认识到，非政府组织也必须运用营利组织的一系列管理方法，包括人力资源管理。如果非政府组织想开拓商机，有两点对他们来说是必要的，即建立高效商业机制和培育组织文化，而这两点都离不开专业人才。

（三）逐步建立双方的信任关系

1. 实现非政府组织与政府结伴成长。

目前，政府和非政府组织在推动社会工作的专业化、职业化发展上作出了很多努力，非政府组织也在逐步进入自主化运作。在政府主导推动下，非政府组织实施了一系列的培训项目，这不仅体现了政府推进社会化管理的愿望和努力，也极大地推动了非政府组织的成长，有效促进了两者关系的发展。

2. 非政府组织与政府应建立多种沟通渠道。

一方面，政府要建立与包括非政府组织在内的外部组织的联络机构，增加与非政府组织、与公众的沟通渠道并使之正式化。另一方面，非政府组织也要重视与政府建立良好关系，主动与政府进行沟通，通过积极协助、配合政府，取得政府的信任和支持。

综上所述，非政府组织作为普遍存在的非营利性合法组织，在社会公共事务管理和服务方面具有自身重要的价值含义。非政府组织和政府之间的关系如何，不仅关系到非政府组织自身的发展以及组织功能上的实现，同时也会对政府公共职能的发挥造成一定程度的影响。非政府组织和政府需要在彼此信任的基础上，实现主体上相互独立，并实现相互协作和优劣互补，从而在充分发挥各自组织功能价值的同时实现社会管理效果上的提高。

参考文献：

［1］文晓飞．非政府组织对联合国事务的参与［D］．中国政法大学，2010.

［2］石洪国．中国当代非政府组织法律规制问题研究［D］．河北师范大学，2010.

［3］杨美卿．非政府组织民主参与的法治价值［D］．黑龙江大学，2010.

［4］王伟．治理理念视角下非政府组织与政府关系研究［D］．上海交通大学，2010.

［5］唐斌．中国非营利组织研究的新进展［J］．南京社会科学，2005（07）．

环境公益诉讼问题研究

杨芳纳*

（云南师范大学商学院　云南　昆明650106）

摘　要：近几年，环境污染事件层出不穷，很多人采取环境公益诉讼的方式进行环境维权。虽然我国在环境公益诉讼领域进行了许多有益的探索，但是就目前情况来说，我国现行法律中还没有关于环境公益诉讼的明确规定，并且环境公益诉讼的发展速度很缓慢。因此为了更好地发展环境公益诉讼，我们必须重新定位环境公益诉讼的一些方面。

关键词：环境公益诉讼；原告资格；诉讼费用；诉讼时效；举证责任

一、环境公益诉讼的基本理论

（一）环境公益诉讼的概念

在我国，关于环境公益诉讼的概念很多，目前还没有形成通说。笔者认为，公益诉讼是解决“公地悲剧”的一种诉讼手段，它在中国的出现和发展反映了保护公共利益的迫切需要。所以，笔者认为环境公益诉讼的概念是：任何自然人或者组织认为公共环境利益受到了他人的不法侵害，或者在环境可能受到污染和破坏的情形下，为维护环境公共利益不受损害，都有权向人民法院

* 杨芳纳（1983—　），女，河南人，硕士，助教，环境与资源保护法专业。

提起诉讼，法院依照相关法律进行审判的诉讼。

（二）实践中的环境公益诉讼情况

虽然我国的环境公益诉讼制度还不是很健全，但是面对不断被破坏的公共环境，很多人还是提起了环境公益诉讼。特举一例说明。案例发生在广东省。案情是广东省首例环境公益诉讼于2008年11月13日上午在广州海事法院进行开庭，本次诉讼以检察机关胜诉而圆满解决，获得了圆满的成功。这起因企业污染河流而由检察机关作为原告提起的环境公益诉讼，从立案到案件最后得到宣判，历时4个多月，但是最终打赢了官司，使受害的村民获得了应得的污染赔偿，充分维护了广大村民的利益。

虽然前述案件受到了很多舆论的高度关注，被认为是中国环境公益诉讼方面的重大进展。但是在企业污染事件屡屡发生的当今，环境公益诉讼还是存在很多方面的并被各界一直和反复讨论的问题。

二、我国环境公益诉讼存在的问题

我国现行法律对环境公益保护很不充分，在实践中还存在不少问题。

（一）环境公益诉讼原告的主体资格

我国《民事诉讼法》第一百零八条第一款规定：原告是与本案有直接利害关系的公民、法人和其他组织。这种规定只注重对直接利害关系的个体利益的救济，而忽视了公共利益的存在，缺乏对公共利益的维护。在处理环境危机时障碍重重，因为环境侵害行为具有特殊性，即具有间接性，它是以环境为介质进而影响到在该环境中生存的人的利益；环境侵害涉及面广，侵害对象往往是不特定地区的不特定的多数人；环境侵害的对象大都是一般民众，他们的文化知识有限，而环境侵害的原因一般都很复杂，多具有潜伏性、专业性、技术性的特点，对当代甚至是后代人都会造成严重的后果。通过上面的叙述可以看出在环境公益诉讼中，原告与案件之间并不是存在直接利害关系的，如果仅仅将环境公益诉讼起诉资格局限于有直接利害关系的人势必会造成法院作出“主体不适格”的不予受理的裁定。这样就不能很好地保护社会公共利益，必然会导致国家公益环境、社会公益环境及不特定多数人的环境侵害得不到救济。所以必须明确环境公益诉讼原告的主体资格。

（二）环境公益诉讼中诉讼费用的负担

在实践中，环境公益诉讼的实质是原告花费时间、精力和金钱去为不特定的多数人争取权利，为不特定的多数人谋取利益。其实每个人都直接或间接地受到诉讼结果的影响。所以我们必须在诉讼费用承担方面作好规定。但是在我国国务院发布的《诉讼费交纳办法》里却没有把公益性的诉讼案件明确纳入其中。也就是说我国对环境公益诉讼费用负担还没有相关的法律规定。这就会大大影响环境公益诉讼中原告的积极性，会导致大家对环境的破坏持漠不关心的态度，这将更不利于对环境的及时保护和监督管理，也间接地阻碍了诉讼制度的发展。

（三）环境公益诉讼的诉讼时效

诉讼时效是指民事权利受到侵害的权利人在法定的时效期间内不行使权利，当时效期间届满时，人民法院对权利人的权利不再进行保护的制度。虽然我国《环境保护法》第四十二条规定“因环境污染损害赔偿提起诉讼的时效期间为三年”，但是由于环境侵权要通过“环境”这一载体，再作用于人体和财产，其因果关系不容易直接和立即显现出来；许多污染是多因素复合作用的结果；对于各种污染物的性质、毒性及其在环境中迁移、扩散和转化的，现有的科技水平还不足以认识清楚，或者不足以证明环境污染与损害后果之间的因果关系；等等。

（四）环境公益诉讼的举证责任

由于现代工业生产及由此造成的污染往往涉及复杂的科学技术问题，作为普通公众的受害人难以了解污染的原因，更难以取得充足的证据，也就难以证实排污者的过错，从而不能让他们承担赔偿损失；有些环境污染或者破坏需要利用环境分析、化验等技术手段，并具备渊博的科技知识和专门的仪器设备，以及相当的人力、财力，这无论是对于受害人还是对于司法部门来说都有相当的困难。如果环境公益诉讼的举证责任由处于弱势的原告承担将不能很好地保护大多数人的利益，所以必须从法律上明确规定环境公益诉讼的举证责任问题。

三、环境公益诉讼问题的解决措施

（一）明确和扩大原告诉讼主体资格

环境公益诉讼是为了保护环境公共利益而设置的，所以我们不应该再把与案件有直接利害关系的人作为原告，应该把原告视为是社会公众利益的代表主体，扩大原告的主体资格。因此，笔者认为提起环境公益诉讼的原告应是任何人。具体包括公民个人、社会团体、环保部门和检察机关等。

首先是公民个人。随着社会的发展，人民法律意识的提高，维护环境权将是每个公民的神圣使命。在现实生活中，每个公民都是环境损害的潜在受害者，因而公民个人有权为维护环境公共利益而寻求司法救济。

其次是社会团体。国际环境保护运动的实践表明，环保公益组织在推动环境法律法规的制定、参与环境管理、监督环境法律法规的实施过程中发挥了重要的作用。之所以选择社会团体作为原告是因为社会环保团体一般拥有专业人员、较强的技术基础、雄厚的资金和一定的社会影响力，可以与实力强大的公司或企业形成法律上的对抗与制衡。

再次是环保部门。我国《环境保护法》第六条、第七条明确规定，国家环境保护的代表是环境保护行政主管部门，资源管理的代表是法律授权的代表国家行使国家所有权的机关。赋予环境管理部门以环境公益诉讼的诉权可以利用其掌握的环境专业知识、技术及相应的环境监测检测设备与环境损害行为相抗衡，增强其环境保护的能力。

最后是检察机关。我国近年来的胜诉案例也在支撑这一设想。检察机关作为国家的法律监督机关，可以充分发挥其作为国家机关的优势，其又拥有雄厚的财力和较强的诉讼对抗能力，运用公力救济的司法手段提起公益诉讼，更能完成公众利益保护者的任务。

（二）诉讼费用的负担

环境公益诉讼是一种公益性质的诉讼，诉讼的结果使生活在这一环境中的人直接或是间接受益。因此，为了支持公民积极提起环境公益诉讼，必须正确处理诉讼中诉讼费用的承担问题①。笔者认为：（1）一部分环境公益诉讼的诉讼费用由财政负担。对于那些社会影响比较大、后果比较严重、涉及面比较广的案件，由专门机构进行评估计算，最后给予及时的拨款救济。（2）从环保基金里扣除。我国应该设立专门的环保基金组织用来为环保组织起诉提供资金和技术支持。基金来源可以是从胜诉的环境公益案件的罚金中提取一定比例，可以是爱国人士的捐赠、社会各界的赞助、各种环境税费中的提留部分等。（3）法院方面的措施。对于一些明显侵犯社会大多数人的公共利益、诉讼标的比较大的案件，决定暂由原告垫付，或者由原告缓交或减交诉讼费，最后可由受益的他人相应负担或者被告支付；还应当免收诉讼费，鉴定费用判由败诉方承担。

① 沈红艳．环境公益诉讼［J］．内蒙古环境科学，2009（05）。

（三）取消诉讼时效

在环境公益诉讼时效方面，很多学者都倾向于实行取消诉讼时效。笔者很赞同那些学者的观点。因为针对环境损害的特征以及其造成的损害后果往往具有间接性、复杂性、长期性、潜伏性等特点，加之因果关系模糊、证据获取困难、诉讼双方实际地位不平等，因此为了更有效地保证社会公共利益不受损害，提起公益诉讼应当不受诉讼时效的限制，使侵犯环境公共利益的行为在任何时候均能受到法律追究。

（四）举证责任倒置

举证责任是在案件的真实情况难以确定的情况下，由诉讼当事人中的一方提供证据予以证明，如果无法提供则承担不利于该方的法律后果的制度。在中国，《最高人民法院关于民事诉讼证据的规定》确定了8种情况下实行举证责任倒置，其中包括环境污染损害赔偿案件。笔者认为，在环境公益诉讼中，也应该实行举证责任倒置。原因是：（1）现代工业生产的排污使生产活动本身具有高度危险性，可能造成环境污染及他人巨大的财产和人身损害。（2）从民法公平原则的客观要求来看，环境侵权中的加害人多是营利者，如果因加害人无过错或不能证明其有过错，而使受害人得不到法律的保护，无异于放纵谋财害命①。（3）考虑到环境侵权案件的因果关系复杂多样，被告方通常掌握着技术或资金的优势，并且对环境损害的认定具有很强的技术性和专业性，而原告通常为一般民众，他们在专业知识与技能以及经济实力等方面往往无法与被告相比，并且取证又涉及诸多学科和多种技术手段，鉴定费用也是一笔不小的开支，一般人难以承受这种经济压力，因此在举证方面是极为困难的。在举证责任

① 张牧遥．构建我国环境民事公益诉讼制度的可行性分析［J］．新余高专学报，2009（04）。

的配置上实行举证责任倒置，规定原告只对损害的事实和损失的大小负举证责任，其他的证据由被告提供，若被告不能提供，则其应当承担法律上的不利后果。

四、小 结

随着社会的发展，我国社会各界对环境公益诉讼理论的研究逐渐深入，公民环保意识也逐渐增强，但还需要建立环境公益诉讼制度，才能更好地保护受害者的权益，才能更好地保护我们的环境。

参考文献：

[1] 李瑛，王巍．试论我国环境公益诉讼制度的建构［J］．中外企家，2009（07）．

[2] 陈姝．关于我国环境保护公益诉讼的思考［J］．法制与社会，2008（04）．

[3] 岳燕锦．环境公益诉讼制度及其在我国的构建［J］．重庆科技学院学报，2008（11）．

[4] 马平．浅议环境公益诉讼制度［J］．牡丹江教育学院学报，2008（06）．

论刑事诉讼中的非法证据排除规则

马 嘉 吕 娜 杜江江*

（云南师范大学商学院 云南 昆明650106）

摘 要： 证据，是刑事诉讼程序的灵魂，整个刑事诉讼程序就是运用证据证明案件事实的过程。证据的来源是否合法，决定了证据的效力。目前，对于非法收集的证据能否作为定案的依据，各国刑事诉讼制度中争议颇多。我国对此问题并无法律明确而具体地规定，最高人民法院与最高人民检察院制定的有关司法解释和规则对此虽已作出一些规定，但并不全面，不能适应司法实践的需要。本文就非法证据的证明力进行讨论，对我国刑事诉讼中的非法证据排除规则提出自己的一些浅见。

关键词： 非法证据；证明力；排除规则

一、概 述

（一）非法证据的概念

刑事证据，即审判人员、检察人员、侦查人员依照法定程序收集和审查属实的，用以确定或者否定犯罪事实，证明犯罪嫌疑

---

* 马嘉（1981— ），女，云南昆明人，法律硕士，云南师范大学商学院讲师，主要研究合同法、刑事诉讼法及宪法；吕娜（1977— ），女，重庆人，法律硕士，讲师，主要研究海商法、保险法；杜江江（1981— ），女，四川成都人，环境与资源保护法硕士，讲师，主要研究环境法、民法、民事诉讼法。

人、被告人是否有罪以及罪责轻重的一切事实。简而言之，就是证明案件真实情况的一切事实。刑事证据需要具备客观性、关联性和合法性三大特征。所谓的非法证据，笔者认为应当定义为“非依法定程序收集和运用的证据”。

（二）我国现行法律关于非法证据排除的相关规定

1.《刑事诉讼法》的相关规定。

《刑事诉讼法》第三条二款规定：“人民法院、人民检察院和公安机关进行刑事诉讼，必须严格遵守本法和其他法律的有关规定。”

《刑事诉讼法》第四十三条规定：“审判人员、检察人员、侦查人员必须依照法定程序，收集能够证明犯罪嫌疑人、被告人有罪或者无罪，犯罪情节轻重的各种证据。严禁刑讯逼供、威胁、引诱欺骗以及其他非法方法收集证据。”除此原则性规定外，《刑事诉讼法》还就侦查人员收集证据所需要遵守的具体法律程序作出了一系列规定。

2. 司法解释中有关非法证据排除的规定。

最高人民法院《关于执行〈中华人民共和国刑事诉讼法〉若干问题的解释》中第六十一条规定：“严禁以非法的方法收集证据。凡经查证确实属于采用刑讯逼供或者威胁、引诱、欺骗等非法的方法取得的证人证言、被害人陈述、被告人供述，不能作为定案的根据。”

最高人民检察院在《人民检察院刑事诉讼规则》二百六十五条规定：“严禁以非法的方法收集证据。以刑讯逼供或者威胁、引诱、欺骗等非法的方法收集的犯罪嫌疑人供述、被害人陈述、证人证言，不能作为指控犯罪的根据。人民检察院审查起诉部门在审查中发现侦查人员以非法方法收集犯罪嫌疑人供述、被害人陈述、证人证言的，应当提出纠正意见，同时应当要求侦查机关另行指派侦查人员重新调查取证，必要时人民检察院也可以自行调查取证。侦查机关未另行指派侦查人员重新调查取证的，可以依法退回侦查机关补充侦查。”

（三）我国现行的刑事非法证据排除规则

从上述规定我们不难看出，我国已经初步建立了有限的证据排除规则，具体包括以下几个方面：

首先，非法言词证据，包括被害人陈述，犯罪嫌疑人、被告人供述和辩解，证人证言，应当予以排除。

其次，确立了非法证据的排除后果。在起诉阶段被确认为非法证据的证据不能被认定为指控犯罪的依据；而在审判阶段被确认为非法证据的证据不能被认定为定案的依据。

最后，明确了禁止采用的非法取证手段。根据法律规定，刑讯逼供、威胁、引诱、欺骗方式获取证据的行为均为法律禁止的取证手段。

二、我国现行刑事非法证据排除规则的缺陷

（一）对非法证据的界定不够完整

我国目前法律仅只规定了以非法手段获取的言词证据属于非法证据，要予以排除，而非法言词证据之所以非法，是因为取证手段非法，所以，究竟什么是非法证据，我国法律并没有给出一个具体而明确的定义，这就使得我们在排除非法证据时没有一个确定的标准。

（二）排除的非法证据种类不完整

目前我国法律仅将非法获取的言词证据，即证人证言、被害人陈述和犯罪嫌疑人、被告人的供述予以排除，而与之相对应的实物证据的证据效力却并未提及。司法实践中通过非法手段既可以获得言词证据，同样也可以获取实物证据，更可以通过非法口供获得其他的证据，对于非法实物证据及所谓的“毒树之果”是否应当排除，刑事诉讼法和司法解释均没有作出明确规定。

（三）非法证据排除规则配套制度缺失

对于非法证据的排除，仅以法律形式确认排除的规则，是不足以将非法证据真正排除于刑事诉讼之外的，相应配套机制的缺失，使得法律规定形同虚设。如何监督取证途径的合法性，对非法取证主体如何处罚，对受害者如何补救，我国法律均没有全面而完整的规定，这就必然导致非法证据排除规则难以落到实处。

三、完善我国刑事证据排除规则的构想

非法刑事证据的排除有利于督促司法机关守法，有效制止司法人员非法取证行为；也有利于切实保障诉讼参与人的权利，促进公安、司法机关及其工作人员法制观念的转变；更有利于防止或减少冤假错案的发生，因此，该规则具有非常重要的现实意义。针对我国现行证据排除规则的缺陷，笔者提出以下构想。

（一）正确界定非法证据的概念

要讨论非法证据的排除规则，我们应当首先明确什么是非法证据。

非法证据是相对于合法证据而言的，目前理论界并没有一个统一的概念。我国《诉讼法大辞典》则将其定义为“不符合法定来源和形式的或者违反诉讼程序取得的证据”。也有学者认为非法证据是指“不符合法律规定的证据内容、证据形式、收集或提供证据的人员及程序、方法的证据材料”。笔者认为，所谓的非法证据，应当是违反刑事诉讼法的相关规定，违背了证据合法性特征收集到的一切证据。

因此，笔者认为，以下证据当属非法证据：（1）刑事诉讼法规定的7种证据以外的证据形式；（2）法定人员以外的人非法收集的证据材料；（3）非经法定程序收集的证据材料；（4）未经法定程序在法庭上出示并查证属实的证据材料。

(二) 明确非法实物证据的排除规则

实物证据包括物证、书证、勘验、检查笔录及视听资料，一般通过搜查、扣押或录像等方式收集。

基于实物证据的稳定性和不可替代性，对于非法实物证据是否排除，各国做法不一，一般包括三种情况：全部排除；原则上排除，设置若干例外；由法官裁量排除。

非法搜查、扣押物证的排除，必然对揭露犯罪、揭示案件真实带来不利影响，有时甚至导致放纵犯罪，但是相对于人权保障的趋势来说，排除也是情理之中的。因此，笔者认为对于非法收集的实物证据原则上也应该予以排除，但同时也应该设置一定的例外情况，尽量使排除规则的设立能够把公共安全与个人权利保障统一起来，符合社会正义之诉讼要旨。基于此，应把非法证据排除规则作为搜查、扣押之实物证据普遍适用的原则，对于无证搜查、扣押之实物，实行排除，但附带的例外条件是情况紧急，重大犯罪或者犯罪嫌疑人自愿同意搜查而进行的人身与室内的搜查所获取的实物证据应确定其证据效力。

(三) 确立非法证据的衍生证据排除规则

非法证据的衍生证据也称“毒树之果”，即根据以刑讯逼供等非法手段所获得的犯罪嫌疑人、刑事被告人的口供，并获得的第二手证据（派生性证据）。以非法手段所获得的口供是“毒树”，而以此所获得的第二手证据就称为“毒树之果”。

就我国目前的实际情况来看，对“毒树之果”的法律运用原则，既无法律明文规定，也无明确的司法解释。但根据我国的《刑事诉讼法》关于证据以及证据的适用原则之规定，以及从我国刑事司法的实践来看，“毒树之果”是不为法庭所拒绝的。

近日，河南省高院出台《关于办理刑事案件排除非法证据若干问题的规定》实施细则，其中第一条规定，对于非法取得的证据，不能作为认定案件事实的根据。而被指刑讯逼供取来的证据，经法庭通知，讯问人员拒不出庭作证的，对取得该证据的合法性不予采信。该规定明确了非法证据的衍生证据的排除规则，实属刑事司法制度的一大进步。

笔者认为，我国法律对非法证据的衍生证据的效力没有作出规定，结果导致了刑事诉讼的权威性受到了严重的影响，刑讯逼供、超期羁押、非法拘禁的现象在司法实践中一直屡禁不止。因而，对于由非法取得的言词证据、实物证据所衍生的其他证据也应严格予以排除，以示对刑讯逼供、非法拘禁、违法搜查、扣押等非法取证行为的彻底否定。只有这样，才能真正从根本上杜绝刑讯逼供等非法取证手段的存在，才能真正实现程序公正。

（四）建立完善的非法证据排除规则配套制度

1. 建立非法证据的庭前审查制度。

对于与案件有关的证据，在开庭审理前由专门的法官对证据进行审查，将法律规定应予排除的非法证据预先排除，以免对庭审法官产生不良影响。当然，证据是否具有证明力，应在庭审中予以认定，而不是证据庭前审查的任务。

2. 明确取证过程的监督机制。

由担负着监督职能的人民检察院对取证手段的合法性进行监督，当犯罪嫌疑人、被告人或者其他权利人向其提出取证过程中因遭受了暴力、侮辱或攻击等非法手段而提出的控告或申诉时，检察机关应即时处理，排除使用非法手段取得的证据。

3. 完善对非法取证主体的惩戒。

仅仅规定对某种非法取得的证据予以排除还不能较好地防止非法取证行为，因此，还应建立和完善对非法取证主体的惩戒制度，将司法人员的自身利益与取证行为的合法性相联系，促使其依法取证。我国《刑法》第二百四十五条规定对某些非法取证行为已经规定了相应的刑事处罚。该条法律规定，非法搜查他人身体、住宅，或者非法侵入他人住宅的，处三年以下有期徒刑或者拘役。司法工作人员滥用职权犯前款罪的，从重处罚。司法工作人员对犯罪嫌疑人、被告人实行刑讯逼供或者使用暴力逼取证人证言的，处三年以下有期徒刑或拘役。然而，这里的规定仅仅针对非法取证行为已构成犯罪的情形，显然还是不够的。实践中，还有大量违法甚至严重违法，但尚不构成犯罪的非法取证行为，对实施这些行为的司法官员也应规定相应的惩戒制度，要求其承担相应的法律责任。这些法律责任包括行政责任、经济责任等。其中，行政责任由司法机关内部规定并执行。经济责任可通过请求国家赔偿或民事诉讼途径予以确定。

4. 完善对权利受侵害者的保障机制。

首先，对于证人、被害人权利因非法取证行为受到侵害的，司法工作人员除承担刑事责任、行政责任外，还应按《国家赔偿法》和有关法律由所在机关对被侵权人的人身、财产的损害进行赔偿。然后再由所在机关向司法工作人员行使追偿权。其次，对于受到非法取证行为侵害的犯罪嫌疑人、被告人而言，如因非法证据排除形成疑案的，应按照“事实不清、证据不充分”作出对被告人有利的无罪判决。犯罪嫌疑人、被告人受到人身伤害或死亡的，其本人或近亲属有权要求民事赔偿。立法应就相关规定进行完善，切实保障受非法取证行为侵害人的实体和程序上的利益。

总之，非法证据排除规则一直是诸多国家刑事诉讼法理论与实务界颇具争议的话题之一。不同的国家对此也进行了不同的专门立法，而纵观我国法律，目前对非法刑事证据的排除并没有一套完整的排除规则，使得程序违法行为层出不穷，更使得法律的严谨性和权威性大受质疑。因此，尽快建立起符合我国国情的非法证据排除制度势在必行。

参考文献：

[1] 杨迎泽. 检察机关刑事证据适用 [M]. 北京：中国检察出版社，2001.

[2] 宋世杰，陈果. 论非法证据排除规则 [M] //何家弘. 证据学论坛：第2卷. 北京：中国检察出版社，2001.

[3] 陈瑞华. 非法证据排除规则的理论反思 [J]. 法律适用，2007 (06).

[4] 钱育之. 对我国非法证据排除规则立法的思考 [J]. 企业家天地，2007 (09).

[5] 范青. 论刑事诉讼中的非法证据排除规则 [J]. 辽宁师范大学学报（社会科学版），2005 (03).

[6] 杨宇冠. 非法证据排除规则研究 [D]. 中国政法大学，2002.

[7] 张华，党卫星. 我国刑事非法证据排除规则之构建 [J]. 法学研究，2009 (02).

[8] 杨宇冠. 非法证据排除规则研究 [M]. 北京：中国人民公安大学出版社，2002.

论日本企业公害防止管理员制度

杜江江　马　嘉*

（云南师范大学商学院　云南　昆明 650106）

摘　要：第二次世界大战以后，日本进入飞跃性经济成长时期，这也让日本成为世界上污染最严重的国家之一。"二战"后创造了经济高速增长奇迹的日本，在较短时期内，工业化进程中产生的严重环境污染得到解决，改变了其公害大国的形象，创造了另一个奇迹。本文介绍了日本企业公害防止管理员制度的发展，以期对中国正确处理经济高速发展和污染防治的关系提供一定的启示。

关键词：公害；公害防止管理员；启示

一、日本环境保护发展历程

日本政府的环境保护历程可以分为四个阶段：

第一阶段（1955—1972 年）：产业型公害出现，高度经济增长期。

1955—1965 年，痛痛病、水俣病、四日市公害等开始出现；1970 年东京频发光化学烟雾危害，产生严重的大气污染，PCB

---

* 杜江江（1981—　），女，四川成都人，环境与资源保护法学硕士，讲师，主要研究环境法、民法、民事诉讼法；马嘉（1981—　），女，云南昆明人，硕士，云南师范大学商学院讲师，主要研究合同法、刑事诉讼法及宪法。

环境污染问题化。1958 年制定《排水限制法》；1962 年制定《煤烟限制法》；1967 年制定《公害政策基本法》；1968 年制定《大气污染防治法》；1970 年召开了第 64 届国会新订或修正了 14 项与公害关联的环保法规；在各种公害对策法规相继出台后，1971 年日本内阁决定集中厚生省、通产省经济计划厅等省厅的原有公害防治部门，把有关公害法规、各省厅分别实施的公害对策和自然保护对策集中于一个新的政府机构——环境厅。环境厅对强化当时的污染控制起到了关键的作用，包括调整和实施了法律；实施了污染者负担原则；制定了当时世界上最严格的环境标准；司法对违法污染企业进行了严厉的惩治。

第二阶段（1973—1985 年）：生活型公害问题逐渐突出，经济稳定增长期。

1976 年，濑户内海发生大规模赤潮；1977 年，OECD 环境政策评价日本防治公害指出了提高环境质量的必要性；1974 年，引进 2 新制度限制 SO_x 排出总量；1979 年，开始限制产生 COD 的负荷量总量；1981 年，引进 NO_x 排出总量限制制度。世界石油危机发生后，企业经营成本大大增加，企业对政府施加压力，迫使政府放松了某些污染物排放标准，企业对环境的投资开始减少。SO_x 问题虽已解决，NO_x 和其他污染物问题并没有解决，公众参与也没有形成制度化。

第三阶段（1985 年至今）：开始意识到地球环境问题的时期。

1985 年南极上空出现臭氧层空洞；1993 年制定《环境基本法》；1995 年制定《容器包装回收法》；1997 年制定《环境影响评价法》；1999 年制定《化学物质排出管理促进法》；2003 年制定《土地污染防治法》。进入 20 世纪 90 年代后，日本工业污染及部分自然生态环境问题已基本得到解决，但生活性污染和汽车尾气污染等城市化环境问题以及全球环境问题又成为日本环境保护的重点领域，这是一个更深层面的环境保护问题。在可持续发展理论的指导下，日本着手制订环境基本计划，环境基本计划是日本政府根据《环境基本法》制订的有关环保的基本计划，约每5年左右修订一次。1994年和2000年分别制定了《第一个环境基本计划》和《第二个环境基本计划》，2006年4月《第三个环境基本计划》由内阁审议批准通过。2001年，环境厅升格为环境省。

二、日本企业环境管理体制

日本企业在环境管理体制建立和发展过程中，首先明确所经营的行业与环境的关系及其应负担的环境责任，形成有关本企业环境保护方面的基本认识和原则，建立了企业公害防止管理员制度。

（一）日本企业公害防止管理员制度的建立

日本从20世纪70年代起开始实施企业公害防止管理员制度。该制度是依据1971年7月颁布的《在特定工场设置公害防止组织法》的规定实施的。

在此项立法的推动下，日本企业在环境管理体制的建立和发展过程中，逐渐认识到企业环境形象和承担环境责任的重要性，环境责任意识大大提升，在企业内部环境监督管理日趋完善，日本企业界对环境责任的重视程度在全世界范围内处于领先。该项法律制度首先明确所经营的行业与环境的关系及其应负担的环境责任，形成有关本企业环境保护方面的基本认识和原则。

（二）公害防止管理员制度的具体内容

1. 公害防止管理员制度的法律体系。

公害防止管理员制度的法律体系如下：

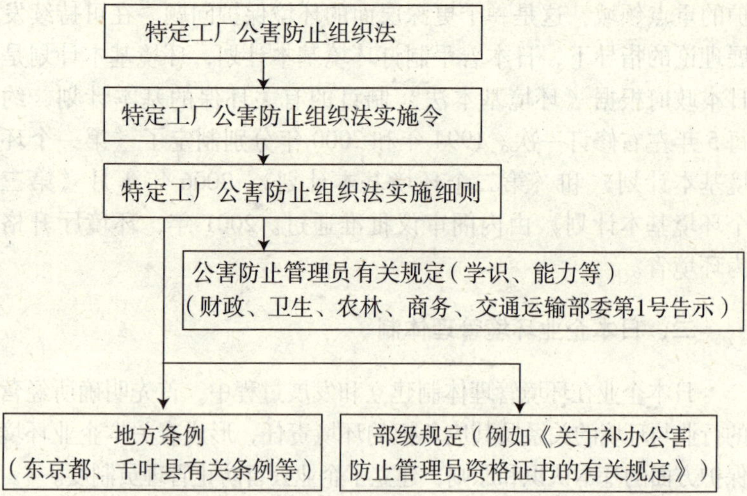

2. 公害防止管理员制度的对象企业。

特定工厂是指根据“在特定工厂设立防止公害组织的相关法律”，负有设立防止公害组织（选任公害防止管理员）义务的工厂。不同的特定工厂要建立不同的公害防止组织。对象行业包括：（1）制造行业（包括加工行业）；（2）供电行业；（3）供气行业；（4）供热行业。根据“在特定工厂设立防止公害组织的相关法律施行令”的规定，设有以下任何设施的工厂为对象行业：（1）产生煤烟的设施；（2）产生特定粉尘（石棉）的设施；（3）产生一般粉尘（除石棉以外）的设施；（4）排放污水的设施；（5）产生噪音的设施；（6）产生振动的设施；（7）产生二噁英类的设施。

3. 企业公害防止组织体系。

日本的公害防止管理员分三个等级，即公害防止总负责人（负责统管有关防止公害的全面工作）；公害防止主任管理员（协助公害防止负责人，具体指导公害防止管理员开展工作）；

公害防止管理员（负责开展具体工作）。

4. 公害防止管理员制度中相关人员的职责。

（1）公害防止总负责人职责：对工厂的公害防止业务进行全面管理，由工厂厂长或同等职务的人员担任，不需要专业资格。

（2）公害防止主任管理员职责；辅佐公害防止总负责人，指挥、监督公害防止管理员开展工作，由部长或科长等职务的人员担任，需要专业资格。

（3）公害防止管理员职责：测定企业排放的污染物，管理污染处理设施，将测定的数据记录整理之后上报有关部门，凡未经公害防止管理员签字的数据均不能被认定为正式数据。

5. 公害防止管理员考试实施机构。

从1971年到1987年的16年间，其考试、资格认定讲习等工作都是由政府及其有关部门来直接实施。1987年，“制定考试机关制度”规定考试由环境省和通产省大臣直接指定民间团体——产业公害防止协会（现称“产业环境管理协会”）。日本法律规定公害防止管理员必须通过国家专门的统一考试，考试每年举行一次，要求非常严格。

三、日本的环境管理经验对我国的启示

我国环保部门借鉴日本和其他发达国家先进的企业环境管理经验，大力推进企业环境监督员制度。2003年5月8日，原国家环保总局发布《关于开展企业环保监督员制度试点工作的通知》（环办函〔2003〕199号），2008年9月18日，环境保护部发布《关于深化企业环境监督员制度试点工作的通知》（环发〔2008〕89号）。自2003年开展企业环境监督员制度试点工作以来，截至2009年底，全国已经培训了8 000多名企业环境监督员。企业环境监督员制度试点工作实施以来，各地环境监察部门和参加培训的

企业都认为，该项制度如能全面实施，对明确企业的环境责任，健全企业的环境管理机构，完善企业的自身监督管理机制，提升企业的现代化环境管理理念有极大的益处。但是，企业环境监督员制度历时七年之久还是没有得以全面推进，依然在试点。我国在推进企业环境监督员制度的过程中应重点解决以下问题。

（一）明确企业环境监督员制度的法律依据

我国企业环境监督员制度的存在有无法律依据，存在不少争议。笔者认为，我国现行法律中并未明确规定企业环境监督员制度，仅凭一些规范性文件还不足以建立起完善的企业环境监督员制度。所以，我国急需解决企业环境监督员制度的法律依据问题，笔者建议在《环境保护法》进行修改时，应明确规定企业承担其相应的环境责任，同时必须建立健全企业环境监督员制度，推进自身监督管理机制。

（二）制定《企业环境监督员管理条例》或者《企业环境监督员管理办法》

在对《环境保护法》进行修改的同时，配套出台《企业环境监督员管理条例》或者《企业环境监督员管理办法》，使企业环境监督员制度有法可依。企业环境监督员制度立法内容应包括：

1. 总则。主要内容为立法目的、企业环境监督员的定义以及企业环境监督员的监督管理部门、企业环境监督员制度的体制和机制等。

2. 企业环境监督员的任职资格。应规定企业环境监督员考试合格者获得企业环境监督员资格证书，取得企业环境监督员资格证书的人员才可以担任企业环境监督员。

3. 企业环境监督员制度实施的对象企业。为使企业环境监督员制度在不同类型企业能有效实施，可将对象企业进行分类。

4. 企业环境监督员的权利、义务。应分别规定企业环境管理总监和一般企业环境监督员的职责范围，应当予以说明的是，企业环境监督员的职责既是一种权利，也是一种责任。

5. 法律责任。对于没有正确履行自己职责的企业环境监督员需要明确规定其应当承担的法律责任，处罚种类可以为警告、罚款、吊销资格证书、行政拘留等，并及时修改《刑法》，增加企业环境监督员失职罪，对没有正确履行自己职责且违法情节严重的企业环境监督员施以刑罚，如因过失造成重大环境污染事故，致使公私财产遭受重大损失或者人身伤亡的严重后果的。

贯彻落实“国家监察、地方监管、单位负责”的环境监管体制，大力推进企业环境监督员制度可行且必要。日本的公害防止管理员制度仍是末端治理方法，我国应借鉴日本的环境管理经验，并吸收 HSE（Health Safety and Environmental Management System）管理体系全过程管理的理念，构建具有中国特色的预防为主、领导承诺、全员参与、持续改进的全过程管理的企业环境监督员制度。坚持科学发展，解决经济增长的资源环境代价过大的问题，实现又好又快发展。企业环境监督员制度只有在立法上得到确立以后，才能与人力资源和社会保障部的职业资格证书制度相衔接，以实现真正的职业化。

参考文献：

[1] 曹晓凡，田静毅，毛应淮．推行企业环境监督员制度应先立法［J］．环境保护，2010（01）．

[2] 李广兵．可持续发展与地方环境立法［J］．环境资源法论丛，2003（03）．

[3] 施德国．亟待建立的企业环境监督员制度［J］．环境经济，2006（06）．

[4] 曹晓凡，康宏，毛应淮．企业环境监督员制度的立法途径选择［J］．中华纸业，2010（07）．

试论电子商务下的逆向物流
——退货管理

杨　琳*

（云南师范大学商学院　云南　昆明 650106）

摘　要： 随着社会的不断进步和发展，人们观念的不断更新，在企业中人们关注的焦点不断延伸，在正向物流系统中创造利润的同时，逆向物流的观点也慢慢产生了。本文在介绍了逆向物流的基础上，着重分析了退货逆向物流给企业造成的经济后果，并阐述了它产生的主要原因，主要从电子商务下退货逆向物流的设计、策略、方案来讨论退货逆向物流在现代企业中发挥的作用，同时对电子商务环境下逆向物流在现代企业中的运用提出了展望。

关键词： 逆向物流；电子商务；退货

一、退货逆向物流的内涵

由各种原因而形成的物品由顾客向供应商实体流动的过程称之为退货逆向物流。这里所说的各种原因包括物品损坏、顾客对物品不满意等；物品不仅仅指产品，还包括保证退货过程顺利完成而需要的包装容器、包装材料等；顾客包括供应链上各个环节的各类需求者，如批发商、零售商等；供应商也包括供应链上的

* 杨琳（1983—　），女，云南瑞丽人，学士，云南师范大学商学院助教。

各个环节的产品或服务的提供者，如原材料供应商、制造企业等。随着直销概念的出现，网络直销和邮购业务迅速抢占了市场，买方市场逐渐形成，市场的竞争程度越来越高，企业为了在激烈的市场竞争中赢得一席之地，提高顾客的满意度，维持并提高顾客对本企业产品的忠诚度，便开始采取更为自由的退货政策，国外许多知名企业开始把逆向物流战略作为强化其竞争优势，增加顾客价值，提高其供应链整体绩效的重要手段。

二、顾客要求退货的原因

作为电子商务的一个特点，在一次点击之后，一名网页的浏览者就成为一名顾客，顾客同商家的关系也从此开始。在当今顾客驱动的经济环境下，顾客价值是决定企业生存和发展的关键因素。一般情况下，退货的原因归纳起来主要有以下几个方面：

1. 产品本身存在缺陷或质量问题。

2. 货物运输方面出现问题，如产品部件缺少、偷盗、重复运输等。

3. 订单输入出错，人工输入订单时出现产品或数量错误。

4. 时间问题，如产品过期。

5. 特殊情况：一类是产品本身是好的，但顾客对它不满意，认为它有缺陷，这类退货被称为“无缺陷的缺陷品”；另一类是在质量保证期或维修期内被退回，要求更换或维修。

三、企业退货逆向物流面临的主要障碍

尽管退货逆向物流管理能给企业带来经济效益和社会效益，但在具体运作退货业务时，可能会遇到很多问题。

1. 对逆向物流的重要性缺乏认识。在很多电子商务的经营活动中，大量的时间和资源都被花费在吸引客户、增加销售额和建立商业站点中，而退货的工作就难以得到保障。

2. 逆向物流信息的不确定。由于逆向物流具有的不确定性和复杂性特点，在实施逆向物流管理时，有关产品回收的信息和再处理的信息也具有不确定性。

3. 逆向物流流程与正向物流流程的冲突。退货的逆向物流流程也包括了运输、库存、加工等过程，这些业务有时会同常规的产品正向物流业务流程重叠，尤其是在库存、运输等环节可能相互冲突。

4. 零售商与制造商之间的冲突。从零售商的角度看，每件产品都可以以产品本来状态返回，产品的损坏必定是出现在物流过程或生产过程中的，因而要求全额赔偿；而制造商可能会怀疑退回的产品是被零售商损坏的，可能会给出许多不应该全额赔偿的理由。

5. 经济利益与环境效益的矛盾。退回的商品并不一定都能给企业带来经济效益，然而有些商品从环保的角度上来说，企业又不得不收回，以达到国家的环保标准。

四、电子商务环境下退货逆向物流网络设计

1. 提供详细的退货说明和退货政策。在网站上应该提供什么样的商品退货、退货的具体要求是什么以及怎样退货等方面的信息，而且应使退货说明也可以通过离线的产品包装这个途径获得。

2. 提供准确完整的商品信息。在网上提供尽量详细和准确的信息。尽量避免顾客因为发现实际收到的货物与网上标称的商品不一致而退货的情况。

3. 完善在线购买过程。在设计系统时，就应该考虑到退货的可能性，为了降低退货率，电子零售商就要保证在网上提供的样品的颜色、大小与实物的一致性。在设计网站时，为了尽量避免因顾客一时冲动购买产品而导致的退货情况，需要在“购买”

键旁创建一个“取消”键，让顾客有改变其主意的机会。

4. 提高正向物流的效率。退货中有很大的比例是因为货物的配送不及时，致使客户退货。尤其是有时效性的产品，比如节日礼物、贺卡、圣诞树、杂志等。避免诸如目的地错误、商品错误等这样的配送错误，这就需要加强内部正向物流管理，提高正向物流效率，提高配送的速度和准确性。这样可以有效降低可避免的逆向物流，以减少逆向物流量，减少退货现象发生。

亚马逊经营的商品种类很多，但由于对商品品种选择适当，价格合理，商品质量和配送服务等能满足顾客需要，所以保持了很低的退货率。传统书店的退书率一般为25%，高的可达40%，而亚马逊的退书率只有0.25%，远远低于传统的零售书店。极低的退货率不仅减少了企业的退货成本，也保持了较高的顾客服务水平并取得良好的商业信誉。

5. 提供在线产品配置的站点。顾客在配置产品的过程中有充分的时间来考虑和比较，经过深思熟虑后购买的产品，其退货率也大为降低。在线产品配置对需要进行组装的产品尤为重要，如PC（个人计算机），来自DELL公司的数据表明，在线配置他们的PC的客户与要求DELL公司派销售代表的客户相比，产品退货率明显降低。

6. 设计顾客退货要求的实现方式。顾客退货要求的实现方式通常有在线处理和离线处理两种。在线处理即电子零售商在设计购物网站时，就建立一个在线退货管理系统，这样顾客就可以在线向供应商提出退货的要求，电子零售商就可以在其信息系统内找到客户有关退货的详细资料，并及时处理退货。

五、退货逆向物流对我国企业实践的启示

1. 尽管电子商务在我国增长迅速，但由于在我国逆向物流尚处于起步阶段，迫切需要政府部门对现有的管理制度认真清

理，建立一个适应逆向物流发展的法律、法规。同时需要企业转换观念，认识到采取逆向物流能节约成本、增加利润，提高企业的竞争力，提高对客户的服务质量，同时也提高了企业自身形象。

2. 从事逆向物流的企业需要与上游、下游之间进行频繁的信息交换，需要追踪掌握退货商品的状态信息。因此必须有一个功能强大的信息平台，集成运用地理信息技术、卫星定位技术、无线电通信技术及互联网技术，加强逆向物流管理链上各环节的信息沟通，利用先进的网络技术与通信技术，有效地管理企业的各种资源。

3. 如何赢得顾客的信任是企业运作电子商务必须解决的难题。由于我国在线商家的信用度不高，消费者会担心从在线商家购买的商品是否能退货及怎样退货，如何保证交易中各方的权利和责任。

作为21世纪的企业，要在众多企业之中站稳脚跟，必须跟上时代的步伐，逆向物流是物流领域的经济增长点，有利于我国经济的可持续发展，它不仅强调对废弃物的回收作用，更强调通过资源缩减、翻新、改制和再生循环等方式，实现节约资源、保护环境和增强竞争力等目标，因而是企业管理战略的重要组成部分，已经受到越来越多企业的关注和重视。目前我国企业已开始了积极探索和实践逆向物流，例如联想公司与美集物流公司合作并延伸到“逆向物流”及医药、食品、电器等行为对退货的处理和主动召回，都昭示了逆向物流的重要性。随着全球物流业竞争的加剧，公众环保意识的增强，政府法规约束力度的加大，势必会有越来越多的企业认识到逆向物流管理及战略决策的重要性。

参考文献：

［1］温承革．逆向物流及其整合分析［J］．苏州科技学院学报，2003（20）．

［2］姜国平，张显东．B2C 电子商务退货成本控制分析［J］．物流技术，2005（04）．

［3］施春霞，施国洪，施贤彪．电子商务环境下逆向物流的运作［J］．商场现代化，2004（10）．

［4］丁静，杜习英．电子商务逆向物流管理中的退货管理［J］．合肥工业大学学报，2003（08）．

提存微软光盘及授权书案

刘　炜*

（昆明市明信公证处　云南　昆明 650000）

摘　要： 判断某一法律制度是否合理和必要，唯一的标准是看这种制度是否为社会生活所必需，能否有效地调整某一类社会关系，以维护社会秩序的稳定，促进生产力的发展。提存制度的建立有利于衡平债权人和债务人双方的利益冲突，实现双方的交易安全，有利于债权立法整体功能的发挥，有利于澄清讼源、减少讼争。

关键字： 提存；效力；授权书

一、案情简介

申请人昆明某网络信息有限公司（以下简称网络信息公司）委托其代理人于2010年10月25日来到本处申请办理提存公证。该网络信息公司与昆明某图像传输科技有限公司（以下简称图像传输公司）于2010年6月25日（合同书面日期）订立销售合同，约定图像传输公司向网络信息公司购买正版微软软件及微软软件使用授权书，合同金额为人民币18万元整。双方在合同中约定了合同履行地点和时间、付款方式等。该网络信息公司作

---

* 刘炜（1978—　），男，云南昆明人，昆明市明信公证处公证员，长期从事物权、财产公证工作。

为微软在中国云南的代理商为此向美国微软公司申请进货并为图像传输公司申请微软的专属使用软件的授权。据网络信息公司称，其为图像传输公司申请的软件使用授权书在合同期内到货，但软件光盘介质因海外邮寄原因未能在合同约定时间内到货，图像传输公司以此和公司内部重大调整为由，拒绝收货并付款。网络信息公司认为其并不存在故意违约的过错，为保障合同的履行和其权益的得以保护，特申请办理提存合同货物的公证。

二、公证过程

申请人的代理人在其委托律师的陪同下来到我处，提交了其公司营业执照、授权书、案件双方签订的《销售合同》原件、图像传输公司出具的《拒收证明》和《货物清单及交接信息》等材料。经本公证处审查，认为申请人的申请行为符合《中华人民共和国公证法》的规定，申请人具有法律规定的民事权利能力和民事行为能力，申请人申请的公证事项与其有密切的关系，提存原因、客体符合《提存公证规则》的相关规定，申请人具有申办本公证的适格主体，其代理人具有相应的代理权。本公证处依法受理了该公证事项。公证员依法告知申请人相应的法律意义和可能出现的法律后果，并详细询问了提存的原因、标的、受领人的通信地址、受领人拒收等情况，告知申请人提存的程序、效力和法律后果等制作公证询问记录。随后，公证员清点了提存物、核对了清点清单，并将提存标的交付我处档案室保管。次日公证员按《提存公证规则》的规定“三天内通知提存受领人”，将提存受领通知书按提存人即网络信息公司提供的地址寄送提存受领人即图像传输公司，并出具提存公证书。

三、案件进展

经向提存人网络信息公司的代理律师了解，该案件提存受领人图像传输公司已收到提存受领通知书，经考虑现主动提出支付大部分货款的和解方案。12 月 16 日双方达成和解，图像传输公司已来我处领取了提存物。

四、社会意义和提存价值

判断某一法律制度是否合理和必要，唯一的标准是看这种制度是否为社会生活所必需，能否有效地调整某一类社会关系，以维护社会秩序的稳定，促进生产力的发展。提存制度的价值具体表现为：

1. 提存制度的建立，有利于衡平债权人和债务人双方的利益冲突，实现双方的交易安全，有利于债权立法整体功能的发挥。债权是一种请求权，债权的实现需要债权人的协助，如因债务人原因不能或延迟受领，将不利于债务人债务的终结，也阻碍了债的法律关系的自然“生命”周期。如采用第三方托管的提存方式，便解决了前言所述事件的不信任和债权人、债务人相对对立的状况。

2. 提存制度的建立，有利于澄清讼源、减少讼争。近几年内债权、债务纠纷成倍地增加。就公证咨询和受理的提存案件来说，以房屋租赁合同关系中出租人拒不接收租金的居多。房屋限购政策执行后，尤其明显，许多承租人在律师的建议下采取提存公证的方式，支付当期的租金。可见，提存公证为债务纠纷的解决提供了一定的解决途径。

3. 提存制度的建立，对于在民事领域用法律手段取代行政手段、减少不必要的行政干预具有重要的意义。邮政、通信、电力、水务、交通运输等部门与客户之间是一种平等民事主体的民事法律关系。但以往这些部门都是采用行政性的手段来处理相关的合同问题。随着上述行业的改制、企业化进程和法治精神的彰显，采用合法的方式解决合同债务纠纷势在必行。提存制度为此提供了有效、合法的途径，更重要的是凸显了法律的精神。

4. 提存制度的建立，有利于树立诚信旗帜，彰显民法精神。诚实信用原则是民法的基本原则。诚信是民事活动的根本原则，然而一些不诚信的行为却经常性发生，是我们缺失了诚信，还是习以为常？对于债权人无故拒绝、消极地怠于接受债务人的履行，还是恶意地不履行，都是与诚信原则相悖的。提存的担保支付方式不但是履行的一种方式，还是诚信这一民法精神的保障。

五、提存基本理论

提存有广义和狭义之分。狭义的提存是指由于债权人的原因而无法向其交付给付的标的物时，债务人可将该标的物提交给提存机关以消灭债务的制度，即清偿提存。广义上的提存是指将金钱等物寄托在提存所，他人通过提存所可以受领其财产，并由此达到一定法定目的的制度。

提存的原因主要有两种：一是债权人受领延迟。债权人未按时受领，包括债权人无正当理由拒绝受领，也包括因可归责于债权人的事由而受领不能。二是债权人不明。包括不知何人为债权人、债权人去向不明。债权人丧失民事行为能力而又未明确法定代理人。

提存的主体是提存人和提存机关。一般情况下提存人是债务人，但又不以债务人为限。提存机关为国家设立的、接受提存物而负有保管责任并应债权人请求发给提存物的机关。在我国，主要的提存机关是公证机构。

提存的客体是提存人交付提存机关保管的物，原则上是债务人应给付的标的物。应为适于提存的物，不动产不适于提存，不能成为提存物。《提存公证规则》第七条规定下列标的物可以提存：货币、有价证券、票据、提单、权利证书、贵重物品、提保物（金）或其替代物、其他适宜提存的标的物。

六、提存的程序

提存程序是：

1. 先由提存人提出申请，申请书中载明提存的原因、提存的标的物、标的物的受领人、不受领的理由和依据。

2. 经提存机关审查后，决定同意提存的，依法办理提存手续。

3. 验收提存物，登记存档，对提存物应采用封存、委托代管等必要的保管措施或交付或提存款划入公证提存账户。

4. 出具提存公证书（《提存公证规则》规定提存之日起3日内出具），书面通知（《提存公证规则》规定提存之日起7日内）提存受领人或公告通知（《提存公证规则》规定提存之日起60日内，刊登在相应法制报刊上，一月内在同一报刊刊登3次）提存受领人。提存证书具有与债的受领证书同等的法律效力。

七、提存的效力

提存涉及三方面的效力。

1. 在债务人与债权人之间的效力。债务人的债务消灭的效力。我国的法律原则是债因提存当然消灭。有的国家如德国，提存仅发生于债权人请求的抗辩，只有在提存人丧失提存物的取回权时，其债权才溯及于提存时消灭。提存当然消灭的，提存物所有权因提存转移给债权人，所产生的孳息归债权人，风险转移给债权人。债务人支付利息及孳息的义务也免除。附担保的债务，担保因提存而消灭。

2. 债务人（提存人）与提存机关的效力。提存成立后，提存机关有保管提存物的义务。提存人在发现提存错误或提存原因消灭时，得撤销提存行为，取回提存物。提存人取回提存物的，孳息归提存人所有。德国立法以随时取回为原则，以禁止取回为例外。日本立法以不得取回为原则，以得取回为例外。我国司法部《提存公证规则》第二十六条规定：“提存人可以凭人民法院生效的判决、裁定，或提存之债已经清偿的公证证明取回提存物。提存受领人以书面形式向公证处表示抛弃提存受领权的，提存人得取回提存物。提存人取回提存物的，视为未提存。因此产生的费用由提存人承担。提存人未支付提存费用前，公证处有权留置价值相当的提存标的。”

3. 提存机关与债权人间的效力。提存成立后，债权人可随时领取提存物，要求发还提存标的的利息或孳息，同时承担提存费用。提存后风险转移，除因提存机关的事由而导致提存物毁损灭失的，提存机关不负责任。提存受领人领取提存标的物时，应提供身份证明、提存通知书或公告，以及有关债权的证明和授权或继承法律文书及履行对待给付义务的证明，在法定期限内领取提存物。多数国家规定逾期不领取的归债务人，少数规定收归国库。我国规定 20 年内不领取，视为无主财产，上缴国库。债权人领取提存物时，提存机关在这些情况下可拒绝：以对待给付为条件的提存，提存受领人未对待给付的；债权人对债务人负有到期债务的；债权人未履行或提供担保的。

特别说明，未支付提存费用的，公证处有权留置价值相当的提存物。

八、本案特点

本案的价值在彰显诚信。本案合同双方当事人先不论谁对谁错，诚实信用原则是民法的基本原则之一。遵循约定履行，是各方的义务，也是社会价值的内容。合同履行具有预判性，但也有不可预见的情况出现，故不是主观上的违约，不履行或履行不完整，就不能完全视为合同目的不能实现。更何况本案还体现在知识产权的保护上。人类文明的不断传承来自人类对未知的探索以及对探索成果的保护。你希望人家怎样对待你，你就得怎样对待人家，商业上的诚信亦如此。

参考文献：

[1] 魏振赢，徐学鹿．北京大学法学百科全书·民法学［M］．北京：北京大学出版社，1999.

[2] 魏振赢，徐学鹿．北京大学法学百科全书·商法学［M］．北京：北京大学出版社，1999.

[3] 张谷．论提存［J］．清华法学第二辑，2004，2(12)．

[4] 中顾法律网，http：//www. lawtime. cn/info/hetong/ticun/.

[5] 百度百科，http：//baike. baidu. com/view.

[6] 互动百科，http：//www. hudong. com/wiki.

图文结合的装饰之美

——形象宣传中的个人照片和文字的混合排版的艺术探索

红　川　石　钦*

（云南师范大学商学院　云南　昆明 650106
云南艺术学院　云南　昆明 650101）

摘　要： 形象宣传设计中的图文关系在设计处理中要求视觉传达的各要素能聚合成一个有意义的图像，并给人以视觉愉悦。图文关系在这个图像中的责任重大，它必须准确地传递信息，强化视觉形象，加深受众记忆，以实现理想的“瞬间注目”的视觉效果。

关键词： 图文结合；强化视觉；瞬间注目

一、文字的图像化的运用

世界上所有最古老的象形和表义文字都来源于图画，图画可以表达思想、记录事实，将文字中不具备形象感的特定含义在字体结构形态中表现出来，通过文字的笔画与空间结构的变化来传达文字的内涵，使之具有视觉化的表情，并以此构成自身的趣

---

* 红川（1978—　），男，四川人，硕士，云南师范大学商学院讲师，研究方向为设计艺术；石钦（1980—　），女，山西平遥人，硕士，云南艺术学院助理研究员，主要从事教学管理与教学效果研究。

味。事实上，文字的字体形式蕴涵了潜在的情绪，可以视为语义的补充说明，不同形式的字体所具有的独特气质和美感可以传递出不同的情感，也可以加强人们对所要传播的信息的理解和关注。现代字体设计并不只是停留在表面上对文字进行美化加工，而是以字形和字义的内在组合关系作为视觉信息传达的媒介来进行个性化的设计。在很大程度上，内容及功能决定了设计表现形式的选择思路。设计师不仅可以用“视觉图像”说话，也可以用“图像化的文字语言”来说话，它可以使简单的说明性文字更有趣味、更直观、更具“表现性”。在这里，文字不仅是标记和记录，而且还可以是图像，它们可以成为一种设计界的时尚。

二、文字与图像的结合

网站形象宣传设计中的图文关系在设计处理中要求视觉传达的各要素能聚合成一个有意义的图像，并给人以视觉愉悦。图文关系在这个图像中的责任重大，它必须准确地传递信息，强化视觉形象，加深受众记忆，以实现理想的“瞬间注目”的视觉效果。

形象宣传设计中的图文关系实际上就是把文字、图形、色彩等一切可以发挥视觉传达作用的符号，以点、线、面的趣味化的变化方式组合成最有效的视觉传播形式。当图文信息以一定的结构组成视觉形式，无论复杂与否，作为传达的要素，它们本身必须具有诉求的综合性，图形、图像、文字的不同风格都会成为视觉语言的独特表现形式。形象设计中文字以其自然的客观性能够给人一种准确的说服力，并且在与图形、图像表达的关系中调和、明确这种说服力。正像广告大师伯恩巴克所说的：“你写出的每一件事，在印出广告上的每一件东西、每一个字、每一个图像符号、每一个阴影，都应该有助于你所要传达的信息的功效，并且尽量地使它简单、敏捷、具有渗透力。”

下面以云南师范大学商学院艺术设计学院网站上教师照片和文字的混合排版的图文结合为例。

（一）“以貌悦人”，体现设计教师的职业感

“以貌取人”，就是根据外貌来判别人的品质和才能，在现在的人际交往中最为常用，这是一个人在作出选择与放弃的本能表现。第一印象在人际交往中对人的影响就显得较为重要，给人留下的印象，在对方的头脑中短时间不容易忘记，并占据主导信息地位。作为网站上的形象宣传，教师的照片要体现专业的个性化，看见照片就能给人一种“耳目一新”的感觉，为学生和家长与学校的交流及社会对学校的认识打下良好的基础。

1. 构图求新。照片的拍摄构图要选择最佳的拍摄角度，是打破画面平淡、呆板、老套的一种基本方法。各种建筑物都有自己美的特征，从变化的角度中突出新和美，同时也少不了光线的作用来选择构图。

2. 情感利用。人各有情，情才感人。人物在画面上出现，外形漂亮，没有充实的心灵也是不美的，只求拍摄角度的变化，没有表现人物情感的美也是失败的。人物照片情感因素是构成感人力量的最重要的条件，也是最高的艺术特征。情感的表现很多时候是通过色彩来表现的。摄影对人物照片提出了“形神兼备”的要求，这无疑是正确的，形是基础，神是面貌，情是核心，神、情靠形象传达，形、神靠情感动人。人的神态包括性格、气质、风度等诸多因素，但它们都没有情感因素在传神中的位置重要和力量之大。所以照片表现人，应该强调以情感人。

（二）文字图形化，体现设计教师的敬业感

所谓“文字图形化”即将文字笔画作合理的变形搭配，使之产生类似有机或无机图形的趣味。强调字体本身的结构美和笔画美。

对作品而言，每一件作品都有其特有的风格。在这个前提

下，一个图文设计作品版面上的各种不同字体的组合，一定要符合照片整个作品风格的风格倾向，形成总体的情调和感情倾向。在总的基调上是整体上的协调和局部的对比，于统一之中又具有灵动的变化，从而具有对比和谐的效果。这样，整个作品将产生视觉上的美感，符合人们的欣赏心理。

1. 有图片的版面中，文字的组合应相对较为集中。如果是以图片为主要的诉求要素，则文字应该紧凑地排列在适当的位置上，不可过分变化分散，以免因主题不明而造成视线流动的混乱，保证每个字的清晰，避免和图片的冲突。尽量尊重大众的观看习惯。

2. 文字不仅要在字体和画面上配合好，甚至颜色和部分笔画都要加工，这样才能达到更完整的效果。而这些细节的地方需要耐心和功力。要用自己的想法和感受表达自己对作品的理解，仔细研究图文搭配。

3. 首先根据主次的关系将字体的大小进行调整，并对文字的位置作初步的调整，再根据视线的流动顺序作进一步的调整，以更好地引导观看者。

4. 降低次要元素在版面中的鲜明度，即视觉印象的先后知觉顺序，同时对部分文字的位置作微调整。

5. 因为版面是横幅式，所以可以将主要文字的排版格式调整成竖式。

教师图片形象是展示学院文化和教师本人形象的最直接的通道，是学校文化的一个重要组成部分，通过图片形象将学校文化向社会传播、辐射、渗透等。在形象宣传中要充分认识到，协调美观的图文结合是对学生和家长以及社会的一种静态尊重，让学生和家长以及社会对我们的专业教育产生职业化、敬业化、专业化、可信赖的印象，所以图片形象的图文结合体现了职业感和敬业精神，是一个教育服务机构能成为品牌的基础。

三、总　结

当今时代，图文结合设计已经成为装饰艺术中的一个重要组成部分，具有独特的观赏价值。它运用“形式美”的独特表现语言和夸张变形的艺术手法，对自然界的一切加以“美”的再创造，反映人们的生活理想，传达人们的审美情感，在继承传统的基础上，以现代人的思维和观念，去引导和陶冶人们的心灵。

不论是字体还是样式或是颜色的应用都非常精彩，作品给人留下的是震撼和深刻的印象，欣赏这样的作品应该说是一种享受。图文设计当中的版面设计也需要创意，创意是设计者的思维水准的体现，是评价一件设计作品好坏的重要标准。

参考文献：

［1］陈澜．海报设计中图像化的文字设计［J］．装饰，2010（11）．

［2］［日］佐佐木刚士．版式设计原理［M］．北京：中国青年出版社，2007.

罪犯心理咨询员的角色冲突及其对策

袁爱华*

（云南师范大学商学院　云南　昆明 650106）

摘　要：我国目前是由经过短期培训的管教干警担任监狱罪犯心理咨询员，这固然能解决我国的现实问题，操作上也较为便利，但管教干警和心理咨询员二者之间在身份、形象和要求上都有很大的不同，一人身兼二职，势必引起角色冲突。针对我国的现实情况，解决好角色冲突，搞好罪犯的心理咨询工作，有利于对罪犯的矫治。

关键词：管教干警；罪犯心理咨询员；角色冲突；解决对策

罪犯由于长期处在高压封闭的监管环境中，容易产生紧张、焦虑、情绪不稳定等心理障碍；加之他们与家庭、社会隔离，接触面狭窄，活动空间小；且因为罪犯本身特殊的身份，容易受到歧视，甚至是亲人的离弃，会产生很多负面情绪，长期压抑，容易形成心理疾患，所以说罪犯是心理疾病的高发人群，更应该重视他们的心理问题，了解他们的心态，对他们进行心理咨询，这将大大有利于罪犯的监管改造。专家认为："开展心理咨询，可以矫治服刑人员偏激的认知方式；疏导服刑人员不良的心理情绪；矫治服刑人员人格障碍和性格变态；减轻和消除精神病患者

---

* 袁爱华（1977—　），女，云南宣威人，硕士，云南师范大学商学院讲师，研究方向为刑法学。

的病症；培养服刑人员自觉调整和梳理不良情绪的意识和方法等目的。而通过心理测验，还能及时发现和掌握心理状态异常的重点人，果断采取防范措施，有效地预防逃脱、狱内犯罪和非正常死亡等各种突发事件的发生，为监狱等劳教场所的安全稳定筑起一道看不见的防线。”

一、谁在充当心理咨询员

心理咨询是20世纪在西方伴随着职业指导运动、心理卫生运动、心理测量技术和心理治疗而兴起的一门新兴学科。在西方国家，心理咨询是一门专门的、需要职业认证的行业。在美国，一个人要做心理咨询师，就得经历从本科到博士总共10年的专业培训期，学习系统的心理咨询学科所要求的专业知识及相关学科知识；然后要在社区或私人基金会里免费服务两年，其间，必须接受长达500个小时的专业督导，每工作5个小时接受督导1个小时，有一些治疗学派，例如精神分析学派还要求在进行专业实习前、接受督导前必须接受精神分析500小时；最后通过行业资格考试，取得独立临床的资格。在美国，每百万人口550个心理学家中，87%以上具有心理学或哲学博士学位。

在中国，心理健康和心理咨询在20世纪80年代以来才逐渐受到人们的重视，而直到2001年，劳动和社会保障部才颁布了《心理咨询师国家标准》，确定了心理咨询师为国家准入职业，需要进行职业资格培训和考核通过方能担任。现中国有越来越多的人参加心理咨询师职业资格考试，但在这些考生中，有很多人以前压根就没学过心理学专业，只参加过短期培训，只需要过了考试这道门槛，就可以充当心理咨询师。有专家指出：“心理咨询是一个从事心灵、人格的发生、发展及重塑的职业，心理咨询师不能通过拔苗助长实现。这种培训班的结果只能是出一大堆滥竽充数的‘咨询师’，最后，只能是损害了求助者的利益，摧毁中国的心理咨询事业。”

在中国，普通心理咨询师的素质和数量都不容乐观，那在监狱中充当罪犯心理咨询师的人员又是什么状况呢？现在的现状是：担任罪犯心理咨询工作的主要不是心理医生，而是受过短期培训的管教干警。

二、罪犯心理咨询员的角色冲突

我国主要由管教干警担任罪犯心理咨询员，这很大程度上是由我国现实情况决定的。正如前面已经提到，我国心理咨询工作起步较晚，就连专职的普通心理咨询师尚且缺乏，发展前景甚至不被有些专家看好，更何况是专业的罪犯心理咨询员。所以，在心理咨询引入监狱系统后，只好就地取材，由管教干警半路出道，现学现用，既是管教干警，又是罪犯心理咨询员，一身兼二职。这样的模式既能解决现实问题，在操作上也比较便利，且我国监狱比较强调教育改造罪犯，擅长于思想教育、个别教育，管教干警很容易把改造经验和心理咨询工作结合起来，在实践中也收到一定的效果。这也就是理论上所探讨的心理咨询的改造模式。这种模式也有其很大的弊端，正如有学者所指出的那样，管教干警仅靠短期培训，“理论水平不高是其不可回避的共性弱点，对心理咨询工作作用的短视又是其无奈的遗憾。在他们的观念里，罪犯心理咨询只不过是改造罪犯的又一辅助手段，是探知罪犯内心想法、稳定罪犯情绪的工具。因此，在这种模式下，咨询过程中罪犯的主体性并不能得到真正的体现，罪犯的心理障碍并不能得以根本的消除，罪犯心理咨询工作被流于形式，浮于表面，未能起到其应有的作用”。审视这一模式的弊端，主要是由罪犯心理咨询员与管教干警之间的角色冲突所引起。这种冲突主要表现在以下几方面：

第一，管教干警的“专政”形象和心理咨询员的亲和形象的冲突。

监狱人民警察是监管改造的主体，其与罪犯的关系在本质上是监管与被监管、改造与被改造的关系，这种关系决定了监狱人民警察在改造中的主导作用和强制影响力。近几年来，强化专政意识已成为监狱的主题课，管教干警的强制影响力也相应地得到了强化，这对稳定监狱改造秩序起到了促进作用。但有些同志片面强调专政，以为讲专政就是强调打击，强调惩罚；有的同志觉得干警管犯人天经地义，国徽头上戴，威信自然来，有“尚方宝剑”在，谁敢不听？在这些思想的引导下，有些干警专政形象有余，亲和形象不足。有些干警尽管意识到了心理咨询工作与管教工作的区别，但只把心理咨询当成是管教改造、思想教育的辅助手段，这也影响了罪犯心理咨询作为一个新生事物的发展。

罪犯心理咨询强调的是咨询者与被咨询者双方之间的交心、交流、协商、讨论和分析，找出问题和对策，强调的是发挥被咨询者的主观能动性，通过其自身的努力，利用其潜力和资源，帮助自己战胜自己。在这一过程中，咨询人员不是单纯的思想教育者，更不是监管者，而是被咨询人员的帮助者和引导者，帮助其疏导心理困惑、解决心理危机，指导罪犯如何应付环境的改变，调整自己的心态，最终还得靠罪犯自身的努力，自己解决问题，摆脱困惑。这一过程是双方相互合作、相互协商、相互交流、相互影响的互动过程，这一过程需要的是双方平等信任的关系，没有平等的地位，罪犯感觉被强迫、被压制，容易产生抵制和戒备心理；没有信任的关系，罪犯很难向咨询人员敞开心扉、推心置腹地诉说心里的困惑和矛盾。

管教干警扮演的是专政威严的、具有强制影响力的管教者和教育者的形象，而心理咨询却需要咨询双方建立起一种平等信任、富有建设性的人际关系，需要心理咨询员是和蔼可亲的、能与罪犯沟通交流的倾听者，像朋友般地做罪犯的开导者和帮助者。由管教干警兼任心理咨询员，由于这两个角色本身的要求和形象上差异很大，势必引起角色冲突问题。如果管教干警不能顺利完成两种角色的转换，罪犯心理咨询工作要么名存实亡，毫无效果，要么和思想教育、个别教育混为一谈，体现不出心理咨询应用的特色和效果。

第二，管教干警的知识、阅历等方面的条件和心理咨询师的要求标准尚有冲突。

根据司法部课题组对159名参加心理咨询培训的干警学员的问卷调查情况来看，年龄在21岁至35岁之间的占67.3%，35岁至45岁的占27%，45岁以上的占5.7%；大专文化的占59.1%，大学本科学历的占31.4%，研究生学历的占1.3%。在这些人员中，很多学员以前从未接触过心理学、教育学等方面的知识，仅仅因为工作需要，经过几个月的短期培训就匆匆上岗，还达不到职业心理咨询师的从业要求。从年龄结构上看，充当心理咨询员的干警都偏年轻化，社会阅历浅，人生经历单薄，对很多心理问题无法感同身受，又缺少心理咨询方面的专业知识和经验，在解决罪犯的心理问题方面，心有余而力不足。

第三，管教干警和心理咨询师的身份和目标存在冲突。

心理咨询师的目标是帮助犯罪人以解决罪犯的心理问题，作为这一身份，他们是罪犯的帮助者，其职业责任是“在任何时候都要把接收他们服务的犯罪人的利益和福利看得高于一切”。此时，当犯罪人出于信任向他们袒露内心最隐秘的信息时，他们不能滥用犯罪人对他们的信任，泄漏这些隐秘信息。作为管教干警的身份，他们是刑事司法系统的雇员，充当的是国家代理人的身份，把社会控制作为首要目标。他们肩负着服务于社会控制的使命，得为社会的福利和安全考虑。此时，当犯罪人向他们袒露的信息威胁到社会的福利和安全时，他们是否仍负有保密的义务？当两种角色冲突时，到底哪一方的利益优先呢？

三、解决角色冲突的对策

在设计解决罪犯心理咨询员角色冲突的对策的时候，有一个最基本的出发点就是必须立足于我国现有的实际情况，适当借鉴西方的做法，结合我国的文化背景、价值理念，探索出一种本土化的咨询模式，慢慢过渡，逐步让监狱罪犯心理咨询走上正规化、专业化。

鉴于我国监狱内大量的心理咨询工作仍只能由监狱干警来完成，职业心理咨询师不可能太多地参与，因此，只能通过监狱管教干警的努力和监狱、社会的配合来完成两种角色的顺利转换方为上策。

第一，从最基本的做起，加强培训，提升内功。首先要在监狱广大管教干警中普及心理学知识，进一步加强对干警心理咨询技能的培训；其次，把热衷心理学的干警送到外面专门机构培训，继续派送监狱内从事心理咨询的专职干警接受有针对性的培训，以提升自身的内功，并以此做到重点培养与普遍培养相结合，提高其理论素养及监管水平；最后，在罪犯中开展心理卫生和心理健康教育，提前给罪犯“打预防针”，也营造出一种罪犯改造的科学化的氛围。

第二，监狱应重视心理咨询工作，切实做好罪犯的心理咨询工作。首先，设立专门的心理咨询室。该间心理咨询室可参照国内心理咨询从业人员接待客户的谈话间的摆设，保证一个隐秘、安全、舒适、随意的谈话空间，创造出亲切、和谐的谈话氛围。因此，咨询室应保持相对独立，保证隔音，有必要的家具和日常摆设用品，光线柔和，并配有心理咨询工作所必要的设施、设备和物件。其次，要求作为心理咨询员的干警及时转化角色，平等友善地对待接受心理咨询的罪犯。此时，管教干警应穿着便服上岗，态度和蔼可亲，表明此时已非管教者的身份，以消除罪犯的紧张、抵触心理，无形之中使罪犯产生一种信任感，愿意一吐心声。保密原则是罪犯心理咨询人员在咨询中必须坚守的一个重要原则。这不仅是对罪犯的尊重，而且也是心理咨询工作得以继续开展下去的前提。“罪犯心理咨询的核心是罪犯主动向心理咨询人员就其内心不愿意暴露的世界咨询，罪犯对心理咨询人员信任的期待的要求是罪犯对自己内心世界的一种保护，实为对自已的一种保护。”因此，罪犯心理咨询员不能辜负罪犯的信任，咨询人员对于罪犯的心理，不得向有关的主管人员汇报，除非罪犯袒露的信息严重威胁到罪犯本人、其他人以及社会的安全和利益。对于罪犯的言论想法，不得成为衡量其改造好坏的依据，更不得作为对其定案处理的依据。

第三，监狱应该配备有专门的、专业的心理咨询师队伍，使管教干警和心理咨询员这两种角色能相对分开，提高心理咨询的专业化程度和质量。监狱可招收吸纳专业的心理咨询师充实进监狱，还可通过培训干警使之成长为专业的心理咨询师。心理咨询师的素质和水平很大程度上决定了心理咨询质量的高低。现国家已开始注重对从事心理咨询的干警的培训和考核，根据司法部79号令的要求，监狱从事心理测验、心理咨询工作的人员要取得心理咨询员、心理咨询师、高级心理咨询师等国家职业资格证书。劳动和社会保障部于2004年签发了《关于在监狱系统开展心理咨询师职业资格培训与全国统一鉴定试点工作的补充通知》，已在全国监狱系统开展心理咨询师职业心理咨询员等级（国家职业资格三级）职业资格培训与全国统一鉴定试点工作，监狱系统内从事罪犯心理咨询工作的人民警察均可报名参加培训，培训工作由司法部监狱管理局负责组织，具体培训工作委托扬州大学医学院和中央警官大学承担，每所学校每年培训两期，每期不超过100人。这说明罪犯心理咨询工作已得到越来越多的重视，罪犯心理咨询员的素质正得到不断的提高。

第四，正如律师有法律援助的义务一样，也应该鼓励社会上专门从事心理咨询的职业心理咨询师有为社会造福的公益心，由他们每年抽出一定时间到监狱、劳教场所做专门的、义务的心理咨询工作。他们人生阅历相对丰富，接待的客户多，既有专业知识，又有实践经验，做起心理咨询工作更能得心应手。同时，还可以顺带指导监狱内的心理咨询工作，解决监狱内心理咨询人员的心理问题，可谓一举多得。

第五，还可推广现在正在实践中的电子心理咨询，即“应用电话、电脑等现代通信设备和心理学等科学技术，组织社会各方面力量及犯人家属，关注罪犯改造，传输先进文化和有益信息，及时疏导犯人思想，宣泄不良情绪，经济有效地改善监内封闭状态，促进犯人人格与社会同步健康发展，确保犯人有效改造和刑释后适应社会的一种非医疗罪犯心理矫正工作方式”。电子咨询主要由隐情热线、亲情热线、乡情热线、友情热线、海外热线、电脑热线、可视热线、网络热线等犯人热线组成。电子心理咨询简便、快捷，不需要罪犯暴露自己的真实身份，使罪犯可以畅所欲言，深得罪犯喜爱；且还可以有效利用监狱内外的资源为罪犯心理咨询工作服务，可在全国范围内推广使用。

参考文献：

[1] http：//news. xinhuanet. com/focus/2004 – 01/30/content_ 1291818. htm.

[2] http：//www. ycwb. com/gb/content/2004 – 12/19/content_ 816166. htm.

[3] 徐春光．对罪犯心理咨询工作的思考［M］//法制心理学理论与实践．北京：中国政法大学出版社，2002.

[4] 黎国智，马宝善．犯罪行为控制论［M］．北京：中国检察出版社，2002.

[5] 周勇．我国罪犯心理矫治的现状、问题与发展对策[M]//法制心理学理论与实践．北京：中国政法大学出版社，2002.

[6] [英] Ronald Blackburn．犯罪行为心理学理论研究和实践[M]．吴宗宪，刘邦惠，译．北京：中国轻工业出版社，2000.

[7] 马立骥，等．团体心理咨询在青年罪犯心理矫治中的初探[J]．矫正研究，2007 (04)．

[8] 章恩友．罪犯心理矫治技术[M]．北京：中国物价出版社，2002.

[9] 李洪吉．电子心理咨询[J]．中国监狱学刊，2004 (02)．

新生代油画的启示

颜代波*

（云南师范大学商学院　云南　昆明 650106）

摘　要：对新生代油画研究是有现实意义的，它可以帮助我们加强对艺术潮流、现象的把握，对人生存状态的把握与表现，关注艺术语言的探讨。新生代艺术家们这种真实剖析表现社会生活，但又与现实保持“微笑距离”的油画对我国以后的油画艺术也有很大的影响。

关键词：新生代油画；地位；启示

20 世纪 60 年代出生的这批新生代与 40、50、70、80 年代的人有很大的不同，有不可取代性，批评家也把《新生代艺术展》看做现当（也有说现代、后现代）代艺术的分水岭，它是一种全新的艺术样式和艺术理念。

他们不像前辈们更多地去学习和模仿西方现代艺术，不再以“前卫”标榜自己，而是回到自己周围的真实世界。他们拥有严谨、扎实的写实能力并对世界艺术思潮有一定了解，在对艺术的认识上不同于父辈与师长，这使他们更愿用自己的方式创作。再由于他们大多受过优异的高等教育，他们的思想就显得更为中庸和含蓄。于是他们把目光投放在日常生活中一些觉得有意思的和没意思的个人生活、集体生活以及一些偶然的、暂时的片断。20

---

* 颜代波（1983—　），男，云南曲靖人，硕士，助教，研究方向为美术学。

世纪90年代以来，“崇高”一再受到现实的冲击，人们正在重新审视生活。在普通百姓眼里，这些艺术更容易理解，也与自己更为贴切，因为这种无聊感某种程度上是90年代年轻人的集体体会。它不像之前的精英艺术那样晦涩难懂。它解构了人们对艺术的认识，它告诉人们艺术不仅仅是美，艺术也是自己体会到的真实。他们是我国艺术界的一支新力量，也是现在活跃在全国和国际的主要艺术家，可以说他们中的大部分人给我国的艺术打开了一扇新的窗户。

一、关注自己体会的真实，在他们看似无情的、漠然的现实描绘中，实际上却流露出作者深刻的情感体验和现实剖析

油画创作除了与大的时代背景息息相关以外还与画家个人的特殊成长和生活经历密不可分。在新生代油画家作品中，作者通过那一个个失神丧魂的躯壳，把当代都市人的情感失落、自我缺失、遗失信仰、百无聊赖的精神深刻地揭示出来。从某种程度上可以说艺术就是一个求真的过程，每个时代、每个时期都有自己独特的特性，要去了解它，生活才是真实的，在真实体会生活的前提下创作的作品才有说服力。在创作中不能粉饰真实，因为真实有一种强大的力量，这种力量也是现实艺术作品所追求的。这也是为什么新生代的油画作品在年轻人眼中如此真实贴切，让人为之一振。

二、艺术源于生活，但不等于生活

舒可文在《相信艺术还是相信艺术家》中说：“在我对方力钧的几次访谈中，我得到的最集中的信息是，他的注意力始终控制在一个极日常、极感性的底线上，他所处理的经验都是在手边的。”[①] 当我们带着以往的欣赏习惯去阅读新生代的艺术作品时，还是会有一种亲切感的，因为他们的作品大都运用写实的绘画语言，描绘一定时间和环境下完整的内容和情节，观众可以轻易地读懂它。但是，当我们试图带着习惯性的思维方式去试图作出各种审美解释时，会发现作品本身与我们常有的视觉经验并不相符，观者甚至有种被捉弄的感觉。因为它也不是描绘生活本身，而是通过作品找到藏在生活里面的东西。创作过程中要处理好生活与艺术的关系，刘小东认为“能做到四两拨千斤为好”[②]。在《中国当代美术二十讲》中，在讲述到新生代时所采用的标题是刘小东的原话——“生活比艺术重要”[③]。的确，这可能代表了新生代油画的一种普遍关注点，艺术是人创作的，而我们的生活是真实的，艺术是为了让我们更好地生活。看着新生代们的作品，能体会到对着生活“微笑”。

三、艺术创作不再是闭门造车，艺术家在能洞察大的艺术环境的同时还要具有自己独特的艺术语言

艺术语言不但是形式方面，还包括内容方面。新生代的作品总是呈现出独特的视觉语言，看到作品就能知道是谁的东西，比如方力钧的肉色光头，岳敏君大笑的嘴巴，刘小东“近距离”的人物形象，申玲强烈色彩中的男男女女。让观众在体会作品传达出的内容的同时还能深刻地记住他们的作品样式，这一点是非

① 舒可文. 相信艺术还是相信艺术家［M］. 北京：中国人民大学出版社，2003.

② 舒可文. 相信艺术还是相信艺术家［M］. 北京：中国人民大学出版社，2003.

③ 舒可文. 相信艺术还是相信艺术家［M］. 北京：中国人民大学出版社，2003.

常重要的，它是一个艺术家必须具有的独特观察力和表现方式。当然，艺术语言不仅针对艺术家个人，还针对群体。随着世界物质和精神文明的发展，世界已变成一个紧密的整体，必须在纷繁的艺术世界中找好自己的位置，“民族的才是世界的”这句俗话不无道理。有个问题曾经一直困扰着笔者，油画作为一个舶来画种，是在西方独有的土壤中培育出来的，正如中国的“笔墨纸砚”一样，它的材料中也会带有西方的价值体系，我们应当如何使它在这里为我所用？就在努力通过学位英语考试时我意识到，中国人可以用英语把中国智慧说给世界听，油画也一样，这兴许能让更多的人听懂中国的声音。

20 世纪 60 年代出生的新生代油画家们的绘画不仅仅只是表达他们的自我状态，而是通过画家笔下的形象展现这代人整体的精神面貌和个人处境。尽管他们是从自我的角度出发，但他们不是局限在一个封闭的自我表现的空间里，而是通过自我体会来表现大的社会现实，这也是为什么方力钧和岳敏君总喜欢把自己作为表现对象的原因。新生代并不是一个孤立的群体，除北京之外，在全国各地都先后出现了相似的现象，他们都是刚从美院毕业，他们把在学院学到的扎实的写实绘画功底与当下的观念结合起来，反映他们的生活及对生活和世界的看法。他们与北京的新生代一样，都是代表了 90 年代以来中国现代艺术发展的一个重要力量，在各个地方各自努力着，他们的共同特点就是在现实主义表现手法的基础上，从别样的角度表达了对生活的真情实感，以个人微观的角度出发认识宏观的世界。

新生代并不是一种艺术思潮，而是特指那些 60 年代出生，90 年代涌入画坛的艺术家们，他们大多采用现实主义的手法表现当下人的生存现状。现在不能把他们彻底定性，因为他们开始的时候都是用刚走出校门的眼光来看待社会的，而且他们现在也正活跃在我国和国际艺术舞台上，随着他们认识的变化、社会经验的丰富，他们对人生、社会和艺术本身的看法也将会发生变化，作品也会转向不同的关注面。

新生代油画由于自己特殊的成长经历、当时年轻人的生活状态、哲学背景、国内油画发展需要、西方文化经济等作用呈现出对“无聊”这一群体状态的表现，它在我国乃至世界都有一定的影响。“无聊”只是一个表象，隐藏在里面的是普通人最贴切的真实，崇高和激情已不再是这一代人的心理体验。在社会生活节奏愈加快速时，“无聊”何尝不是一种逃避和自我闲暇的惬意？在笔者看来，一个艺术家所要做的是体验和表现你自己真实的认识，而不是高谈阔论，或者意图通过作品去教育别人、告诉别人什么，更不能为艺术而艺术，故作艰深。栗宪庭先生曾撰书《重要的不是艺术》，那重要的是什么？我想，是人，是生活，是世界。

参考文献：

[1] 舒可文．相信艺术还是相信艺术家［M］．北京：中国人民大学出版社，2003.

[2] 尹吉男．独自叩门——近观中国当代文化与美术［M］．北京：生活·读书·新知三联书店，2002.

[3] 贺万里．永远的前卫——中国现代艺术的反思与批判［M］．郑州：郑州大学出版社，2003.

[4] 吕澎．中国当代艺术史 1990—1999［M］．长沙：湖南美术出版社，2000.

[5] 水天中．刘小东［M］．桂林：广西美术出版社，香港：香港现代出版社，1993.

[6] 水天中．90 年代的中国油画［J］．美术观察，2000（08）．